教育部哲学社会科学研究重大课题攻关项目(11JZD003)
山东省社会科学规划研究项目(12CKSJ05)

中国特色社会主义理论体系的传统文化基础研究

许青春　著

山东大学出版社

目 录

引 言

如何对待中华民族传统文化，是中国近代以来一个长期争执的问题。在马克思主义中国化的进程中，怎样认识中华民族传统文化、怎样处理中华民族传统文化与马克思主义特别是中国化马克思主义理论创新的关系，既关系到马克思主义中国化的顺利进行，又关系到中华传统文化的现代转型，也关系到中华文化乃至中华民族的前途命运。

中国共产党成立后，对于这个问题给予了正确的原则性回答，但这个正确原则在极左运动和"文化大革命"中遭到严重破坏，以致在改革开放后的很长一段时间，关于社会主义文化建设要不要继承传统文化的论争仍在继续。改革开放以来中国共产党恢复了对待传统文化的正确方针，但由于长期受左的思想影响，在继承传统、推陈出新方面总的说来还是"破"得多"立"得少。自 20 世纪末期至今，从党中央到学术界和民间对于传统文化的认识越来越全面和深刻，传承、弘扬、发展中华优秀传统文化成为共识。而传统文化在当代文化建设中究竟处于何种地位（相似的表述有"究竟怎样认识传统文化的现代价值"或"传统文化与当代中国马克思主义的关系究竟如何"等），如何传承、弘扬、发展优秀传统文化等问题仍然是困扰人们的"世纪难题"。

在建党 90 周年之际，党中央发出在弘扬中华优秀传统文化的基础上创造中华文化新辉煌的号召，党的十七届六中全会则明确提出，优秀传统文化"是发展社会主义先进文化的深厚基础，是建设中华民族共有精神家园的重要支撑"，提出建设优秀传统文化传承体系，发出建设社会主义文化强国、推动社会主义文化大发展大繁荣的号召。党的十八大以来，在以习近平同志为核心的党中央领导下，全国上下对传统文化的认识不断深

化，对中华优秀传统文化的地位和作用的认识达到了新的高度。2017年2月，在党的历史上第一次以中央文件形式印发了《关于实施中华优秀传统文化传承发展工程的意见》，为更加自觉、更加主动地推动中华优秀传统文化的传承和发展提供了指导和遵循。《意见》提出了“深刻阐明中华优秀传统文化是发展当代中国马克思主义的丰厚滋养，深刻阐明传承发展中华优秀传统文化是建设中国特色社会主义事业的实践之需”等重要任务。党的十九大报告强调：“中国特色社会主义文化，源自于中华民族五千多年历史所孕育的中华优秀传统文化”，要“推动中华优秀传统文化创造性转化、创新性发展”。[①] 这就迫切需要我们在此指导下，进一步深化对中华优秀传统文化重要性的认识，深刻阐明中华优秀传统文化在社会主义文化建设和党的理论创新中的地位和作用，深入挖掘中华优秀传统文化的价值内涵，对于如何在以往经验的基础上，遵循规律的要求，在全球化坐标体系中传承和弘扬中华优秀传统文化、发展和创新中国特色社会主义理论体系作出有益的探讨。

本书以“中国特色社会主义理论体系的传统文化基础研究”为题，涉及诸多方面的问题，主要阐述中国共产党以中华优秀传统文化为文化基础开创和发展中国特色社会主义理论体系的历史必然性、以中华优秀传统文化为文化基础开创和发展中国特色社会主义理论体系的历史进程及其主要表现、以中华优秀传统文化为文化基础开创和发展中国特色社会主义理论体系的鲜明特色及基本经验、以中华优秀传统文化为文化基础开创和发展中国特色社会主义理论体系的途径和机制、新时代如何在中华优秀传统文化基础上坚持和发展中国特色社会主义理论体系等问题，因此，首先需要对涉及的基本概念予以说明。

（一）中国特色社会主义理论体系

党的十七大提出了“中国特色社会主义理论体系”的科学命题，并明确指出：“中国特色社会主义理论体系，就是包括邓小平理论、‘三个代表’重要思想以及科学发展观等重大战略思想在内的科学理论体系。”[②]中国

---

① 中共中央文献研究室编：《中国共产党第十九次全国代表大会文件汇编》，人民出版社2017年版，第33、19页。

② 《胡锦涛文选》第2卷，人民出版社2016年版，第621页。

特色社会主义理论体系是不断发展的开放的理论体系，在党的十八大以来形成了新的理论成果——习近平新时代中国特色社会主义思想。因此，中国特色社会主义理论体系，就是包括邓小平理论、“三个代表”重要思想、科学发展观以及习近平新时代中国特色社会主义思想等重大战略思想在内的科学理论体系。

理解“中国特色社会主义理论体系”需要把握两个关系：一是中国特色社会主义理论体系与毛泽东思想的关系；二是组成中国特色社会主义理论体系的邓小平理论、“三个代表”重要思想、科学发展观和习近平新时代中国特色社会主义思想之间的关系以及这四个重要理论与中国特色社会主义理论体系的关系。

中国特色社会主义理论体系和毛泽东思想一样，都是马克思主义中国化的产物，毛泽东思想是马克思主义中国化的第一次历史性飞跃的理论成果，中国特色社会主义理论体系则是在马克思主义中国化的进程中，在毛泽东思想的基础上形成的马克思主义中国化第二次历史性飞跃的理论成果。两者因产生的时代背景不同、需要解决的历史课题不同、推动其产生的历史主体不同、自身发展的历史过程不同等因素而呈现出自身的特征。毛泽东思想是在战争与革命的时代背景下产生的，需要解决的历史课题是怎样在马克思主义指导下进行新民主主义革命和社会主义革命；中国特色社会主义理论体系则是在和平与发展的时代背景下产生的，需要解决的历史课题是怎样在马克思主义指导下建设和发展社会主义。因此，中国特色社会主义理论体系和毛泽东思想是在不同历史背景下产生的两个具有逻辑上的内在统一性的马克思主义中国化的理论体系，两者在以中华优秀传统文化为文化基础创立和发展自身方面必然表现为既有共性又具有不同特色。

尽管邓小平理论、“三个代表”重要思想、科学发展观和习近平新时代中国特色社会主义思想都是建设中国特色社会主义的进程中产生的马克思主义中国化的理论成果，但它们在共同的“大”的时代背景下各自拥有“小”的时代背景。邓小平理论在拨乱反正的时代条件下提出改革开放，开创了中国特色社会主义理论体系；“三个代表”重要思想是在改革开放取得重大进展的条件下，适应世情、国情、党情的新变化而对中国特色社会主义理论体系的丰富和发展；科学发展观是在改革开放取得巨大成就、

进入全面建设小康社会的新时期，根据国内外形势的新变化而对中国特色社会主义理论体系的新发展；习近平新时代中国特色社会主义思想是在我国处于实现第一个百年奋斗目标并向第二个百年奋斗目标迈进的关键历史时期，深刻思考并洞察人类前途命运、统筹国内国际两个大局而对中国特色社会主义理论体系的新飞跃。这四个重大理论不是简单相加，而是一脉相承又与时俱进，共同构成一个在新的实践中不断丰富和发展的理论体系。因此，研究中国特色社会主义理论体系的传统文化基础，既要突出它有别于马克思主义中国化早期成果——毛泽东思想——之传统文化基础的特色，又要以动态的视角从整体上来把握它自身在不同历史阶段以传统文化为文化基础所表现出来的区别和联系。

（二）文化、传统文化、中华传统文化、中华优秀传统文化

人们从不同角度、不同层次上对“文化”进行界说，据说定义已达数百种。英国人类学家爱德华·泰勒将文化界定为“包括全部的知识、信仰、艺术、道德、法律、风俗以及作为社会成员的人所掌握和接受的任何其他的才能和习惯的复合体”①，侧重将具有复杂性的文化归结为人类活动的精神结果。美国人类学家克罗伯和克拉克洪对文化的界定为：“文化由外显的和内隐的行为模式构成；这种行为模式通过象征符号而获致和传递；文化代表了人类群体的显著成就，包括它们在人造器物中的体现；文化的核心部分是传统的（即历史地获得和选择的）观念，尤其是它们所带来的价值观；文化体系一方面可以看作是活动的产物，另一方面则是进一步活动的决定因素。”②这一概念揭示了作为人类活动产物的文化的思想性、传承性。美国夏威夷大学教授成中英对文化作了这样的阐释：“文化是人类的生活、活动，或活动所表现的形式。也就是人在全体生活中经由思考所创造出来的生活方式和生活工具，借此而实现人之为人的价值。”③这更是在肯定文化是人类活动成果的基础上点明了文化的属人性。梁漱溟

---

① ［英］爱德华·泰勒：《原始文化》，连树声译，广西师范大学出版社 2005 年版，第 1 页。

② 《中国大百科全书·社会学》，中国大百科全书出版社 1991 年版，第 409 页。

③ ［美］成中英：《中国文化的现代化与世界化》，中国和平出版社 1988 年版，第 58 页。

先生认为,文化无非是人类生活的样法,即人类生活的方式或样式。张岱年和程宜山两位先生认为:“文化是人类在处理人和世界关系中所采取的精神活动与实践活动的方式及其所创造出来的物质和精神成果的总和,是活动方式与活动成果的辩证统一。”①这不仅揭示了人的活动的性质,而且从动态与静态相统一的角度揭示了文化的这两个属性的辩证关系。以上表达仁者见仁,智者见智,但也表现出在文化认知上的一些共性:文化即人化,文化是人类在社会生活中历史地创造出来的成果,在一定意义上说,文化的本质是人的本质力量的对象化和显现;文化是物质的,又是精神的;文化是结果,又是进一步发展和传承的基础。

关于文化的定义,国内学术界比较认同的是将文化进行广义和狭义两种区分。广义的文化是指人类创造的一切财富的总和,包括物质文化(器物层面)、制度文化、观念文化(精神层面)等。关于器物、制度、精神等三个层面,何中华认为,这三者内在关联,是无法彼此剥离的。“精神构成文化的内核,它统摄着整个文化的各个层面,使文化成为一个有机体;器物层面作为外在的形式,不过是文化的物质外壳,充当着文化的物质承担者或载体;制度层面则作为中间环节,既是价值取向的规则表达,又是物质外壳的秩序来源。”②由于思想或观念、精神是广义文化的核心,因此,狭义的文化是指社会的观念形态。潘一禾以广义文化观、中义文化观以及狭义文化观把文化的定义划分为广义文化(人类创造的物质文化和精神文化的总和)、中义文化(精神财富的总和,指社会的意识形态以及与之相适应的制度和组织机构)和狭义文化(社会的意识形态或社会的观念形态)。无论是广义与狭义之分,还是广义、中义、狭义之别,狭义的文化指的都是观念形态的文化。毛泽东常用的“文化”概念采取的就是狭义的“文化”概念,如他在《新民主主义论》中所阐释的:“一定的文化是一定社会的政治和经济在观念形态上的反映。”③由于本书主要是在狭义上使用“文化”概念,因此,如无特别说明,本书采用的“文化”概念也是狭义上的“文化”概念。

---

① 张岱年、程宜山:《中国文化与文化论争》,中国人民大学出版社 1990 年版,第 2 页。

② 何中华:《重思中国文化的现代性命运》,载《理论学刊》2009 年第 7 期。

③ 《毛泽东选集》第 2 卷,人民出版社 1991 年版,第 694 页。

广义的“传统文化”，指的是不同民族在长期的历史发展过程中形成和发展起来、保留在各个民族中间具有稳定形态的文化，包括相互联系的器物、制度及思想观念等。狭义的传统文化当为不同民族在长期的历史发展过程中形成和发展起来、保留在各个民族中间具有稳定形态的思想观念。不同文化系统因产生的地理环境、历史发展阶段等不同而各具特色。

从内容上看，中华传统文化特指中国从古代一直传承下来的反映民族特质和风貌的思想文化。而从历史发展进程看，中华传统文化自16世纪以来即逐渐处于文化论争之中，文化传统也随之发生一定的变迁。从16世纪末叶西方传教士来华开始的近代中西文化的交流，到鸦片战争后国人对传统文化的反思，再到五四新文化运动展开的“中国文化向何处去”的论争，继之是中国共产党在民族民主革命进程中开创的新的文化传统——革命文化传统，中华传统文化发生了前所未有的嬗变。因此，在历史性意义上，中华传统文化指的是中国古代传统文化，不包括近代以来的革命传统文化。

中华传统文化是世界文化宝库中的一枝奇葩，具有独一无二的精神、智慧、气度和神韵。但不可否认的是，中华传统文化产生并发展于长达数千年的中国古代社会，历史的复杂性决定了中华传统文化成分的复杂性。其中既有一目了然的精华，也有非常明显的糟粕，更多的则是精华与糟粕纠缠在一起的矛盾统一体。也许正是中华传统文化的复杂性，才使得我们长期以来在继承弘扬中华传统文化时存在投鼠忌器的心态。因此，“取其精华，弃其糟粕”是继承弘扬中华传统文化的基本态度，也就是说，我们要继承弘扬的是中华传统文化中的精华，即中华优秀传统文化。怎样判断中华传统文化中哪些成分是中华优秀传统文化呢？这就需要我们立足实践，运用马克思主义的立场、观点和方法，着眼于人的全面发展和中华民族的未来和前途，对中华传统文化进行分析和鉴别。中华传统文化中，凡是有利于提高人们的综合素质(特别是人文素养，这是中华传统文化的长项)，有利于提高人们道德水平，有利于促进社会文明和谐，有利于促进社会公平正义，有利于人类可持续发展的传统文化因素都是优秀传统文化，对此我们要大胆继承和弘扬。

(三)文化基础

根据现代汉语词典的解释，“基础”一为建筑物的根脚，二为事物发展

的根本或起点(本书认为这应该是对一义的引申,也是本书要讨论的文化基础的依据)。那么什么是文化基础?本书认为,文化基础主要有两个方面的含义:一是从文化本身的发展来看,文化基础指的应是一定文化形态发展的根本或起点,这个根本或起点大体上包含以下含义,即一定的文化形态与先于其存在的文化之间具有渊源关系,后者为前者提供文化基因(或称“文化精神”)、文化资源,对后者产生文化影响,使后者在前者提供的文化环境中具有与前者相关的文化特色、文化底蕴等,与前者具有相承的文化根脉。二是从文化对于一定社会的功能来看,一定文化是一定社会发展的产物,又反过来对社会发展起能动作用。因此,一定社会发展所需的文化基础,指的就是该社会发展所需要的文化形态的支撑。本书的研究对象为“中国特色社会主义理论体系的传统文化基础”,因此,本书将重点研究“中国特色社会主义理论体系”这种文化形态的文化基础,更确切地说,是中国特色社会主义理论体系的中华传统文化基础。也就是要研究中国特色社会主义理论体系与中华传统文化是否存在渊源关系,前者的存在和发展是否必须依赖后者提供的文化基因、文化资源,中国特色社会主义理论体系是怎样以中华传统文化为基础来发展自身的,在新的时代条件下面临哪些新的问题,可能的解决途径是什么,等等。当然,由于中国特色社会主义理论体系既是中国特色社会主义实践(其中包括中国特色社会主义文化建设等内容)的产物,又是后者的指导思想,因此,研究中华传统文化能否为当代社会发展提供文化基础作用以及怎样实现该作用,应该是在优秀传统文化基础上坚持和发展中国特色社会主义理论体系的题中应有之义。也就是说,在本书的语境中,“文化基础”概念主要是指“一定文化形态的文化基础”,同时,也含有“一定社会发展所需的文化基础”的意蕴,因为毕竟两者是虽有不同但又密不可分的,统一于中国特色社会主义理论和实践发展的全过程。如,中国特色社会主义文化建设理论是中国特色社会主义理论体系的重要内容之一,因此,中国特色社会主义理论体系该不该以传统文化为基础、怎样以传统文化为基础的问题,即内含着中国特色社会主义文化建设是否需要以传统文化为基础、怎样以传统文化为基础的问题。

在中国特色社会主义理论体系的发展进程中,中国古代传统文化、中国近现代文化、中国当代文化思潮、世界各国传统文化、世界各国现代文

化等，不同程度上以自身的合理元素为中国特色社会主义理论体系的发展做出了贡献，因此，中国特色社会主义理论体系的文化基础是一个宽泛的范畴。本书要探讨的是中国特色社会主义理论体系的中华传统文化基础，即中国特色社会主义理论体系这一文化形态发展所需要的由本民族传统文化提供的优秀文化基因或文化精神、文化资源、文化底蕴、文化环境等。具体内容主要有：以自强不息、厚德载物精神为核心的中华传统文化的基本精神；以"天人合一"为旨向的世界观、人生观和价值观；以和合思维为基本特色的中国传统思维方式；以民本思想为主要内容的人本主义传统；以崇德向善为基质的中华民族品格，以及这些精神和品格对中华民族产生的久远而深刻的影响。为表述方便，下文提到的中国特色社会主义理论体系的传统文化基础即特指其中华优秀传统文化基础。

第一章 中国特色社会主义理论体系以优秀传统文化为文化基础的历史必然性

马克思主义与中华传统文化的关系一直是“五四”以来论争不绝的一个重要问题。毛泽东思想是把马克思主义与中华优秀传统文化有机结合的成功范例，而在中国进入改革开放的新时期之前，中国共产党在马克思主义与中华传统文化关系上的某些极端观点和政策导致在社会主义建设过程中对本民族传统文化的认识产生了许多误区，并最终给党的理论发展和社会主义建设带来不可估量的损失。那么在新时期的社会主义建设过程中，在新时期的中国化马克思主义的理论创新和发展过程中，中华民族固有的传统文化到底还有没有一席之地？如果有，应该具有何种地位和作用？针对这个问题，本书认为，中国特色社会主义理论体系的创立和发展，必须以中华优秀传统文化为文化基础，这不是权宜之计，不是凭空想象，也不仅仅是简单的经验总结，而是历史发展特别是文化发展的合规律性与合目的性的统一，换句话说，这是历史发展的必然。

一、文化发展规律的要求

历史唯物主义认为，人类社会的历史发展是有规律的，文化作为人类社会历史发展的重要组成部分，也有着自身的发展规律。

(一)文化发展一般规律的要求

规律即事物发展过程中的本质联系和必然趋势。文化发展的规律则指的是文化发展过程中的本质联系和必然趋势，具体说来表现为以下几个方面：

1. 文化与社会互动发展的规律

这是就文化的外部结构关系来讲的。社会结构分为经济、政治和文化三大领域,文化作为社会结构的组成部分,与其他两个组成部分之间存在着规律性联系。马克思主义认为,一定的文化是一定的社会经济和政治在观念上的反映,因此,一定社会的经济发展对其文化发展具有决定作用,历史上经济鼎盛时期的国家或民族,往往在文化上也对人类文化做出了巨大贡献。如中国的盛唐时期,经济社会的繁荣催生了至今令人称道的盛唐文化;西方古希腊、罗马城邦经济的繁荣产生了在世界古代史上占据重要地位的辉煌的古希腊、古罗马文明。同时,文化发展对于社会发展具有能动的反作用。文化起着维护和巩固社会经济制度、政治制度和法律制度的作用,它在世界观、价值观和人生观等方面对人们产生影响,进而起到规范人们社会行为的作用。文化昌盛时期的国家或民族往往社会和谐稳定,人民安居乐业。因此,先进的文化对社会发展起推动作用,落后的文化对社会发展起消极作用。文化发展与社会发展的关系规律说明,一定的社会形态在大力发展生产力、夯实社会发展的经济和政治基础的同时,必须重视文化的建设和发展。由于社会经济基础是发展变化的,文化结构也在不断发生变化。因此,在社会发展过程中特别是社会转型时期,必须适时建立起适应社会发展的文化体系,否则,社会的经济基础就不牢固,政治就不稳定。

文化发展具有相对独立性。文化是社会发展的产物,决定于一定社会的经济基础,并受一定社会的政治制度的制约,但文化形态具有相对的独立性,因而表现出与经济发展的不平衡性。文化发展与一定社会的生产力水平并不总是完全同步的,并不是生产力发达的社会自然能够产生先进的文化,生产力相对落后的国家就产生不了先进文化。先进的经济基础可以产生先进的文化,相对落后的经济基础也可能产生先进的文化。因此,不能因为生产力水平不够高而忽视先进文化的建设。

文化与社会互动发展的规律表明,在改革开放新时期,中国共产党必须高度重视文化发展的重要性,必须建立和发展适应中国特色社会主义的文化体系,必须前瞻性地制定先进文化的建设规划。

2. 文化的多样性和文化发展的民族性规律

这是就文化的自身结构来讲的。文化的多样性是文化的基本内质,

它构成了世界文化的基本特征。文化的多样性是一个不争的事实，那就是不同民族在各自的历史发展过程中，由于不同的地理环境等因素形成了形态各异的民族传统文化。世界文明史上就有西欧文化、伊斯兰文化、印度文化和中华文化等四大文化系统，体现了世界各民族不同的文化样态。然而近代以来，西方世界特别是欧美国家率先进入现代化进程而走向发达，从而凸显了其文化样态的先进性或者说是实效性。与此形成鲜明对比的是，东方世界特别是中国等国家因循守旧而致落后，从而引发了民众对本民族文化的反思直至把社会落后的原因归咎于文化的落后，“全盘西化论”“民族文化虚无论”等一度甚嚣尘上。西方则推出“西方文化优越论”“西方文化中心论”等。一时间，只有彻底抛弃本民族文化、全面移植西方文化、向西方文化趋同才能够实现本民族的现代化似乎成为共识。那么，究竟怎样认识文化的多样性？马克思主义认为，任何事物的运动都是矛盾的运动。文化的发展也不例外。文化作为整体有着普遍性，文化的具体样态又具有各自的矛盾的特殊性，亦即各自的文化个性。文化共性与个性是对立统一的关系。因此，世界文化的发展离不开各具特色的不同文化样态的文化的存在，各民族文化对人类文化的发展都做出了各自的贡献，并在互相交流、融通中不断发展。在某种程度上说，正是世界文化的多样性形成了人类文明进步的动力。在世界越来越全球化的今天，西方许多学者开始了对“西方文化中心论”的反思。如英国历史学家丹斯(E. H. Dance)就提出“反思我们的历史积念”即反思“忽视东方文化的价值”的思想和做法，提出“必须完全放弃已经濒死的优越感”，并排除思想障碍，建立起对不同文化的尊重。① 英国科学家和汉学家李约瑟通过对中国文化的深入考察，充分肯定了中华文化对人类文化所做出的巨大贡献，强调东西文化各具特色，应该平等对话，明确反对“欧洲文化中心论”。② 印度著名学者泰戈尔也提出东西方文明之间的差异是种类的差异而不是等级(优劣)的差异，倡导一种文化的平等观。这些反思对于尊重不同文化的个性和文化之间的差异起到了一定的启示和倡导的作用。

文化的多样性体现了文化的民族性。在不同文化样态之间，它要求

---

① E. H. Dance, *History the Betrayer*, London: Hutchinson, 1960, pp. 81-86.

② 参见[英]李约瑟:《四海之内》，劳陇译，三联书店 1987 年版，第 18 页。

尊重不同文化的差异性和独特性；在某一具体文化样态的发展上，它要求尊重和坚持本民族文化的特性，并结合世界历史文化发展的潮流来发展本民族的文化。如在20世纪早期，汤用彤先生就在其《魏晋玄学与文学理论》中谈到文化交流与发展中的民族性问题："各民族文化各有其文化之类型，一代哲学思想各有其思想之方式。盖谓各种文化必有其特别具有之精神，特别采取之途径，虽经屡次之革新与突变，然罕能超出其定型。此实源于民族天性之不同，抑由于环境之影响，抑或其故在兼此二者。"① 虽然中外文化在交汇过程中互有消长，但是本土文化对外来文化的同化往往在整个文化传播过程中占有主导地位。各民族文化都是一种内含整合机制的独立文化模式。汤用彤先生提出的文化双向交流理论，即表达了其强调以本民族文化为主体，积极整合外来文化，从而发展民族新文化的观点。②

文化发展的多样性和民族性规律表明，任何民族的文化都是世界文化大家庭中的一员，尊重不同民族文化的多样性和差异性是人类文化发展的前提条件。任何民族文化的发展都是在本民族文化发展模式基础上的发展。文化发展要坚持自身的民族性特征，这样才能既是民族的，又是世界的。中国特色社会主义理论体系作为当代中国文化发展的指导思想，必须充分重视文化发展的多样性和民族性规律，毫不掩饰社会主义文化的民族性特征，使社会主义文化以鲜明的中国特色屹立于世界民族文化之林。

3. 文化的传承与创新的规律

这是就文化样态自身发展亦即文化样态发展的纵向之间的关系来讲的。文化发展具有传承性。任何国家或民族的文化都是该国或该民族文化长期积累的结果，文化传承是文化积累的主要途径，也就是说，任何文化的发展都必须建立在已有传统文化的基础上，也就是毛泽东所说的不能割断历史。中华民族文化之所以具有吸引世界人民的持久魅力，因历史悠久而形成的深厚文化底蕴和丰富的文化遗产是其中一个重要的原

---

① 《汤用彤全集》第4卷，河北人民出版社2000年版，第379页。

② 参见赵建华、赵建永：《外来文化中国化规律的先期探索——从汤用彤的文化双向交流理论看文明的冲突与融合》，载《东岳论丛》2010年第6期。

因。今日依然强盛的西方世界，其文化发展仍然离不开古希腊文明、古基督教文明的基因。

文化的传承或积累不只是继承先前的传统文化，而是在此基础上添加新的文化因素，也就是保存旧文化，增加新文化。文化的传承不是良莠不分地将旧文化全部传承下去，也不是对新的文化全面吸收，而是一个在一定原则之下进行取舍的过程，遵循着优胜劣汰、为我所用的原则。那些曾经是人们创造的文化由于不适应新的时代发展的需要将被人们淘汰，从旧有的文化中消失，如中华文化中男尊女卑的旧传统在现代化过程中被逐渐淘汰，也就是体现了文化的遗失，那些仍然焕发着生机、适应时代发展的文化因子将被继续传承下去；那些新的文化因素中能够为社会发展所用的因子被吸收进来，融入文化传统中并被继续传承下去。

文化的传承与创新的规律告诉我们，文化的发展既不能抛弃传统，因为抛弃传统的文化是失去了自我的文化；也不能抱残守缺，因为只依靠传统的文化是永远长不大的文化。因此，文化要想发展，必须因革损益，日益丰富，不断创新。

4. 文化交往的规律

这是就文化的具体样态之间亦即文化样态横向之间的关系来讲的。不同文化之间是否有联系？是怎样联系的？马克思和恩格斯在《德意志意识形态》中阐述并揭示了人类社会发展中的交往规律："各民族之间的相互关系取决于每一个民族的生产力、分工和内部交往的发展程度。这个原理是公认的。然而不仅一个民族与其他民族的关系，而且这个民族本身的整个内部结构也取决于自己的生产以及自己内部和外部的交往的发展程度。"①这就揭示了人类社会的历史既是生产的历史，又是交往的历史。交往分为物质交往、政治交往和精神交往。人类文化（狭义）的交往便属于精神交往的范畴。不同样态的文化通过交往而发生联系。文化的交往同其他交往一样，体现的是文化主体之间的互动关系。文化的交往通过文化的冲突与融合来实现，如汤用彤先生所阐释的，本土文化与外来文化的交往过程分为三个阶段：(1)因为看见表面的相同而调和；(2)因为看见不同而冲突；(3)因再发现真实的相合而调和。这是一种由表及

---

① 《马克思恩格斯选集》第1卷，人民出版社1995年版，第68页。

里、由浅入深、由分到合的文化发展模式。这种文化发展模式所揭示的文化的交往过程实际上就是文化的创造性整合与转化的过程，是既不遗失本土文化的根本特征又吸收了新的文化因素，从而创造出不同于原有文化的过程。文化交往的目的或结果就是以我为主，取长补短，实现本土文化的跨越式发展或长足进步。

文化交往不可避免，文化的冲突与融合是文化发展的不以人的意志为转移的规律。这一规律揭示了文化发展的包容性和开放性特征。文化的包容性和开放性体现为在文化冲突与融合的过程中以开放包容的心态看待外来文化，在本土文化与外来文化的比较中加深对本土文化的认识，并自觉吸纳外来文化的优秀成分。没有交往就没有发展，没有异质文化之间的交流涤荡就没有本土文化的质的飞跃。正如物质系统越开放就越容易发展一样，文化系统越开放，就越具有生机和活力。文化的交往还体现为文化在冲突与融合过程中的文化的双向交流与发展。文化交往是不同文化主体间的交流活动，在此过程中，不同文化主体各自以本土文化为本位，糅合多元文化，在不断的冲突与融合中实现文化的创新与发展。

文化交往的规律告诉我们，任何时代的文化发展都离不开以开放和包容的心态吸纳一切文明成果，这是继承文化传统、发扬光大本土文化的必要条件。

5. 文化发展的时代性和先进性规律

任何文化都是一定社会背景下的产物，社会经济条件、政治条件等发生变化，文化也一定会发生不同程度的变化。在这个系统变化的过程中，该文化结构中的某些因素会因不适合社会发展的要求而被淘汰，也就是说这些因素因不具备时代性而形成文化的遗失，其中的一直对社会发展起推动作用的成分会被保留下来。同时，任何文化形态必须适应社会的发展而不断自我更新，不断体现文化的时代性特征，为新的社会经济结构、政治结构服务，也就是说要具有时代性和先进性。具有时代性又能够推动社会发展、为社会进步提供前瞻性引导的文化即先进文化。保持文化的时代性和先进性的关键在于文化的不断创新。文化创新需要根据社会发展的需要，继承本民族优秀文化传统，广泛吸纳其他文化的有益成果，进行文化的整合和创造。

(二)中华传统文化发展规律的要求

中华传统文化博大精深是人们的共识,其在近代对于中国社会的积贫积弱无能为力也是事实。因此,在研究文化发展的一般规律的基础上探讨中华传统文化发展的特殊规律,从理论上讲,是将一般与特殊相结合来研究事物发展规律的必然要求;从社会发展的客观要求的层面上讲,准确认识中华传统文化发展的规律有助于针对中华传统文化发展的个性特征,联系当代中国文化发展的实际,为新时期的文化建设和社会发展提供有益的借鉴。

1. 一脉相承是中华传统文化绵延发展的精神根基

正如张岱年先生所指出的,一个独立发展的民族文化,必有其不断发展的思想基础,必有其促进文化发展的主导思想。那么,这种主导思想是什么呢?这就是一个民族文化发展的基本精神,也可以称作"民族精神"。中华传统文化的发展靠的就是一种稳定而坚韧的民族精神。中华传统文化是一脉相承的,这个"脉"指的就是使中华文化得以历经数千年而绵延不绝的民族文化的基本精神。

张岱年先生曾将中华文化传统的基本精神概括为"自强不息"和"厚德载物"。他进一步说明:将"自强不息"和"厚德载物"作为中华文化传统的基本精神并不是说对于这些问题没有意见分歧,也不是说历史上任何人都能表现这种精神;而是说在传统思想中,广泛流传而又具有推动文化发展的积极作用的是"自强不息""厚德载物"的精湛思想,这些思想激励着人们奋发向上,不断前进。① 张岱年先生是在高度凝练和概括的层面上来讲民族精神的。江泽民在党的十六大报告中将民族精神概括为"以爱国主义为核心的团结统一、爱好和平、勤劳勇敢、自强不息的伟大民族精神"②,进一步明确和丰富了中华民族精神的内容。

"自强不息"和"厚德载物"的思想源远流长,贯穿于中华传统文化发展的始终。自强不息的精神激励着一代又一代人艰苦奋斗,奋发图强,成为中华民族绵延发展的思想基础和永不衰竭的精神动力;厚德载物精神就是一种以宽厚之德包容万物的精神,唯其包容万物,因此才能如"海纳

---

① 参见张岱年:《文化传统与民族精神》,载《学术月刊》1986年第12期。

② 《江泽民文选》第3卷,人民出版社2006年版,第559页。

百川”而“有容乃大”。中华文化之所以能够历经数千年而绵延不断，而且能够愈久弥新，除了中华文化中自强不息的精神起了重要作用外，这种厚德载物的精神也起了同样重要的作用。“自强不息”和“厚德载物”的基本精神孕育了中华传统文化独特的文化智慧——和合思想。和合思想既是世界观，又是方法论。从世界观的层面看，和合不仅是对万事万物发展的要求，更是中华传统文化追求的最高的理想境界；从方法论的层面看，和合体现的是坚持多样性统一的辩证思维智慧，是无过无不及地把握世界的独特方法。和合思想体现出来的这种和合精神构成了中华传统文化一以贯之的思想传统。

正是因为具有一脉相承的精神根基，中华传统文化才能够历时五千余年而不绝，其间虽历经磨难曲折和异域文化的冲击而始终保持了中华民族的文化特色，成为世界民族文化史上绝无仅有的奇观。

强调中华传统文化发展的一脉相承性，并不是说中华民族精神是一成不变的。从思想内容上看，中华民族精神在其贯穿历史发展的过程中，总是在每一个历史阶段，结合当时的时代精神，进行着具体内容的因革损益。如爱国主义这一民族精神的发展，在不同历史时期，因“国”的变化会发生感情倾向上的变化等；又如民族精神的某些具体方面因时代变化而产生的生产方式、生活方式的变化等会增添新的内容和方式。从民族精神的消长进退的方面看，随着时代的变化，民族精神有时发扬充盛、在社会上蔚然成风，如盛唐等时期；有时衰微不振，如南宋、晚清等时期。而且，这种民族精神的消长进退与文化发展存在着一定的必然联系，那就是张岱年先生指出的一个规律性文化现象：“当民族精神发扬充盛之时，民族文化就发展前进；当民族精神衰微不振之时，文化也就处在停滞状态之中。”①因此，要想保持文化的长期繁荣与发展，发扬与时俱进的民族精神，保持文化发展之脉是一个基本的也是关键的条件。

中国特色社会主义理论体系作为中国的文化形态，必须承续中华传统文化之脉。作为传统文化精华的民族精神与中国特色社会主义理论体系的要求和需求不但不相冲突，反而相得益彰，中华优秀传统文化成为中国特色社会主义理论体系发展的文化基础也就理所当然了。

---

① 《张岱年全集》第6卷，河北人民出版社1996年版，第357页。

2. 思想自由是文化发展的重要条件

张岱年先生曾对从殷周到民国初年间3000多年的中华传统文化的曲折演变过程进行了考察，并对思想自由与文化发展的必然联系进行了精辟的阐释。

张岱年先生提出，在中华传统文化数千年的发展演进过程中，思想活跃、学术繁荣的时期主要有四个：春秋战国时期、魏晋时期、北宋时期和明清之际。春秋战国时期被德国哲学家雅斯贝尔斯称为与古希腊文明、古印度文明、古代以色列犹太教等同时的“轴心时代”。这一时期呈现出著名的“百家争鸣”的气象，其中一个重要的原因就是张岱年先生指出的，当时各国诸侯都能够尊重知识分子，不干预他们的著书立说。春秋战国时期可以说是中国文化史上的一个思想非常自由的时代。魏晋时期，由于统治集团忙于争夺政权，无暇干预学术，所以尽管当时时局动荡，但学术思想比较活跃，在经过两汉经学的沉闷时期之后呈现出玄学兴盛，儒、玄、道、释相互激荡的新气象。北宋时期，儒学转型，理学建构，市民文化勃兴，学术派别并起，开启了一个学术创新的新时期。宋学表现出来的创新精神与其所处的时代背景有关，那就是宋代对于知识分子和士大夫比较尊重，不予杀戮，不干预其学术活动。明清之际，由于民族矛盾与阶级矛盾错综复杂，清初统治者对于知识分子采取了怀柔政策，在文字狱尚未兴起之前，清政权在政治上的控制比较宽松，容许知识分子从事学术探索，这使得有些明代遗民保持了学术思想的自由，从而取得了较高的成就。综观中华传统文化的数千年演变，凡是“政治控制比较松弛的时期，思想有相对的自由，因而文化的发展也呈现出异彩”①。与此形成鲜明对比的是，中国历史上也不乏文化专制的事例。从秦始皇“焚书坑儒”到汉武帝“罢黜百家，独尊儒术”，从明初的“八股文”到清朝的“文字狱”，文化发展受到了不同程度的阻碍甚至破坏。秦始皇统一六国后，听从丞相李斯的建议而“焚书坑儒”，许多先秦学术著作逸失。这是中国文化史上的第一次文化专制主义，是中国文化发展所遭遇的第一次严重挫折，造成了不可估量的损失，给中华文化的发展带来了惨重的后果。汉朝初期，汉武帝采纳董仲舒的建议，罢黜了儒家学说之外的百家之言，开始了儒家经学占统

---

① 《张岱年全集》第6卷，河北人民出版社1996年版，第353页。

治地位的“经学时代”。“罢黜百家，独尊儒术”在保证政治统一的同时，也付出了牺牲学术繁荣的代价。此后，经学逐渐流入繁琐，最终陷于衰落。学术繁荣、思想活跃的盛况消失，中华传统文化的发展陷入低谷。明初开始的以八股文取士，使知识分子皓首穷经，思想僵化，清朝统治者更是大兴“文字狱”，在严酷的文化专制主义的控制之下，思想界出现“万马齐喑”的局面，学术逐渐枯萎，已经远远落后于西方。①

由上可见，中华传统文化在历史演进过程中，凡是政治宽松、思想自由的时期，文化和学术就发展和繁荣；凡是政治专制、思想僵化的时期，文化和学术不是陷于停滞，就是走向衰落，甚至遭受惨重的损失。

3. 文化开放是文化发展的必要条件

正如20世纪80年代邓小平在谈到经济开放政策时所说的，开放分对内开放和对外开放。文化上的开放也可作如是观。文化对内开放指的是在某一民族文化内部，各学派之间、各学派内部支派之间展开交流与争鸣，从而实现思想文化的丰富和发展。文化对外开放则指的是某民族文化在对外文化交流中与外来文化互通有无，从而在不同文化的冲突融合中实现文化的整合与创新。

中国传统文化发展过程中文化内部的开放主要体现在思想较为自由的几个历史时期。如先秦时期的诸子争鸣，魏晋时期的“三玄”(《老子》《庄子》《周易》)盛行以及有无之辩，北宋时期的理学、心学以及功利学派之争，明清时期的各派争鸣等。

中国传统文化发展过程中的文化对外开放主要有两次：“一次是印度佛教的输入，一次是西学东渐。”②

首先来看佛教东来。汉代以前，中国没有本土宗教。一般认为，东汉时期，佛教开始传入中国，历经魏晋，到南北朝时期逐渐流行起来，而在唐朝达到兴盛。佛教的传入，开始了中印文化的接触，也开始了中国文化与异质文化的对接。佛教的传入，正值中国封建社会的兴盛时期，中国人民彼时在文化上比较自信，因此并不拒绝佛教，而是接纳、吸收、改造、消化

---

① 参见《张岱年全集》第6卷，河北人民出版社1996年版，第343～344、351～352页。

② 《张岱年全集》第6卷，河北人民出版社1996年版，第355页。

佛教。佛教对于中国文化产生了较为深刻的影响。仅在学术层面上看，佛教的传入产生了两大结果：一是佛教的中国化；二是儒学的转型。佛教的中国化主要表现为：在浅层次上，东晋时期，众多佛教徒假借玄学的名词概念来宣扬佛学；在深层次上，到隋唐时期，佛学中国化的趋向渐趋明显。无论是天台宗还是华严宗都在继承印度佛教传统的同时，糅合进中国道家的一些思想观点。而慧能所创立的禅宗南宗，与中国固有文化中的人文精神、自主精神、修养路径等相融合，更是推进了佛学的中国化。儒学的转型表现为：北宋时期，一批知识分子以恢复儒学的权威为己任，在与佛学、道家学说的冲突和驳诘中吸纳佛学及道家学说的某些因素创立了儒学的新的形态——理学。如周敦颐依据《周易》，汲取了道家的一些观点，所著《太极图说》《通书》开启了理学时代；张载在对老子和佛教的唯心论批判的基础上，提出了"气"的最高哲学范畴；二程在综合儒、道、佛思想的基础上，建构了以"理"为最高范畴和中心观念的比较完整的理学体系；南宋朱熹和陆九渊（朱熹偏"老"，陆九渊近"禅"）分别继承并发展了理学理想。这是中国本土文化吸纳域外文化以创新发展本土文化的范例，开启了宋元明清时期中华传统文化发展演变的新阶段。

然后来看西学东渐。明朝后期，西学传入，至清朝中期而中断。明朝万历年间，西方传教士如利玛窦等来中国传教，被视为西学东渐的开始。尽管他们带来的是西方哥白尼以前的科学知识，但也吸引了一大批中国士大夫或思想家如叶向高、李贽、徐光启等人的关注。在中国人尚不太以科学为研究对象的明代中国，西学虽未得到广泛传播，也未遭到拒绝。同时，这些西方传教士也将中国文化介绍到西方（如利玛窦将《四书》等译成外文），引起了莱布尼兹、沃尔夫、伏尔泰等西方思想家的注意。因此，可以说，明朝末期至清朝初期，中西文化曾有一段交流的过程。再至后来，西方列强武力入侵，西学随之再次传入。彼时西方实力之强盛（已进入资本主义发达时期）与中国社会之落后（处于走下坡路的封建社会末期）形成鲜明对比，因此此次西学东渐引起了巨大波澜。落后于西方的中华民族认识到，为求生存必须向西方学习。但在向西方学习的过程中，怎样保持民族的独立以及民族文化的主体性，确是一个非常复杂的问题。① 同

① 参见《张岱年全集》第6卷，河北人民出版社1996年版，第355页。

时，怎样确保所引进来的异质文化是先进的文化，也是一个极其复杂的问题。在近代早期中西文化交流的问题上，何兆武先生认为，“当时西方传教士所传入的西学……完全是中世纪的目的论，谈不到有任何近代思想文化的因素”，其世界观等反而远远落在当时的中国人之后。因此，当时的西学东渐不仅“谈不到有助于中国之迈向现代化”，反而使当时的一些中国人以之为圭臬，贻误了学习西方近代先进思想的契机。[①] 这些也是近代以来关于民族传统文化论争持续百余年而未解悬疑的重要原因。

我们也注意到，传统中国与外国的文化交流除了佛教东来和“西学东渐”之外，也有小规模的“东学西渐”。一是在第一次西学东渐之后或曰同时（16 世纪末到 18 世纪初），西方传教士将中国的儒学等人文主义思想传播到西欧，对后者的启蒙运动产生了一定的影响。二是近代英国生物化学家和科学技术史专家李约瑟亲入中国考察，写出《中国的科学与文明》（即《中国科学技术史》），并以英文在西方出版，使中国文化得以为西方世界所知，对中西文化交流产生了深远的影响。

从中国传统社会的中西文化交流的历史我们可以看出，无论是佛教东来，还是西学东渐，抑或是东学西渐，中国人表现出来的优点是具有海纳百川的心胸，乐于接受外来文化。但总的说来缺乏主动性，表现出缺乏向外传播本国文化的意识或毅力。如佛教东来之时，却没有人到印度去传播中国文化；近代东学西渐则或由西方传教士将中国文化带回西方，或由外国人（如李约瑟）受留学国外的中国学生的影响和启发来中国而后将中国文化传播到国外。这里除了中国自身客观条件的限制之外，中国人缺乏文化输出的意识和毅力也是历史的事实。

中华传统文化发展演进的历史证明：“容纳外来文化，可以促进本国文化的发展；拒绝外来文化，本国文化也将停滞下来。这是一条客观的规律。”[②]不断吸取融会各种外来文化并形成自己的文化特色和文化成果是中华传统文化发展演进的一条客观路径。同时，容纳外来文化，并不意味着一味被动接受，而是必须以本民族文化为主体，保持本民族和本民族文化的独立性，承续本民族文化传统，对外来文化进行先进与否的鉴别，并

① 参见何兆武：《中西文化交流史论》，湖北人民出版社 2007 年版，序言第 3 页。

② 《张岱年全集》第 6 卷，河北人民出版社 1996 年版，第 356 页。

在本民族文化中找到生长点和结合点，使先进的外来文化中国化。在文化输入的同时进行文化输出以促进中外文化的交流，增进不同文化的了解和理解也是文化发展的客观要求。

4. 文化自觉是文化发展的内在动因

“文化自觉”由我国著名社会学家费孝通先生于 1997 年在北京大学社会学人类学研究所开办的第二届社会文化人类学高级研讨班上首次提出，指生活在一定文化历史圈子的人对其文化有自知之明，并对其发展历程和未来有充分的认识。换句话说，是文化的自我觉醒、自我反省和自我创建。文化自觉包括对自身文化和他者文化的反思。费孝通先生指出，文化自觉是一个艰巨复杂的过程，首先要认识自己的文化，其次要理解并接触到多种文化，在此基础上，才有条件在这个正在形成的多元文化的世界里确立自身文化位置。然后经过自主的适应，和其他文化一起，取长补短，共同建立起一个有共同认可的基本秩序和一套多种文化都能和平共处、各抒所长、联手发展的共处原则。费孝通先生以这样一句话来概括文化自觉的发展历程：“各美其美，美人之美，美美与共，天下大同。”①

综观中华传统文化的发展历程，我们发现，中华民族文化正是沿着这样一条文化自觉之路实现文化的不断创新和发展的。

孔子是中华民族文化自觉的先驱。春秋时期，诸侯争战，民不聊生。面对现实，孔子开始了对人类进步之路的反思，即从文化的层面对人类发展进行反思。他追溯上古贤王：“郁郁乎文哉，吾从周！”②但又不是不加选择地继承周礼，而是提出经权之道，即根据已变化了的实际情况对周礼进行损益。这可以说是开辟了对传统文化进行批判继承的先河。孔子虽然自谓“述而不作”，但实际上他是在以“述”为“作”，通过对历史传统作当代诠释，来实现传统价值的当代转换。孔子一生正直、乐观，积极进取，为求“为万世开太平”而孜孜不倦。孔子的历史贡献有目共睹。正如美国诗人、哲学家爱默生所说：孔子是全世界各民族的光荣。孔子创立了儒家学派，儒家尽管曾经“儒分为八”，但儒家学派的基本精神却一直传承下来，并在与其他学派的交流和融通中对中华文化产生了不可替代的影响。孔

---

① 费孝通：《“美美与共”和人类文明》（下），载《群言》2005 年第 2 期。

② 《论语·八佾》。

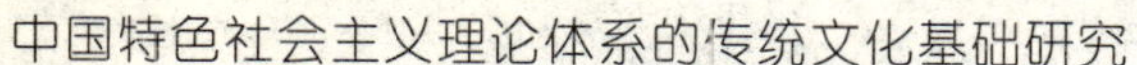

子思想的核心是"仁"和"礼",无论是从哲学思想层面、政治思想层面还是教育思想层面,"仁"和"礼"的提出都奠定了中华文化人文精神、人道精神的基础。孔子倡导并弘扬的这些精神,直到今天仍然闪烁着人文、人道及秩序精神的光辉。1988 年,75 位诺贝尔奖获得者在巴黎集会,会议结束后发表的联合宣言呼吁:人类如果要在 21 世纪生存下去,就必须回首 2500 年前,去孔子那里汲取智慧。

孔子是中国古代具有文化自觉意识的杰出代表。在其后的中华传统文化的演进过程中也不乏进行文化自觉的代表(当然,这也与孔子的影响有关。孔子的以天下为己任的知识分子品格,几千年来影响着一代又一代的中国人,特别是知识分子)。战国时期的孟子继承儒家道统,其民本思想与仁政学说对中华传统文化的影响可谓深远;汉代司马迁旨在"究天人之际,通古今之变";隋末文中子(王通)坚持儒家道统,又能够援佛入儒,在隋唐儒学变革和发展中起到了重要的作用;唐代韩愈"文起八代之衰",为坚守儒学道统曾经力斥佛学,后立足于儒家,引释入儒,启后世道统儒学的先声①;与韩愈同时期的柳宗元则摒弃儒佛对立,对儒、佛采取糅合再造的态度,对中华传统文化的转型起到了推动作用;宋代张载志于"为天地立心,为生民立命,为往圣继绝学,为万世开太平";朱熹等终生致力于弘扬儒学、发展儒学,并完成了传统儒学转型的历史任务;明清时期,众多知识分子如王夫之、王阳明、顾炎武、黄宗羲、康有为、梁启超等以"天下兴亡"为己任,分别从不同方面对文化进行反思,推动了文化和社会的发展,体现了高度的文化自觉。

文化自觉与文化发展密切相关,哪个历史时期的文化主体文化自觉意识强烈,这个时期的文化就有较快发展;反之,则陷于停滞甚至倒退。因此,文化自觉不但是文化发展的主体条件,而且是文化发展的内在动因。

(三)先进文化发展规律的要求

文化是社会生活的反映,有精华与糟粕、先进与落后之分。一般来说,先进文化应具有以下规律性特征:一是必须适应先进的生产力和生产关系发展的要求。文化的功能就在于在观念形态上反映一定社会的经济

---

① 参见任树民:《简论韩愈、柳宗元与佛学的关系》,载《宗教学研究》2007 年第 4 期。

和政治，反过来又对后者产生重大影响。既然是先进文化，就应该适应并服务于一定社会的经济和政治的要求，推动先进生产力和生产关系的发展，推动人类社会的文明进步。二是必须由一定社会的先进阶级所代表。文化属上层建筑，具有阶级性，不同的阶级拥有不同的文化。在一定的社会历史阶段，只有最先进的阶级才能代表最先进的文化。从总体上看，在人类历史上，封建社会的文化先进于奴隶制文化，资本主义文化先进于封建文化，社会主义文化优于资本主义文化。每一时期的先进文化都在历史的进程中失去先进性而为新的先进文化所替代，这体现了先进文化的历史更替性。在当今时代，无产阶级是先进生产力的代表，是最先进的阶级，因而无产阶级文化才是最先进的文化。三是必须与本民族历史上的先进文化一脉相承。文化是不断积累的，任何先进文化的产生都离不开本民族文化的根基，是继承了本民族文化的优秀基因的文化，体现了先进文化与本民族历史文化的一脉相承性。四是必须凝结着人类文明进步的优秀成果。文化是不断传播的。任何社会历史阶段、任何民族都对人类文化的积累做出过贡献。所谓“先进文化”，就是具有深厚的历史文化精华积累的，能够吸收、融合一切社会形态和一切民族优秀文化成果的文化。五是指引着人类文明发展方向的文化。先进的文化必须是具有超越现实功利和地域限制的眼光、能够为人类永续发展提供关怀的文化，借用中华传统文化的一句话来说就是“为万世开太平”的文化，这种文化具有有利于人类文明发展的恒久价值，而不仅仅有利于当代的发展、本地区或本国的发展。以上规律性特征决定了先进文化必须是健康的、向上的、科学的、有利于社会和谐稳定和长远发展的、具有恒久价值的文化，而不是颓废的、消极的、愚昧落后的、阻碍社会前进的、狭隘的或仅具有短暂功利价值的文化。只有具备了以上特征的文化，才能既满足当下人民群众的精神文化生活需求，又具有长远的永续的价值，才是马克思主义意义上的先进文化。

中国共产党第一次提出要始终“代表先进文化的前进方向”，体现了一个政党的高度文化自觉。要代表先进文化的前进方向，就必须按照先进文化发展规律的要求，以蕴含着先进性文化因子的优秀传统文化为文化基础，始终站在人类先进文化发展的前沿，不断实现中国特色社会主义理论体系的发展、创新并臻于完善。

遵循规律是任何事物发展的必由之路。中国特色社会主义理论体系，作为当代中国先进文化发展的指导思想，必须遵循文化发展规律的要求，特别是先进文化发展规律的要求，重视中华传统文化发展规律的要求，沿着中华传统文化发展的必然路径，传承中华文化基因。在此基础上，开放兼容，秉持先进文化的本质，努力建设"不忘本来，吸收外来，面向未来"的中国特色社会主义新文化，创造中华文化新辉煌。

二、马克思主义中国化的内在要求

(一)马克思主义中国化的题中应有之义

"马克思主义中国化"这一命题蕴含一个基本前提，即中国需要马克思主义，中国的革命和建设理论的创立和发展需要以马克思主义为指导，以马克思主义为理论生长点。

马克思主义的生命力并不在于它的文献中的每一句话都是真理，而在于其博大而精深的体系中那些历经时代变迁而永不过时的"基本原理"。"基本原理"就是寓于马克思主义哲学、经济学、科学社会主义各领域中对所揭示的对象而言具有普遍性的又彼此从理论上相互支撑、相互渗透、不可分离的原则性理论观点。其中包括唯物主义原则、辩证法原则、历史唯物主义原则、劳动价值论、剩余价值论以及资本主义必然为社会主义所取代等理论观点。"生长点"，原指植物不断进行细胞分裂而增生细胞的部分，后被用来说明事物之间的传承关系和紧密联系。没有中国新民主主义革命、社会主义革命和社会主义建设的实践，就不可能生长出中国特色的社会革命和建设(实质上即中国的现代化)的新理论、新观点，因此，中国革命和建设的实践构成了中国革命和建设理论的实践生长点。仅有实践上的生长点，没有理论上的生长点，则不可能有理论上的创新和发展，科学的理论指导也就无从谈及。任何一种新的理论都必须从既有的思想材料出发，近现代中国的历史和实践已经证明，中国的现代化理论不可能直接从中国本土的以儒家思想为主导的传统文化思想中生发出来，而只能从外来的先进思想中寻绎出来。马克思主义以其彻底的革命性、无私的科学性、鲜明的阶级性系统揭示了自然界特别是人类社会发展的一般规律，是科学的世界观和方法论。对于中国的革命和建设来说，

马克思主义为我们提供了分析问题的根本立场、观点和方法，是中国革命和建设在各个不同历史时期的指导思想，在中国革命和建设的历史进程中起着性质定位、方向引导、思想指南、理论依据等作用，因此是中国革命和建设的理论生长点。

马克思主义中国化的理论前提是以马克思主义为指导，也就是以马克思主义基本原理为理论生长点。马克思主义中国化的过程就是马克思主义基本原理与中国具体实际相结合的过程。中国的具体实际既包括中国的历史文化传统，又包括中国的当代现实。因此，马克思主义中国化也就有两方面的基本内涵："一是把马克思主义基本原理与中国的传统文化相结合"，"二是把马克思主义基本原理与中国的当代现实相结合"。[①] 而马克思主义基本原理（下文简称为"基本原理"）与传统文化相结合的过程离不开相互作用的两个方面：一是坚持以"基本原理"为理论生长点，分析和解决中国的问题；二是将马克思主义中国化扎根于中国的传统文化土壤中。这两个方面又是相互作用、相互推进的，通过"基本原理"的民族化、"传统文化"的马克思主义化以及两者的时代化和大众化等不断实现马克思主义中国化的理论创新。因此，以中华优秀传统文化为文化基础或曰文化土壤来实现马克思主义的中国化是马克思主义中国化的题中应有之义。

对于中华传统文化来说，马克思主义是一种外来文化。任何一种外来文化的移植都必须扎根于本土文化的土壤中，获得本土文化的认可和支持，才能在新的环境中生存和发展。中国历史上佛教文化的中国化已经为马克思主义的中国化提供了一定的借鉴。佛教文化在中国利用本土文化的概念和范畴来宣扬自己的观点，并逐渐入乡随俗，获得了中国人和中国文化认可的形式和内容，才使得佛教文化在中国扎根并流传下来，成为中华传统文化大家庭中的一个重要组成部分。而马克思主义在中国化进程中，不仅要成为中国文化的一部分，而且要成为中国文化的核心部分，并引领中国文化的发展方向。因此，让马克思主义说中国话，为中国

---

① 湖北省邓小平理论和"三个代表"重要思想研究中心（汪信砚执笔）：《把坚持马克思主义基本原理同推进马克思主义中国化结合起来》，载 2009 年 4 月 7 日《光明日报》。

民众所理解、接受并自觉运用，是马克思主义中国化的基本任务。而让马克思主义说中国话，就必须使马克思主义与中国文化中固有的语言形式、与马克思主义相通的语言内容等相结合，使马克思主义呈现出具有中国气派、中国特色，符合中国人的思维习惯，从而形成能够为中国人所接受的文化形态。要做到这一点，离开了博大精深、延续了5000多年的中华传统文化的优秀资源是不可能的，那只会成为非中国的马克思主义。如果硬要说是“中国的马克思主义”，那也只能是无源之水、无本之木。

（二）新时期马克思主义中国化的内在要求

从李大钊等早期中国共产党人对马克思主义中国化的初步探索，到毛泽东明确提出“马克思主义中国化”并与同时代的中国共产党人一起把马克思主义中国化的进程向前推进，实现了中国新民主主义革命和社会主义改造的胜利，并在这个伟大实践中创立了马克思主义中国化的第一个理论成果——毛泽东思想。这已经告诉我们：马克思主义在中国的传播、马克思主义在中国革命和建设中发挥科学真理的作用，都必须以中国的优秀传统文化为土壤，与后者相结合，成为中国化的马克思主义。也就是说，马克思主义中国化必须以中华优秀传统文化为文化根基。而中国特色社会主义理论体系是马克思主义中国化在新时期的理论产物，也必然是马克思主义与优秀中华传统文化相结合的典范。这不仅是马克思主义中国化理论发展的内在逻辑要求，更是马克思主义中国化在新的历史时期的实践要求。

新时期马克思主义中国化面临三大需要解决的历史任务。

所谓“新时期”，指的是经历“文化大革命”之后，中国进入改革开放、全面建设中国特色社会主义的历史时期。在迈向这个历史时期之初，也就是刚刚从“文化大革命”的阴霾中走出的时候，我们对马克思主义的认识甚至都“还不十分清楚”，更不用说对中华传统文化的认识了，我们一度失去了理性。那么，理性又从何而来？是从最简单但又最容易被忽视的常识中来。常识其实从来没有远离我们，它存在于我们民族优秀文化的根基中，成为我们这个民族的文化基因，使我们在任何时候都不能够完全忘却它。我们数千年来就是依靠这个根基生息繁衍的。我们需要运用常识、运用理性来审视这个新的历史时期以及这个新时期我们面临的历史任务。

1982年,邓小平在中国共产党第十二次全国代表大会上提出,我国人民在80年代的三大任务是:"加紧社会主义现代化建设,争取实现包括台湾在内的祖国统一,反对霸权主义、维护世界和平。""这三大任务中,核心是经济建设,它是解决国际国内问题的基础。"①2001年,江泽民在庆祝建党80周年讲话中指出:"在新的世纪,继续推进现代化建设,完成祖国统一,维护世界和平与促进共同发展,是我们党肩负的重大历史任务。"②2012年,胡锦涛在党的十八大报告中指出,必须"继续实现推进现代化建设、完成祖国统一、维护世界和平与促进共同发展这三大历史任务"③。2017年,习近平在党的十九大报告中号召全党全国各族人民"为实现推进现代化建设、完成祖国统一、维护世界和平与促进共同发展三大历史任务,为决胜全面建成小康社会、夺取新时代中国特色社会主义伟大胜利、实现中华民族伟大复兴的中国梦、实现人民对美好生活的向往继续奋斗!"④

改革开放以来,我国取得了举世瞩目的发展成就,现代化步伐不断加快,生产力和综合国力不断提高,国际影响力不断提升,人民生活不断改善,已向全面建设小康社会迈进,祖国统一大业不断向前推进。但两个"没有变"仍然是客观存在,即我国仍处于并将长期处于社会主义初级阶段这样的基本国情没有变,我国是世界最大发展中国家的国际地位没有变。世界和平与发展仍然面临诸多新的问题和困境。国内外形势决定了我们仍然需要继续努力才能实现推进现代化建设、完成祖国统一、维护世界和平与促进共同发展这三大历史任务。毋庸讳言,这三大历史任务既是历史赋予中国共产党人的光荣使命和历史机遇,又使中国共产党人面临前所未有的困难和挑战。

社会主义现代化建设是三大历史任务中的基础任务,也是主要任务。社会主义现代化建设的成功推进是实现其他两大历史任务的前提和基础,也是重要支柱。现代化是一个多层面共同发展的过程,涉及人类生活

① 《邓小平文选》第3卷,人民出版社1993年版,第3页。

② 《江泽民文选》第3卷,人民出版社2006年版,第272页。

③ 《胡锦涛文选》第3卷,人民出版社2016年版,第659页。

④ 中共中央文献研究室编:《中国共产党第十九次全国代表大会文件汇编》,人民出版社2017年版,第56~57页。

所有方面的深刻变化，不仅是经济、政治的发展，而且包括文化以及价值观念的发展。从经济和政治的角度去研究现代化固然非常重要，但当今时代，文化越来越成为民族凝聚力和创造力的重要源泉，越来越成为综合国力竞争的重要因素，如果不去探讨人们的思想道德素质、心理特征等是否能够适应现代社会的要求，这样的“现代化”难免要走弯路。对于今日的中国来说，如果没有文化软实力的提升，要实现社会主义现代化是不可能的。而要想提升文化软实力，就必须建设强有力的社会主义核心价值体系，以增强社会主义意识形态的吸引力和凝聚力。而增强社会主义意识形态的吸引力和凝聚力的一个重要方面就是要继承民族精神，不断赋予当代中国马克思主义鲜明的民族特色。这就必须依赖于我们的传统文化中的资源，因为传统文化始终是我们无法摆脱的从传统社会到现代社会的天然纽带。优秀传统文化是我们建设中国特色社会主义文化的宝贵资源，是中国特色社会主义植根的文化沃土。研究传统文化的目的，不能仅仅停留在追忆昔日的辉煌，而要重在挖掘蕴含其中的积极的、进步的、具有超越时空价值的优秀成分，并对其进行创造性转化和创新性发展，以使其与当代文化相适应，与现代社会相协调，从而为现代化建设提供强有力的支撑。①

完成祖国统一符合中华民族根本利益，事关中华民族核心利益，也是全体中华儿女的共同心愿。祖国统一大业的完成需要全体中华儿女取得共同的思想基础，这个思想基础的重要来源就是中华民族优秀传统文化。

中华民族优秀传统文化，在历史上为中华民族的生息繁衍和发展壮大提供了强大的心灵支撑和不竭的内在动力，深深影响了海内外所有中华儿女，为形成世界上独一无二的中华民族和促进祖国统一发挥了重要作用。新时期中华民族优秀传统文化为保持中华民族的民族凝聚力和推动祖国完全统一继续发挥着不可替代的作用。这是因为，中华民族优秀传统文化是形成我们民族凝聚力的情感基础和思想文化基础，是维系全世界中华儿女的精神纽带。祖国统一既是祖国大陆和港、澳、台同胞的大事，也是所有海内外中华儿女的大事，对全世界的华人来说，统一、稳定、

---

① 参见王霞林：《现代化建设需要优秀传统文化支撑》，载《精神文明导刊》2007年第4期。

繁荣、富强的祖国永远是全世界中华儿女的坚实后盾。统一的具有数千年深厚文化底蕴的中华民族传统文化，则是所有中华儿女的心灵依托和精神家园。民族的认同、国家的统一，离不开文化的支撑。蕴含在中华民族传统文化中的亲情、乡情、民族认同和爱国主义感情等，均已超越时空，融入中华民族的血脉之中并代代相传，为祖国的完全统一奠定了坚实的思想文化基础。

维护世界和平与促进共同发展是社会主义中国向世界的庄严承诺。胡锦涛在党的十七大报告中指出，当今世界“正处在大变革大调整之中。和平与发展仍然是时代主题，求和平、谋发展、促合作已经成为不可阻挡的时代潮流……国际形势总体稳定。同时，世界仍然很不安宁……世界和平与发展面临诸多难题和挑战”①。2017 年 1 月 18 日，习近平在联合国日内瓦总部的演讲中指出：“这 100 多年全人类的共同愿望，就是和平与发展。然而，这项任务至今远远没有完成。我们要顺应人民呼声，接过历史接力棒，继续在和平与发展的马拉松跑道上奋勇向前。”②

一方面，中国的发展离不开世界。中国需要充分利用历史给予的战略机遇期来发展自己，因此迫切需要一个和平稳定的国际环境。中华民族是热爱和平的民族，这是由中华民族的基本精神、中华文化的特质所决定的。因此，中国始终是维护世界和平的坚定力量，中国的发展不会对世界造成威胁，相反，会成为维护和平与发展的重要力量。但由于各种历史的和现实的原因，世界对中国特别是对中华文化的了解还非常欠缺，而改革开放以来特别是党的十八大以来，中国的迅速发展令全世界瞩目，中国的国际影响力与日俱增，随之而来的“中国威胁论”“中国强硬论”“中国掠夺论”“中国搭便车论”“中国崩溃论”等此起彼伏。因此，我们迫切需要加强中华文化与世界文化的交流，向世界展示一个以“和合文化”为文化基础的爱好和平的、开放的、发展的、文明的、民主的、和谐的中国，增进世界各国人民对中国的了解，增强与世界各国人民的互信和友谊，推动世界的健康和谐发展。

另一方面，世界的和平与发展、繁荣与稳定也离不开中国。当今世

---

① 《胡锦涛文选》第 2 卷，人民出版社 2016 年版，第 649 页。

② 《习近平主席在联合国日内瓦总部的演讲》，载 2017 年 1 月 18 日《人民日报》。

界，由西方文化所主导的工业文明的发展所导致的各种世界性难题如环境污染、资源耗竭、贫富差距拉大、核军备竞赛、各种安全威胁等问题接踵而至，使人类前所未有地认识到，必须集人类之共同智慧方能应对这些难题。正如1988年在巴黎举行的诺贝尔奖获得者集会上所发出的"回到2500年前以汲取孔子智慧"的呼吁所期冀的，以孔子创立的儒家学说为核心的中华传统文化，蕴含着处理人与自然、人与人、人与自身、人与社会、国与国之间关系的大智慧，虽然不能完全解决当今时代的问题，但的确是我们今天反思人类前途与未来（迫在眉睫的是和平与发展）时需要深入学习和借鉴的智慧源泉。

三大历史任务，最终归结为一个主题：中华民族的伟大复兴。1999年10月1日，江泽民在庆祝建国50周年大会上的讲话中发出了中华民族伟大复兴的宣言。同年12月31日，江泽民在首都各界迎接新世纪和新千年庆祝活动上提出，在新世纪里，"中华民族将在完成祖国统一和建立富强民主文明的社会主义现代化国家的基础上实现伟大的复兴！"①2016年11月11日，习近平在纪念孙中山先生诞辰150周年大会上的讲话中指出："我们比历史上任何时期都更接近中华民族伟大复兴的目标……我们对孙中山先生最好的纪念，就是学习和继承他的宝贵精神，团结一切可以团结的力量，调动一切可以调动的因素，为他梦寐以求的振兴中华而继续奋斗。"②

中华民族的伟大复兴是所有中华儿女的共同愿望。以中国特色社会主义理论体系为指导，在中国特色社会主义道路上实现中华民族伟大复兴是当代中国人的根本历史任务。其中，实现现代化是中华民族复兴的基础；完成祖国完全统一是中华民族走向伟大复兴的必然要求；维护世界和平与促进共同发展既是中华民族复兴的必要外部条件，也是中华民族复兴为世界带来的美好前景。而中华民族复兴的根本在于中华民族文化的复兴。因此，怎样在优秀传统文化的基础上建设好、发展好中华民族文化，是摆在中国共产党人面前的重要历史使命。

---

① 《江泽民文选》第2卷，人民出版社2006年版，第495页。

② 习近平：《在纪念孙中山先生诞辰150周年大会上的讲话》，载2016年11月12日《人民日报》。

三、中华民族文化发展的内在要求

中华民族文化是世界上唯一没有中断的民族文化，有人认为是中国文化特有的凝聚力使然。但是，历史发展到中国近代，中华传统文化面临前所未有的挑战，特别是经“文化大革命”，中华传统文化岌岌可危。即便在当代，还有人对传统文化是否还有发展下去的必要、对现代社会是否还有价值等产生怀疑，并一度成为文化论争的焦点。中华民族伟大复兴的根本在于中华民族文化的复兴。而在中华民族文化复兴或文化发展中，中华传统文化应该处于一个什么样的位置，能够发挥什么样的作用？而谈论中华民族文化的发展，必须理顺中华传统文化与当代文化发展的关系。

（一）传统文化与当代文化发展的关系仍然是一个历史遗留问题

鸦片战争后，中国面临“三千年未有之变局”（李鸿章语）。在接连不断的战争和失败后，人们开始思考一个问题：中国向何处去？由西方工业革命肇始的现代化成为民族反思后的目标。中华传统文化的主导地位在中国走向现代化的时代巨变中则遇到了前所未有的挑战。

五四新文化运动提出了“民主与科学”“打倒孔家店”的口号，解构和颠覆了以儒学为代表的中华传统文化，拉开了中国文化现代化的序幕。同时，也为马克思主义在中国的兴起和发展开辟了道路。但由于新文化运动所处的特殊历史背景和面对的历史课题（急于摆脱落后挨打的局面，急于摆脱传统文化的惰性等负面影响），新文化运动对传统文化的批判带有矫枉过正的特征。许多问题被遗留下来：对传统文化的批判主要服从于政治变革的需要，而未能进行科学的理论解剖；忽视了中国文化的民族性特征，把传统文化等同于封建文化，忽视了新旧文化之间的传承关系；在中外文化的关系上，主要表现为“中不如西”的文化思维范式。这些直接影响了早期马克思主义者看待中华传统文化的态度，使其对传统文化的看法不免偏颇，从而影响了马克思主义与中国优秀传统文化的结合。①

早期中国共产党人超越于西方文化派和东方文化派之上，结合社会

---

① 参见都培炎：《思接千载和与时俱进——中共对中华传统文化认识的历史考察》，华东师范大学出版社 2007 年版，第 49 页。

变革的时代主题(反帝反封建),正确地提出中国未来文化的前进方向是经过无产阶级革命,构筑社会主义新文化(即用马克思主义取代中华传统文化)。但是由于政治斗争的紧迫性,早期共产党人过多关注马克思主义学说的政治方面,对传统文化的认识和政策等存在一些缺陷:其一,受五四新文化运动的影响,把传统文化等同于封建文化,只肯定了传统文化的历史上的合理性,忽视了传统文化中的仍然对社会发展有益的优秀成分,以至于对传统文化的分析和认识采取了简单的否定性批判的态度。其二,没有充分认识到文化的民族性的重要性,未能使优秀的传统文化成为马克思主义中国化的思想资源。其三,过多关注了文化发展的阶级性,忽略了其普适性。其四,残酷的现实斗争,妨碍了早期马克思主义者对马克思主义理论体系的系统性和完整性的认识。他们对马克思主义的认识更多地限于唯物史观,而对辩证唯物主义的认识较为欠缺,这就使他们对传统文化的认识也缺乏辩证的观点。他们为中国文化的发展指明了大致的方向,但未能解决中国文化发展的具体道路和对传统文化辩证扬弃的具体方针。①

毛泽东等中国共产党人批判研究和借鉴传统文化,成功解决了马克思主义与中国优秀传统文化相结合从而实现新民主主义革命胜利、社会主义革命成功的问题。其中包括:使优秀传统文化成为马克思主义中国化的一种思想资源,重新认识优秀传统文化的历史价值和现实价值,使优秀传统文化成为中国马克思主义的一种学术资源,并形成了扬弃传统文化、吸收外来文化、创造新民主主义与社会主义新文化的方针和政策等。但也存在一些问题:期间有教条主义的干扰、苏联的干涉和影响,片面从政治需要出发,过于注重传统文化的工具价值,更多注重传统文化中的革命性资源,忽视全面研究和取舍,带有个人的主观随意性,没有来得及消除传统文化的负面影响等。这样就遗留下来许多问题:传统文化的学术研究和政治需要的关系,社会主义新文化的民族性和世界性的关系、民族性和时代性的关系,文化建设中“破”与“立”的关系,科学评判传统文化的标准问题等。特别是十年“文化大革命”使新民主主义革命以来至“文化

---

① 参见都培炎:《思接千载和与时俱进——中共对中华传统文化认识的历史考察》,华东师范大学出版社 2007 年版,第 95～99 页。

大革命”之前的党在对待传统文化上的正确方针和政策遭到了颠覆，林彪、“四人帮”等推行封建文化专制主义、文化虚无主义和封建蒙昧主义，使新中国成立以来的文化建设受到了前所未有的破坏。因此，正确认识和处理好中华传统文化与当代文化发展的关系是一个事关中华民族历史发展的重大问题。

(二)进行中国特色社会主义文化建设必须正确认识传统文化

中国特色社会主义是既不同于苏联式传统社会主义也不同于西方民主社会主义的有中国特色的社会主义。新时期中国特色社会主义文化(有学者称为“新社会主义文化”)即“在‘文革’结束、思想解放、改革开放、建设有中国特色社会主义的社会历史背景下，党和政府在文化发展上的理论建树、政策措施及其相关文化现象的总和”①。中国特色社会主义文化是马克思主义中国化新进程的产物，同时，新时期社会主义文化建设的成功与否直接影响着马克思主义中国化的继续推进。

新时期社会主义文化建设面临新的形势。(1)从世情来看，经济全球化带来了文化全球化，西方现代化历程中以历史性的形态出现的前现代、现代、后现代现象，在当代中国以共时性的形态出现。如何更为合理地把握和评价、利用传统文化成为 21 世纪中国文化发展的重大课题之一。(2)从国情来看，从社会革命转入社会建设，由“破”到“立”。社会生产力和生产关系发生变化，从小农经济到工业社会、信息社会，从计划经济到社会主义市场经济。社会利益主体发生变化，文化主体必然发生变化。文化作为软实力，成为衡量一个国家综合国力的重要方面。如何合理运用传统文化构筑具有时代精神的民族精神，增强民族凝聚力，从而增强综合国力，也就成为社会主义文化建设的重要任务。(3)从党情来看，共产党作为执政党，其执政能力关乎国家民族的前途。能否实现中华民族的伟大复兴，关键在党。如何使党员干部具有历史使命感和社会责任感，成为社会主义文化建设乃至整个社会主义建设的关键问题。没有对中国历史和中华传统文化的了解和把握，就不可能正确认识自己的责任和历史使命。

---

① 许明等:《当代中国的文化发展》，中国大百科全书出版社 2008 年版，第 259 页。

因此，中华优秀传统文化在新社会主义文化建设乃至整个社会主义建设中是必不可少的文化资源。对于这些，我们在一定历史时期和一定程度上认识还远远不够，这正是我们当前急需补上的一课。

(三)实现中华民族伟大复兴必须承续传统文化、发展中华文化

中华文化源远流长，绵延数千年，其间跌宕起伏，数次转型，不断发展壮大。一个民族的文化就是该民族的身份证，离开了这个身份证，该民族就失去了其赖以存在的意义。因此，中华文化作为中华民族的身份证，既不能丢，也不能须臾缺失。

社会主义文化是中华民族文化的当代形式，社会主义文化建设离不开优秀传统文化的资源，传统文化经过提炼、改造、继承、创新能够成为社会主义文化的组成部分，这既是优秀传统文化现代化的过程，又是马克思主义中国化，使中国的马克思主义具有中国特色、中国风格和中国气派的过程。

中国化的马克思主义是作为世界先进文化的马克思主义在中国扎根、发展的成果，为古老的中华文化注入了新鲜血液，并成为中华文化的新生力量。在当代中国，中国特色社会主义理论体系(作为中国化马克思主义的最新形式)已成为当代中国的主流文化，是中华文化的主导，担负着发展中华民族文化的历史重任。中华文化要想发展下去，就必须与时俱进，不断更新自己的文化形态，在变革中谋求发展，在变革中传承自身的优秀传统和不断形成新的优秀传统并继续传承下去，使古老的中华文化永葆生生不息的活力。

四、传统文化的当代价值提供的内在根据

传统文化能否成为中国特色社会主义理论体系的文化基础，从内在根据的意义上讲，取决于其自身是否具有当代价值。人是文化的存在。在世界历史上，中华民族的形成和发展是独具特色和独一无二的。其中，中华传统文化做出了不可磨灭的贡献，这可以说是人们的共识。那么，产生于古代的中华传统文化在当代是否还具有价值？前面已经说明，本书所谈的“传统文化”是狭义的文化，也就是思想文化的范畴。因此，本书所说的中华传统文化的贡献或当代价值实质上是讲中华传统文化基本精神

的历史贡献和当代价值。所谓“文化的基本精神”，从横向上看，指的是一定的民族文化中占主导地位的基本思想和基本观念等；从纵向上看，指的是贯穿一定的民族文化发展历程中起主导作用的基本思想和观念等。就像任何文化的总和都有优劣之分那样，任何文化的基本观念和基本精神也都有精华与糟粕之分。正如张岱年先生所言，“三纲”等思想观念是“中华传统文化中的严重糟粕，而不是传统文化中的核心”，“中华传统文化的要义不是三纲六纪，而是儒家和道家思想的精粹观念”（如儒家强调“刚健”，宣扬“自强不息”，又提倡“和为贵”，肯定和谐的价值，对于维护民族团结起了重要作用；道家追求个人的精神自由，含有对专制主义的批判意义），“这些可以说是中国文化的优秀传统，是值得弘扬的”。[①] 我们研究传统文化的目的是“古为今用”，重在建设。因此，在甄别良莠、批判糟粕的同时，重点则在挖掘传统文化的精华和精髓。

中华传统文化博大精深，本书对中华传统文化的历史贡献和当代价值仅择其要者而述之。

（一）自强不息与厚德载物精神及其当代价值

前文有述，使中国文化得以历经数千年而绵延不绝的民族文化的基本精神便是张岱年先生所概括的“自强不息”与“厚德载物”精神。

“自强不息”出自《易传·乾卦·象传》：“天行健，君子以自强不息。”天道运行，周而复始，不知疲倦，永不停息。君子的一生就是要效仿天道，自觉地努力向上，永不松懈，决不半途而废。“自强不息”的内涵非常丰富。自强就是要自我奋发，自主自尊，勇于进取，力图革新；自强不息精神就是贯穿于中华传统文化的一种独立自主、奋发图强、百折不挠、锲而不舍的文化传统。它体现在个人价值方面，就是要追求自我的不断提升，持之以恒；在社会价值方面，就是要忧国忧民，以天下为己任，锐意进取，革故鼎新，奋发图强，追求社会的不断进步；在处理问题的风格上，则是要不务虚谈，求真务实。

中华民族自强不息的精神源远流长，数千年来，各民族生生不息，创造了灿烂的中华文化，也涌现出众多杰出的代表人物。如儒家创始人孔

① 张岱年：《中国文化的要义不是三纲六纪》，载 2000 年 8 月 7 日《北京日报》。

子，一生发奋学习、诲人不倦、周游列国、编书立说，树立了积极进取、以天下为已任的光辉形象；孟子力倡自强不息，反对自暴自弃；荀子主张“锲而不舍”，“人定胜天”；勾践“卧薪尝胆”；祖逖“闻鸡起舞”；诸葛亮“鞠躬尽瘁，死而后已”；范仲淹“先天下之忧而忧，后天下之乐而乐”；文天祥“留取丹心照汗青”；顾炎武“天下兴亡，匹夫有责”；林则徐“苟利国家生死以，岂因祸福避趋之”；魏源“师夷长技以制夷”；康有为、梁启超力主变法图强；孙中山“振兴中华”，“一往无前”……中华民族自强不息的精神激励着一代又一代人艰苦奋斗，奋发图强，成为中华民族绵延发展的思想基础和永不衰竭的精神动力。

“厚德载物”出自《易传·坤卦·象传》：“地势坤，君子以厚德载物。”与天道运行体现出的刚健自强相对应，大地之势表现出的是博大宽厚，君子应当效法大地的这种德性，以具有宽广的胸怀、深厚的修养，容纳万物，博采众长。厚德载物的精神渗透于中华传统文化的方方面面，形成了一种深厚的文化底蕴。这种精神在人与人之间体现为虚怀若谷，宽以待人；在人与自然万物之间体现为泛爱众生，善待万物，追求人与自然的和谐；在国与国、民族与民族之间体现为协和万邦，和睦共处；在文化与文化之间体现为兼容并包，创新发展等等。一句话，厚德载物精神就是一种以宽厚之德包容万物的精神，唯其包容万物，才能如“海纳百川”而“有容乃大”。中国文化之所以能够历经数千年绵延不断，而且能够愈久弥新，除了中国文化中自强不息的精神起了重要作用外，这种厚德载物的精神也起了同样重要的作用。张岱年先生就特别强调：“厚德载物有兼容并包之意，这对于文化发展是非常必要的。在历史上，中国能接受外来文化。佛教东来，被中国人民所容纳；明末西学东传，亦曾受到中国知识分子重视。清末顽固派拒绝西学，事实上是违背了中国文化兼容并包的基本精神。”①

中华民族以自强不息与厚德载物为核心的基本精神，贯穿于中华传统文化发展的始终。自强不息的精神激励着人们艰苦奋斗，奋发图强，成为中华民族绵延发展的思想基础和永不衰竭的精神动力；厚德载物精神则使中华文化“海纳百川”，包容万物，因此“有容乃大”，不断丰富自身。

---

① 张岱年：《文化传统与民族精神》，载《学术月刊》1986年第12期。

自强不息与厚德载物精神对中华民族的发展和壮大、团结和稳定起到了不可替代的作用。

今天,我们正在中国共产党领导下进行中国特色社会主义建设。改革开放三十多年的经验证明,在生产力落后、人民群众文化生活贫乏的条件下,进行社会主义建设,即使我们的政策正确,改革开放的国内外条件具备,而没有艰苦奋斗的精神,也就是说离开了自强不息的精神,是不可能取得今天世人瞩目的成就的;改革开放就是开放兼容,没有厚德载物的精神也是难以想象的。进入新时代,我国的社会主义建设取得了巨大的成就,社会主要矛盾也由人民日益增长的物质文化需要同落后的社会生产之间的矛盾转化为“人民日益增长的美好生活需要和不平衡不充分的发展之间的矛盾”[①],但具体表现出来的各种矛盾仍然层出不穷,我们丝毫没有理由懈怠,全党和全国人民必须坚持锐意进取、坚持改革开放,继续为开拓中国特色社会主义更为广阔的发展前景而努力奋斗。可以说,在这样一个新的世纪,人类社会正发生大发展、大变革、大调整的重要时代,我们肩负现代化建设、实现中华民族伟大复兴的历史重任,发扬自强不息与厚德载物的精神尤为重要。

(二)人本精神及其当代价值

众所周知,在西方,人本主义是肇始于文艺复兴运动、与神本主义相对立的一种社会思潮。而在中国,人本主义理念古已有之,并绵延发展为具有中国特色的“人本”传统。中国主流文化并无宗教传统,这与中国自古以来就有的人本传统有关。中国的人本传统集中表现在两个方面,或者说向两个向度发展了:在“天”与“人”的关系上,主张以“人”为本;在“君”与“民”的关系上,主张以“民”为贵。早在春秋初期,就有重人事、轻鬼神的思想。如季梁主张:“夫民,神之主也。是以圣王先成民而后致力于神。”[②]史嚚主张:“国将兴,听于民;将亡,听于神。神……依人而行。”[③]最早的民本思想产生于周初。西周统治者从商朝灭亡的教训中认识到

---

① 中共中央文献研究室编:《中国共产党第十九次全国代表大会文件汇编》,人民出版社 2017 年版,第 9 页。

② 《左传·桓公六年》。

③ 《左传·庄公三十二年》。

"天命靡常",提出了"天视自我民视,天听自我民听""民惟邦本,本固邦宁"[①]的思想。这些思想反映了古人关于民众对于政权稳定的重要性的认识。儒家一贯秉持人本思想。儒家创始人孔子的思想则基本奠定了中国的人本传统。在人神关系上,孔子以"不语乱、力、怪、神"[②]著称,提出"未能事人,焉能事鬼"[③],强调"务民之义,敬鬼神而远之,可谓知矣"[④];在人与物的关系上,孔子关注"伤人乎?不问马"[⑤],体现了其以人为本、贵人贱物的倾向;在人的物质生活与精神生活的关系上,虽强调追求精神生活,但并无禁欲的要求。这种人本倾向因孔子的特殊历史地位而逐渐演变为中国文化中的人本传统。孟子提出"民为贵,社稷次之,君为轻"[⑥]的论断,力谏统治者"治民之产"以保社会稳定和发展。荀子明确提出人最为天下贵的主张。两者分别从古代人本思想的两个向度发展了人本传统。荀子还把君与民的关系比喻成舟与水的关系:"君者,舟也;庶人者,水也。水则载舟,水则覆舟。"[⑦]这充分认识到在君民关系中民众的重要作用。西汉时期的贾谊提出"民为国本"的思想。明末清初的黄宗羲更是在传统人本思想特别是民本思想的基础上对数千年来的君主统治提出了质疑,使传统民本思想开始向现代意义上的民主思想转变。长于辩证思维的道家敏锐地提出:"贵以贱为本,高以下为基。"[⑧]就连在"王霸之辩"中主张霸业的法家,在人与事的关系上也主张:"夫霸王之所使也,以人为本。本理则国固,本乱则国危。"[⑨]

千百年来,人本传统以珍视人的生命和价值、注重人的发展和人格完善、重视民众的价值和力量为主要内容,对促进社会稳定、推动社会发展起到了积极的作用。当然,传统人本思想也有一些本身不能克服的弊病:

---

① 《尚书·泰誓》《尚书·五子之歌》。
② 《论语·述而》。
③ 《论语·先进》。
④ 《论语·雍也》。
⑤ 《论语·乡党》。
⑥ 《孟子·尽心下》。
⑦ 《荀子·王制》。
⑧ 《老子·三十九章》。
⑨ 《管子·霸言》。

一是对人的价值的尊崇实际上关注的是作为整体的人类的价值和尊严，更多强调个人对集体的服从和道义的担当，一定程度上有忽视个人权利和价值的倾向。特别是某些宋明理学家在“义利之辨”和“天理人欲之辨”等问题上走向了极端，造成了对人性的扭曲和摧残，背离了人本思想的初衷。二是在民本问题上的局限性。在专制社会中，且不说“民”的范围是历史地变化着的，并非指社会上所有的个人；即使是涉及社会上的大多数人，重民、利民也只不过是维护统治阶级利益的手段。况且，能够做到重民、利民的君主及其统治集团在专制社会的漫长历史中也不过是凤毛麟角，“民本”大多只能存在于开明知识分子或政治家的理论和理想中。而且，最为核心的内容是，传统人本思想的理想是统治者做好“民之父母”职责，民的主体性和自主性是被忽视的。因此，传统人本思想始终没有也不可能有民主的内涵，因而也不可能衍生出民主思想。

传统人本思想在近代发生了一些新的变化。康有为提出“君民同体说”，谭嗣同提出“君末民本说”，严复提出“斯民真主说”，孙中山提出“民主共和说”等，他们援引西方民主因素，以民主为基础意识，一方面是对传统民本思想的“君本”实质的反动，另一方面也为传统民本思想注入了新生因素，为传统人本思想向现代“以人为本”思想的转化提供了基础和桥梁。

传统人本精神在当代仍然具有重要的现实意义。以珍视人的生命和价值、注重人的发展和人格完善、重视民众的价值和力量为主要内容，对促进社会稳定、推动社会发展起到了积极的作用。

历史唯物主义的一个重要观点就是人民群众是历史的创造者，这与中国传统的民本思想（人本思想的发展向度之一）不谋而合。尽管传统民本思想并无现代民主的意义，但重民、利民、“得民心者得天下”等民本的深厚传统可以为今天的政党治理提供必要的启示，那就是任何时候都不能忽视民众的力量，马克思主义政党更要真正代表民众的利益，切实维护人民群众的根本利益，保障人民群众的各项权益。

传统人本思想珍视人的生命和价值，注重人的人格完善和人的发展，这与马克思主义关于人的全面发展的思想也有契合之处。在建设社会主义市场经济的今天，我们应充分利用已有的人本传统，更加注重个体的人格完善和全面发展而不仅仅是人的技术能力的提高，更加重视人们的生活质量的全面发展（这是人生意义的重要体现）而不仅仅是追求社会经济

总量的提高，更加重视个体的生命和价值而不是漠视生命、漠视个体的价值，使社会主义市场经济模式更好地发挥有利于社会主义的作用，为人民造福，更好地推动社会发展。

（三）和合精神及其当代价值

中国文化有着自己独特的思维方式，这集中体现在中国传统的和合思想中。“和”即和谐、和平、和善、祥和等，“合”指结合、联合、合作、融合等。“和合”联系起来表达的是一种既承认和尊重事物的多样性和差异性，又追求不同事物之间的平衡和融通即在矛盾中寻求统一的独特思维方式。“和合”思想成为一种方法论和世界观，彰显着中华传统文化的独特思维智慧。

中华传统文化以“和”为最高价值目标。如儒家提倡“和为贵”，道家主张天人合一等。西周末年的史伯对“和”有这样的论述：“和实生物，同则不继”，“以他平他谓之和”。[①] 就是说，相同元素或事物简单重复或相加并不能够产生新事物或推动事物向前发展，而不同元素或事物融合、调和是产生新事物、推动事物发展的必要条件。孔子对“和合”思想的突出贡献是提出“和而不同”[②]的思想。“和而不同”既是一种价值观，也是一种世界观，又是一种方法论。正如江泽民在乔治·布什总统图书馆的演讲中所阐释的那样：“和谐而又不千篇一律，不同而又不相互冲突。和谐以共生共长，不同以相辅相成。”[③]“和而不同”视万事万物的多元并存为基本法则，表达的是一种尊重事物多样性的世界观；以追求和谐共处为价值目标，体现的是一种和谐的价值观；以“执两用中”为方法，体现的是一种超越两极对立的独特的辩证思维方式。

“和合”思维对人生和社会提出了多方面的要求：一要自我和合，即追求人与自我身心的和谐，通过自我修养来达到身心和谐的境界。这在经济高速发展、社会快速变化的今天显得尤为必要。我们追求的到底是什么？只是快步追赶潮流吗？发展到底是为了什么？经济发展起来之后，我们该做些什么？这些问题经常困扰着我们。我们不妨回到传统中寻找

① 《国语·郑语》。

② 《论语·子路》。

③ 《江泽民文选》第3卷，人民出版社2006年版，第522页。

心灵安顿的启迪：没有了人的自我修养、没有了人与自我的和谐，个体就是不健康、不健全的，由无数个体组成的社会就难以是健康和健全的。二要人我和合，即追求人与人的和谐。中国传统人际关系讲求和睦、谦和，提倡与人为善、团结友爱、和衷共济。环视我们的周围，尽管近年来在社会主义核心价值观的引领下我们的社会环境大为改善，但尔虞我诈、诚信缺失、道德匮乏、动辄图财害命等现象仍比比皆是，使我们在大谈社会主义优越性的同时，总被某些短板束缚着。虽然这些现象是社会转型期不可避免的，但尽快改变这种状况也是完善社会主义的必然要求。因此，回归优秀传统，发扬优秀传统，更好地建设和谐的人我关系势在必行。三要社会和谐，即追求社会各阶层各安其位，各尽其职，和睦稳定。社会稳定是社会变革和发展的前提和基础条件。当前，影响社会和睦稳定的因素还有很多，除了国外某些势力的破坏和影响，国内随着改革开放进入攻坚阶段而出现的诸多矛盾和问题也急需解决，因此，借鉴传统智慧，促进社会稳定和谐是社会主义建设的重要任务。四要天人和合，即追求人与自然的和谐。“天人合一”是中华传统文化对人与自然关系所持的基本思想，它的基本含义是天道与人道、自然与人为的统一。当前，经济社会发展带来的人与自然关系的紧张已有目共睹，全世界都面临这个共同的难题。中国传统“天人合一”思想所追求的“基于生活质量而非个人无限财富积累的可持续性的文明”①无疑能够给我们提供可资借鉴的智慧。五要协和万邦，即在对外交往和处理国际关系上主张“亲仁善邻”，和平共处。② 当今世界，和平与发展成为必要、可能和必需，但大国与小国之间、穷国与富国之间、本国与邻国之间、不同信仰的国家或民族之间矛盾重重，特别是在以美国为首的西方霸权主义语境中，许多问题的解决困难重重。不但邓小平所说的南北问题仍然没有能够得到妥善解决，新的恐怖主义、民族冲突等问题更如火上浇油。西方许多有识之士已开始反思西方文化自身的问题，并提出以非西方文化这个“他者”为参照来反观西方

---

① 乐黛云：《中华传统文化的一些特点及其对世界可能的贡献》，载《浙江大学学报》2007年第4期。

② 参见蔡丽华：《和谐社会与和谐世界：马克思主义中国化的典型成果》，载《理论学刊》2007年第9期。

文化，吸收非西方文化，以期找到救世界之弊的良方。东方文化特别是中华传统文化成为他们关注的对象。中国传统的和合思想所提供的超越两极对立、包容多样性、“仇必和而解”①（张岱年认为“仇可和而解”更合适）等智慧无疑对于化解文化冲突和民族矛盾、维护世界和平等具有超越性和终极性意义。

在阶级社会中，并不具备实现和谐的必要现实条件，也就不可能实现真正的和谐。但是，和合思维作为一种文化传统，铸造着中国人的民族文化性格，在现代化的过程中，可以成为中国特色社会主义理论体系独特的智慧源泉。

（四）“大一统”传统及其当代价值

中国文化之区别于其他文化的最大特点就是和合。和合文化讲和谐、和而不同，也就是讲内部和谐、对外不排斥，讲事物的多元而统一。和合文化孕育了中华民族“大一统”的文化观念。“大一统”是一种民族自然的心理。这种自然心理的形成正是和合文化的产物。和合文化使中华民族逐渐形成崇尚民族融合、团结统一的民族心理，并积淀而成“大一统”的文化传统。

“大一统”思想最早见于《诗经》，“溥天之下，莫非王土；率土之滨，莫非王臣”②的诗句反映了周初人们盼望结束战乱、向往统一的愿望。儒家“大一统”思想占据传统“大一统”思想的主流。春秋时期，礼崩乐坏，诸侯争霸，孔子主张恢复周礼，实现统一，因此大力强调礼乐征伐要“自天子出”，对“九合诸侯”“一匡天下”③的管仲给予高度评价。孟子则明确提出，天下安定在于天下统一。《孟子·梁惠王上》记载：孟子见梁襄王时，对梁襄王提出的“天下恶乎定”的回答就是“定于一”，即天下统一；而对于梁襄王“孰能一之”的回答则是“不嗜杀人者能一之”，表达了孟子以仁政统一天下的主张。荀子也多处论及统一问题，如《荀子·王制》中说：“尧舜者一天下也”，表达了他对尧舜统一天下之功德的赞誉。明确提出“大一统”思想的是《春秋公羊传》：“曷为先言王而后言正月？王正月也。何

① （宋）张载：《正蒙·太和篇》。

② 《诗经·小雅·谷风之什·北山》。

③ 《论语·宪问》。

言乎王正月？大一统也。”[①]秦朝统一中国后，特别是汉代长期的统一，使儒家的“大一统”观念得以不断深化。主张“大一统”的代表性人物即汉代大儒董仲舒。董仲舒较为系统地论证了“大一统”理论，提出“《春秋》大一统者，天地之常经，古今之通谊也”[②]，把“大一统”提升到普遍法则的高度。之后，“大一统”思想不断丰富和发展。

古代“大一统”思想包括“政权统一”“思想统一”“民族融合”和“版图统一”等内容。[③] 政权统一即统一于王权。这一思想在推动统一的同时，也推动了专制传统的形成。思想统一到西汉时确定为“独尊儒术”，儒家文化遂成为传统文化的核心。民族融合的观念则推动了不同民族的融合，形成了不分血统种族、天下一体、中华一家的传统，这在世界历史上也是很少见的。版图统一则指空间概念上的“大一统”，既反对内部割据，也反对外部侵略。版图统一为政权统一、思想统一、民族融合等提供了基础条件和基本保障。

传统“大一统”思想具有以下几个特点：一是高度重视“大一统”的意义，视“大一统”为天下普遍法则，把“大一统”看作社会稳定发展的重要条件等。二是以“大一统”为判断历史人物功绩的重要标准，如孔子对管仲的高度评价、司马迁对秦始皇统一中国的客观评价等都体现了这种标准。三是崇尚以王道、仁政或必要的正义战争来实现统一。如孔子提出“修文德以来之”[④]，孟子提出“不嗜杀人者能一之”并肯定武王伐纣等实现统一的正义战争，荀子赞扬大禹、尧等不用干戈而实现统一的德行等。

“大一统”这一其他民族少有的历史文化传统在中华民族的形成、繁衍和发展的历史过程中产生了广泛、深远而持久的影响。“大一统”思想不仅在历史上具有推动历史发展、民族凝聚、国家统一等进步意义，在今天对于维护当代中国的统一仍然具有积极的现实意义。中国自古以来就具有团结统一的传统，正如江泽民所说：“悠久的中华文化，成为维系民族

---

① 《春秋公羊传·隐公元年》。

② 《汉书·董仲舒传》。

③ 参见俞祖华、赵慧峰：《中华民族精神新论》，山东大学出版社 2005 年版，第 82～83 页。

④ 《论语·季氏》。

团结和国家统一的牢固纽带。……中国历史上虽曾出现过暂时的分裂现象,但民族团结和国家统一始终是中华民族历史的主流,是中国发展进步的重要保障。”①2015 年 9 月 30 日,习近平在会见基层民族团结优秀代表时强调:“民族团结就是各族人民的生命线。”②在党的十九大报告中,习近平强调:“实现祖国完全统一,是实现中华民族伟大复兴的必然要求。”③

历史的经验也证明:国家统一,民族团结,则政通人和,百业兴旺;国家分裂,民族纷争,则丧权辱国,人民遭殃。因此,“大一统”观念特别是民族团结、祖国统一的思想早已深入人心,代代相传,化为中华民族内在的巨大凝聚力。追求“大一统”的理想境界、保卫“大一统”的领土完整、维护“大一统”的社会稳定,自古以来被视为民族大义。由于历史的原因,当前,祖国统一大业仍然任重而道远,以中华民族“大一统”思想传统为坚实的文化基础,着眼于中华民族的根本利益,顺应历史潮流和人民意愿,逐步实现祖国完全统一的战略目标仍然是新时期中国共产党人和全体中华儿女的历史重任。

(五)崇德向善的民族品格及其当代价值

中华民族具有悠久的崇德向善的传统。在传统中国社会中,道德被认为是人之所以为人的重要表征,没有道德,则与禽兽无异。有德无德是衡量人的极其重要的标准。因此,道德高尚者会受到社会的推崇,以德治国者受到民众的支持和爱戴;“缺德”用于对一个人的严厉批判,不讲仁德的统治者被人们唾弃。崇德向善成为中华文化的重要特征,并逐步形成了中华民族特有的民族品格。那么,中国传统道德都有哪些基本原则?

1. 道德至上的总原则与追求善性的基本要求

道德,是人类特有的社会现象。张岱年先生在其发表于《北京大学学报》1995 年第 5 期上的《生命与道德》一文中认为,人与一切生物一样,都

---

① 《江泽民文选》第 2 卷,人民出版社 2006 年版,第 60～61 页。

② 《习近平会见基层民族团结优秀代表讲话引热烈反响》,中新网,2015 年 10 月 1 日。

③ 中共中央文献研究室编:《中国共产党第十九次全国代表大会文件汇编》,人民出版社 2017 年版,第 20 页。

是有生命力的,但人的生命有其特点。人的生活是社会生活,人的生命力只有在社会中才能保持和发展。人生一方面需要充实生命力,另一方面应遵循道德原则。在特殊情况下,若生命与道德两者“不可得兼”,则应宁可牺牲生命也要坚持道德。在这一意义上,可以说道德本于生命而又高于生命。人的这种崇德向善的理性既是人类社会得以存在和发展的必需,即调节社会中人与人之间的关系,又是人之为人而异于禽兽之所在:“善恶并进,乃人生之自然;崇善胜恶,乃人生之当然。”“生力之充实,所以扩充其异于无生之物质者;道德之上达,所以发扬其贵于非人之禽兽者。”①张岱年先生的论述体现了蕴含在中华传统文化中那一以贯之的崇德向善的民族品格。

我们的祖先很早就具有了高度的道德自觉。以儒家思想为例,早在《诗经·相鼠》中就有“相鼠(树)有皮,人而无仪。人而无仪,不死何为?”的说法。春秋时叔孙豹著名的“三不朽”论断亦将道德视为人生最高境界:“太上有立德,其次有立功,其次有立言,虽久不废,此之谓不朽。”②春秋时齐相晏婴曾说:“凡人之所以贵于禽兽者,以有礼也。”③孔子总结并发展了前人的这一思想,把义看作人的立身之本,看作人之为人的内在品质:“君子义以为质。”④《礼记》中说:“礼义也者,人之大端也。”⑤明确提出:“凡人之所以为人者,礼义也。”⑥“无别无义,禽兽之道也。”⑦《易传·说卦》云:“立人之道曰仁与义。”它把道德原则看作是衡量人之为人的标准,是立身行事的基础。

关于人性善恶的争论,先秦时期就开始了。孟子道“性善”,主张通过修养自身以保持善性或“求其放心”⑧,即寻找丢失了的善性。荀子言“性

---

① 《张岱年全集》第3卷,河北人民出版社1996年版,第209、213页。
② 《左传·襄公二十四年》。
③ 《晏子春秋·内篇》。
④ 《论语·卫灵公》。
⑤ 《礼记·礼运》。
⑥ 《礼记·冠义》。
⑦ 《礼记·郊特牲》。
⑧ 《孟子·告子上》。

恶”，主张通过修养自身以“化性起伪”①，从而达到善的结果。两位先贤虽立论迥异，但殊途同归；出发点虽不同，却都得出了通过修养而向善的结论。这种向善的价值追求在历史的长河中逐渐形成了中华传统文化的一个重要传统。

2. 义重于利的价值取向

义指善和应该，即思想行为符合一定的道德标准，指向崇高的道义理想，同时又代表和反映公利。利，指利益、功利，有公利与私利之分，长远利益与短期利益之分，经济利益与政治利益、精神利益之分等，在直观上则常表现为个人利益（私利）。因此，义利关系主要表现为两重内涵：首先是指道德（道义）与利益的关系，或者说是精神追求与物质生活的关系；其次，又是整体利益（公利）与个人利益（私利）的关系。当然，这两重内涵互相联系，互有交叉，并不严格准确地对应。

在中国思想界，义利关系问题一直是自古以来争论不休的话题。尽管如此，争鸣之中仍然表现出许多共识，“义重于利”的价值取向就是其中一条重要的主线。根据义与利的双重内涵，“义重于利”的内涵也相应地表现为两重意义：在道德（道义）与利益（物质层面）的关系上，中国历史上的大多数学派都主张道德重于利益；在整体利益（公利）与个人利益（私利）的关系上，则主张公利重于私利。

在道德与利益的关系上，儒家高扬道德理性，如上所述，儒家将道德视为人之所以为人的本质，认为它应当作为人的行为准则，并且应当是人的最高价值选择。儒家将这些表述为“义以为上”的原则，强调以义制利，见利思义，义然后取。儒家的这种义利观直接影响了中华传统文化的价值取向。墨家对义的界定以及对义利关系的论证方法与儒家有所不同，但在道德与利益的关系上，与儒家却是一致的。《墨子·天志下》对义的界定是“义者，正也”，并列举了“正”的内容：大不攻小、强不侮弱、众不贼寡、诈不欺愚、贵不傲贱、富不骄贫等。可见，“正”即正义、正道、公正。墨家认为“万事莫贵于义”②。因而主张：“不义不富，不义不贵，不义不亲，

① 《荀子·性恶》。

② 《墨子·贵义》。

不义不近。”[①]杂家学说博采众家之长，吸取了儒家“义以为上”的思想，主张取利要以义为准绳，“非其义，不受其利”[②]。杂家吸收了法家的法治思想，对法家的赏罚手段颇为重视，但仍认为治国应以德治为主，法治为辅：“凡用民，太上以义，其次以赏罚。”[③]杂家虽然也吸收了道家重生贵己的思想，但这一思想仍然服从于其重义的思想。《吕氏春秋·贵生》表明：“辱莫大于不义，故不义，迫生也。而迫生非独不义也，故曰迫生不若死……尊生者，非迫生之谓也。”在杂家看来，珍惜人的生命和生活是对人生价值的尊重。但当两者不可得兼之时，宁可舍生而取义。

在公利与私利的关系上，中华传统文化有着悠久的公利重于私利的传统。重民、爱民、利民，以国家和民族大利为重、克己奉公等具有社会责任感和历史使命感的思想和行为历来受到人们的肯定和颂扬。先秦诸子中，孔子提出的“为政以德”、利民厚生等思想奠定了传统政治追求的基础。孟子主张统治者要施“仁政”，治民之产，与民同乐。墨家主张“兴天下人民之大利”[④]。兵家在道德与功利的关系上以在战争中获取最大利益为目的，其价值取向是功利。但兵家的功利原则是一种整体利益原则。兵家所言之“利”是指其所在或所服务的国家的利益，相对于儒墨等学派所推崇的“天下”之大利，兵家的这种实现本国人民利益的思想和行为不免狭隘，但相对于兵者个人(包括将帅、士卒等)，这种利益又是代表整体的。杂家重德，重天下大利，在这一点上与儒家、墨家等基本一致，即使是在战争问题上(儒家蔑视武力，墨家主张“非攻”)，杂家并不简单反对战争，而是主张利民的战争。杂家从天下大势来论战争的正义性，认为兵自古就有“义”与“不义”之分，而“义兵”如良药，可以用来除天下之凶残、解百姓之苦难：“兵诚义，以诛暴君而振苦民。”[⑤]“攻无道而伐不义，则福莫大焉。”[⑥]主张本于仁义，关心民众利益，“顺天之道”，“救民之死”，攻伐敌

① 《墨子·尚贤上》。

② 《吕氏春秋·离俗》。

③ 《吕氏春秋·用民》。

④ 《墨子·经上》。

⑤ 《吕氏春秋·荡兵》。

⑥ 《吕氏春秋·振乱》。

国时只伐暴君,“不及其民”,争取“兵不接刃而民服若化”。①

先秦时期奠定的这种公利重于私利的基调深刻影响了中华民族的民族品格。整体至上、克己奉公、利国利民、忧国忧民的社会责任感和使命感被看作是道德的最高表现。范仲淹“先天下之忧而忧,后天下之乐而乐”,岳母刺字“精忠报国”,林则徐“苟利国家生死以,岂因祸福避趋之”,更有数不胜数的历代改革家、革命者为了民族和国家的兴旺发达而不计个人得失甚至不惜牺牲生命,高扬起中华民族历史上的一面面旗帜,为后人所景仰和传颂。

总之,中华传统文化中义重于利的价值取向对中国文化的整体发展产生了深远的影响,助推中华民族养成了崇德向善的民族品格。值得注意的是,由于封建统治的需要或某些学者的片面阐发,传统文化中的这一价值取向有时导致忽视社会发展和个人发展的物质基础、漠视正当的个人利益等偏颇,但这掩盖不了义重于利的价值取向对于中华民族历史发展和民族品格养成所做出的历史贡献。

3. 仁爱互利的人际关系原则

在中华传统文化中,人我关系是伦理思想的核心关系之一。互相关心、爱护和帮助成为历来被提倡的道德思想和行为。孔子思想的核心是“仁”,在人我关系上,“仁”表现为“忠恕之道”。“忠恕之道”的具体内涵就是“己欲立而立人,己欲达而达人”,“己所不欲,勿施于人”,从宏观上来说则是“博施于民而能济众”②。墨家的“兼相爱,交相利”③主张摒弃儒家“爱有等差”的等级观念,倡导人与人之间的无差别的“爱”,试图通过“有力者疾以助人,有财者勉以分人,有道者劝以教人”④“利他”“非攻”等各种“兼相爱,交相利”的思想和行为达到人与人之间、国与国之间和平友好相处的理想境界。尽管数千年的阶级社会中,阶级斗争始终是社会的主要矛盾,不同阶级之间的“仁爱互利”存在着这样那样的鸿沟,但积淀在民众中间的这种互帮互助的大爱情怀却历久弥新,成为中华民族鲜明的民

---

① 《吕氏春秋·怀宠》。

② 《论语·雍也》。

③ 《墨子·兼爱》。

④ 《墨子·尚贤下》。

族品格。在今天,扶危济困、“一方有难,八方支援”等精神和壮举频频涌现,激励并温暖着人心,如中华民族在汶川大地震等关键时刻表现出来的人间大爱不仅感动了中国,也震撼了世界。

4. 追求崇高、修身自律的道德修养原则

追求超越形而下的道德崇高,注重加强个体道德修养,是中华传统道德中极具特色的伦理文化,也是中华民族宝贵的精神遗产。在中国古代各思想流派中,关于道德追求和道德修养的论述,以儒家最为鲜明和系统。儒家将个体的道德修养看作是所有人的立身之本。儒家著名的“三纲八目”理论就阐述了个体修养的重要性。“大学之道,在明明德,在亲民,在止于至善”①指明了个体道德修养之“纲”,亦即道德修养的根本目的。而“古之欲明明德于天下者,先治其国,欲治其国者,先齐其家,欲齐其家者,先修其身,欲修其身者,先正其心,欲正其心者,先诚其意,欲诚其意者,先致其知,致知在格物”②则是为达到“三纲”之目的而设置的八个循序渐进的环节。这八个环节环环相扣,缺一不可,由小渐大,由微渐著,在看似相关不大的个体修养和“治国、平天下”之间架起了一座由此及彼的桥梁。这样,个体修养就不仅仅是个体的事情,而是事关天下太平的大事。“三纲八目”理论指引着历代中国人以“天下兴亡,匹夫有责”的社会责任感激励个体进行道德修养。儒家在肯定道德修养的极端重要性的同时,还提出了许多具体可行的修养方法,如“立志”“学习”“克己”“内省”“践行”“慎独”等,这些构成了儒家独具特色的道德修养系统。

道家是先秦诸子百家中的一个独特的学派,对于世俗所谓的“利”,道家从来不屑一顾,对于儒家所秉持的“德”也极力批判,在义利观上表现出超然的态度。但细究起来,道家对于道德的追求,却也是一以贯之。当然,道家的“道”“德”与儒家的“道德”是有所不同的两种概念。儒家的“道德”强调个体对社会的责任和义务,是与利益相对的范畴。道家的“道”是指一种纯粹的自然状态,强调人的“无为”;“德”则是参与了人为因素,而仍然返回到自然的状态。③“道德”就成为一个代表两个层次、维护人格

---

① 《礼记·大学》。

② 《礼记·大学》。

③ 参见陈鼓应:《老子注译及评介》,中华书局1984年版,第12页。

尊严和自由的精神境界的概念。即便如此，也可以看出，道家的"道德"观注重精神世界的追求和修养，追求人格自由和尊严，对中华民族文化性格和民族品格也产生了深刻的影响。

中华民族崇德向善的传统在历史上起到了不可替代的作用。它在促进个体人格的和谐、调节人与人之间的关系、化解统治者与民众之间的矛盾和冲突、推动为政者的善治等方面都发挥了重要作用。当今时代，整个社会的德育文化处于既有德育文化趋向消解、新的德育文化正在建构的文化转型阶段。虽然在社会性质和社会发展等方面与古代中国已不可同日而语，但人与自身（个人修养）、人与人之间、人与社会之间、社会管理与民众之间、人与自然之间的矛盾依然存在，在某些方面甚至出现严重"道德滑坡"、道德失位的现象。因此，在加强社会治理、加强法治建设的同时，提倡并加强道德重建和善性回归仍然是我们这个社会所必需的。因为只要人类社会存在，任何时候崇德向善都是社会和谐发展的精神动力。

可以说，中华传统文化的历史贡献为其现代转型提供了逻辑依据，而中华传统文化的当代价值为其成为中国特色社会主义理论体系的文化基础提供了现实可能性。当然，在看到中华传统文化的适用价值的同时，也不应讳言传统文化的弊端。因此，客观辩证历史地看待中华传统文化仍然是我们这个时代进行文化建设和实现党的理论创新需要秉持的态度，深入挖掘出传统文化中的优秀成分及其价值内涵仍然是当前的一项迫切任务。

五、马克思主义中国化进程中的历史经验和教训提供的重要借鉴

"以史为鉴"，任何时代的进步和发展都离不开对历史经验和教训的总结和借鉴。在改革开放之前的马克思主义中国化的历史进程中，中国共产党在处理马克思主义与中华传统文化的关系上，既积累了丰富的经验，也曾有过深刻的教训，这些历史经验和教训为中国特色社会主义理论体系以优秀传统文化为基础提供了重要借鉴。

（一）早期中国共产党人的经验和教训

以儒家思想为核心的中华传统文化历经几千年的传承和演变，一直

占据着主导地位，这种主导地位在鸦片战争以后中国走向现代化的千年巨变中遇到了前所未有的挑战。洋务运动、戊戌变法、辛亥革命等不同程度上的失败，使站在时代前列的社会精英们认识到社会的变革不仅需要技术的变革、政治的变革，更需要一个文化的变革。于是，旨在从根本上变革中国社会的五四新文化运动应运而生。新文化运动激起的各种文化思想和社会思潮在中国大地上相互冲突、碰撞。为了寻找救亡图存的道路，李大钊、陈独秀等早期中国共产党人最终选择了马克思主义。早期中国共产党人在处理马克思主义和中华传统文化(包括文化传统)的关系上遇到了两大互为悖论的难题：一是由于马克思主义是一种纯粹的西方文化思想，早期中国共产党人事实上就遇到了怎样使马克思主义带有中国的文化特征从而被中国民众接受的问题。二是中国共产党人提出的口号是"反帝反封建"，而传统文化在当时基本上被文化激进主义者等同于封建文化。因此，摆在中国共产党人面前的问题就是：对中华传统文化究竟应该采取何种态度？历史的事实是：早期中国共产党人出于政治斗争的需要，"从总体上对中华传统文化采取了决裂与超越的政策"①。但这并不意味着早期中国共产党人与本民族传统文化是完全割裂的。恰恰相反，正是由于深受中华传统文化的影响，早期中国共产党人才选择了马克思主义，并且在马克思主义中国化的探索进程中，尽可能地将马克思主义与中华传统文化相结合，以传播马克思主义、运用马克思主义。

早期中国共产党人李大钊、陈独秀、蔡和森、瞿秋白等都是从旧社会走来、深受文化传统濡染又接受了西方先进思想的知识分子。文化传统是传统文化一以贯之的"神"，从这个角度看，它是不变的。然而文化传统还有变化的一面，即后人接受传统之后因时代不同、个人特点不同等而形成了传统的变异，这被希尔斯称为"传统的延传变体链"②。文化传统的遗传和变体之间存在着对立统一的辩证关系。这种辩证关系在早期中国共产党人那里体现得尤为突出。从五四新文化运动走来的早期中国共产

---

① 都培炎：《"思接千载"和"与时俱进"——中共对传统传统文化认识的历史考察》，华东师范大学出版社 2007 年版，第 3 页。

② [美]爱德华·希尔斯：《论传统》，傅铿、吕乐译，上海人民出版社 2009 年版，第 14 页。

党人，他们一方面与生俱来地受到了传统文化特别是文化传统的影响，忧国忧民，以天下为己任，有胆识有气魄，同时受时代提供的西方文化的影响，愤而对本民族的文化传统进行批判和再认识，并结合时代特征和民族特征，加之个人的独特领悟，提出并实践着自己的观点，引领并创造了“五四”以来的新传统。

在对待传统文化的问题上，李大钊认为，“吾汉族有世无与比的历史”，“四千年的历史一语，可以说是文化进化的代名词”①，在看到中华文化的糟粕成分的同时，注意到了传统文化具有超越时代的活力和价值。李大钊主张“东西文明，互有长短，不宜妄为轩轾于其间”②，而应在批判传统文化的基础上变革传统文化之与现代社会不相容的精神理念，吸取西方文化之长，“而立东西文明调和之基础”③，并且主张“将吾东洋文明之较与近世精神接近者介绍之于欧人，期与东西文明之调和有所裨助，以尽对于世界文明二次之贡献”④。关于中华文化的新方向，李大钊旗帜鲜明地指出，必须在兼收东西文明特质的基础上创造一种“第三新文明”，也就是要在批判继承中西文化的基础上，创造以马克思主义为指导的新文化。可以说，李大钊的这种文化自觉引领了中国新文化的发展方向。李大钊是实质上提出马克思主义中国化的第一人，他主张用马克思主义理论分析和解决中国社会问题。为了宣传马克思主义理论，使民众接受马克思主义，他运用中国古代辩证法思想来诠释马克思主义矛盾观，借用传统文化中“民彝”(即民众之意志)一词，又赋予其新的内涵来阐释不同于英雄史观的唯物史观等，最早开辟了马克思主义中国化的道路。

在传播马克思主义的过程中，早期中国共产党人遇到了传统文化特别是农民文化对马克思主义的抗拒问题。如有的共产党人到农村去宣传马克思主义时穿着洋服，戴着礼帽，农民误以为他们是来收捐收账的，不是恭敬避之，就是远远躲开。有的共产党人在与农民谈话时太过深奥，或用些农民不懂的新词语，或讲的话题农民不感兴趣等，根本不能说服农

---

① 《李大钊文集》(下)，人民出版社 1984 年版，第 636 页。

② 《李大钊全集》第 2 卷，人民出版社 2013 年版，第 311 页。

③ 《李大钊全集》第 2 卷，人民出版社 2013 年版，第 313 页。

④ 《李大钊全集》第 2 卷，人民出版社 2013 年版，第 317～318 页。

民。还有的共产党人无视农民文化心理和传统习俗等而开展“打菩萨”“烧族谱”等运动，从而引起农民的恐慌和抗拒。① 早期共产党人很快认识到这个问题，提出：“乡村中的迷信及宗族伦理道德关系，不可积极的反对，应该有方法的、有步骤的去提高乡村文化程度，有时为使自己生活农民化，冀求容易接近农民……以取得新的工作发展。”②这就要求马克思主义必须与实际相结合，在农民工作中，具体的做法就是马克思主义理论的宣传必须从农民的文化水平、文化心理、风俗习惯等实际情况出发，利用在农民中普遍存在的那些传统习俗、文化等，把农民组织起来，进行宣传教育，以达到发动群众的目的。

早期中国共产党人在处理马克思主义与中华传统文化关系上的这些宝贵的经验和教训为以后的马克思主义中国化提供了重要的借鉴。

(二)以毛泽东为代表的中国共产党人的经验和教训

从时间上看，毛泽东也是早期中国共产党人之一，但毛泽东思想的形成和发展与以李大钊为代表的早期中国共产党人的探索既具有连续性又具有自身的特征，毛泽东思想的形成标志着马克思主义理论中国化的真正实现。故此将以毛泽东为代表的中国共产党人在处理马克思主义与中华传统文化关系上的经验和教训单独阐述。

1. 毛泽东思想与中华传统文化之间的客观联系

无论是在精英论坛，还是在大众语境中，抑或在某些国外汉学家的视野中，毛泽东思想(特别是毛泽东思想的主要创立者毛泽东本人)与中华传统文化有着密切的关系已经成为人们的共识。在毛泽东思想(即马克思主义中国化的第一个理论形态)的形成和发展过程中，中华民族传统文化为马克思主义中国化提供了丰厚的文化土壤。

书是思想文化的载体。近年来的许多研究成果证明了读书对于个人和人类的进步影响巨大。毛泽东一生读书之多、之精，不仅在政治家中极为罕见，就是在专业学者中也鲜有人及。毛泽东从小熟读《论语》《孟子》

---

① 参见李方祥：《中国共产党的传统文化观研究》，中共党史出版社 2008 年版，第 188 页。

② 中国社会科学院经济研究所中国现代经济史组编：《第一、二次国内革命战争时期土地斗争史料选编》，人民出版社 1981 年版，第 71 页。

《左传》等儒家经典。尽管毛泽东后来表达过对幼年时死学经书的传统教育方式的不满，但这些经书对于毛泽东不仅起到了启蒙的作用，更重要的是，儒家的哲学传统、经世传统、追求大道的传统、兼容并包的传统等都对毛泽东产生了根深蒂固的影响。作为一位伟大的马克思主义者，毛泽东研读了大量马克思主义经典著作。然而综观毛泽东的一生，他读的最多的是承载着中国文化传统的书籍，是一位精通中华传统文化、深受中国文化传统影响的大学问家。在学习、宣传、运用马克思主义原理的过程中，毛泽东信手拈来，运用大量的中国文化的元素包括典故、谚语、小说中的人物以及各种传统的语言形式等来阐释、丰富并创新马克思主义。他既具有深厚的学问功底，又不唯书，使书中内容能够为他所用；既精通国学，深谙中国历史，又能够站在世界的高度，审视中国文化及其传统；既熟悉精英文化，又了解大众文化。这为他提出并实践"古为今用，洋为中用"和"民族的科学的大众的"文化观奠定了坚实的基础。

毛泽东思想，从传统文化的角度看，就是中国固有文化在马克思主义指导下的新发展，它的产生和发展与传统文化是密不可分的。具体表现在以下几个方面：

(1)经世传统与毛泽东思想

儒家思想是中国文化传统的发源地。历经千年之演化，儒家思想以其积极的入世精神激励着许多志士仁人以天下为己任、以爱国利民为目标，并在明清以降发展为经世致用的"实学"传统。这一传统对毛泽东和毛泽东思想的深刻影响已经成为学界及各界的共识。毛泽东是湖南人，生长于斯，自然受到了湖湘文化的浸染。湖南大地上涌现出的许多著名人物如王船山、魏源、曾国藩、谭嗣同等对毛泽东产生了巨大影响。他们开阔的眼界、广博的学识、经纬天下的气魄、舍身取义的精神等对毛泽东早期文化性格的形成起到了楷模和精神食粮的作用。毛泽东正是吸取了中华传统文化特别是湖湘文化中的积极因素而从少年时期就形成了以天下为己任的宏大抱负，逐步确立了解放受压迫民众、建立一个新世界的伟大目标，并为之奋斗终生，领导创立了毛泽东思想。毛泽东对传统文化的选择和继承、对历史人物的评价等都是服从这一目标的。毛泽东一生坚决反对封建主义，但对封建社会的精神支柱孔孟学说并不是全盘否定。青年时期，他怀着改造国家和社会的抱负，对孔孟学说中的优秀思想很感

兴趣。他曾摘录孟子的“如欲平治天下，当今之世，舍我其谁”的话，推崇“先天下之忧而忧”的范仲淹，不拘一格“独服曾文正”。抗日战争时期，怀着对祖国的深挚的爱，毛泽东摈弃前嫌，寻求并促成抗日统一战线等。在革命战争年代，毛泽东思想的宗旨是带领人民群众实现解放，从帝国主义、封建主义、官僚资本主义的压迫下解放出来。新中国成立后，毛泽东思想的宗旨是全心全意为人民服务。历史任务发生了变化，宗旨却没有变。

(2)兼容并包传统与毛泽东思想

毛泽东从青年时代起就表现出兼容并包的思维特征。20 世纪 20 年代早期，毛泽东曾创办湖南自修大学，从传统教育中借鉴有价值的东西。他试图把三件好的东西结成一体：“旧式书院的寻根索源的研究方法”和“现代学校的崭新教学内容”以及“培养健全人格的常规体制”。[①] 美国学者罗斯·特里尔在其著作《毛泽东传》中对井冈山时期的毛泽东有这样的评价：“毛泽东真正的创造性在于他把三样东西结合在一起：枪、农民武装和马克思主义。无论在哪一方面，毛泽东都不能称为先驱者，但他是把三者结合在一起的第一人。”[②]毛泽东的这种创造性结合贯穿其一生的理论创造中。他用传统文化的资源来阐释马克思主义，用马克思主义的思想来改造传统文化，借鉴人类文明的一切成果，推陈出新，以创造民族的科学的大众的文化。

(3)变革传统与毛泽东思想

中国历史上的社会变革主要表现为自上而下的统治阶级内部发动的改革和自下而上的农民革命两种形式。前者多称为“变法”，后者多称为“起义”。中国自古以来就有变法的传统。统治阶级中的开明分子从巩固统治、维护统治阶级的根本利益出发，实行一定程度的改革。有压迫就有反抗。中国自古以来就有农民揭竿起义的传统。

湖湘文化的坚韧、奋发、团结、勇敢、倔强、富于反抗性等特征使近代

---

① [美]罗斯·特里尔：《毛泽东传》，胡为雄、郑玉臣译，中国人民大学出版社 2006 年版，第 67 页。

② [美]罗斯·特里尔：《毛泽东传》，胡为雄、郑玉臣译，中国人民大学出版社 2006 年版，第 112 页。

湖南一直走在革命的前列。这种“开风气之先”的地域文化对毛泽东的熏染加上中国历史上的变革传统的影响使毛泽东对于变革不但不陌生和惧怕，反而是持有一种期待和欢迎的态度。这些中国人固有的革命传统对毛泽东的影响是深刻的和深远的。毛泽东及其同事们一直秉承着这种传统，在中国革命的实践中，他们坚持革命到底，最终取得了新民主主义革命和社会主义改造的胜利。在社会主义建设的实践中，坚持不断探索适合中国国情的不同于苏联的社会主义建设道路。

(4)哲学传统与毛泽东思想的理论特色

哲学是文化的核心。中国历史文化中的哲学传统源远流长，派别林立，影响最深的当属儒家学说。孔子创立儒家学说后，经孟子和荀子分别向“内圣”和“外王”两个方向发展。如果说“外王”之道逐渐发展为后来的“经世致用”传统的话，“内圣”之道则至宋代由朱熹继承并发展为儒学的理学传统，后者究心于探求性理之大原。受此传统的影响，毛泽东和他的同事们在革命实践中极其重视以哲学为基础进行理论创新，并使理论为群众所掌握，改造其世界观，武装其头脑。在中国，在毛泽东思想问世以前，还没有其他的任何政治理论既具有如此深厚的哲学功底，又具有如此强大的改造世界的现实力量。毛泽东思想继承了中华传统文化中的唯物主义认识论传统和辩证法传统，又在辩证唯物主义思想的指导下，对这些哲学传统进行了改造和创新，不仅使哲学传统焕发了新的活力，也使马克思主义哲学在中国扎根，成为中国革命和建设的指导思想，如综合传统知行观，借用传统文化中“实事求是”的语言形式，巧妙地对其进行了马克思主义的阐释，使这个古老的命题获得了新的意义，使马克思主义认识论具体化为党的思想路线，铸就了毛泽东思想的灵魂和精髓；将传统辩证法思想进行唯物主义的改造，使其揭掉了以往的神秘面纱，具有了科学性和实践性，既实现了传统辩证法的现代转换，又实现了马克思主义辩证法的中国化，使毛泽东思想从此拥有了与教条主义和形而上学作斗争的强有力的思想武器。

2. 以毛泽东为代表的中国共产党人对中华传统文化的主观态度

在对待中华传统文化的问题上，以毛泽东为代表的中国共产党人在新民主主义革命时期乃至新中国成立后的较长一段时期内，能够在正确的传统文化观的指导下将马克思主义与中国实际(特别是中华传统文化)

相结合，形成并发展了毛泽东思想，进而在党的正确理论指导下相继取得了新民主主义革命和社会主义革命的胜利。

1938年10月，毛泽东在党的六届六中全会上所作的政治报告《论新阶段》中，提出并阐明了“马克思主义在中国具体化”也就是“马克思主义中国化”的科学命题，深刻阐明了“马克思主义必须和我国的具体特点相结合并通过一定的民族形式才能实现”①的规律和要求。也是在这个报告中，毛泽东明确表述了中国共产党对于中华传统文化的态度：“学习我们的历史遗产，用马克思主义的方法给以批判的总结，是我们学习的另一任务。我们这个民族有数千年的历史，有它的特点，有它的许多珍贵品。对于这些，我们还是小学生。今天的中国是历史的中国的一个发展；我们是马克思主义的历史主义者，我们不应当割断历史。从孔夫子到孙中山，我们应当给以总结，承继这一份珍贵的遗产。”②这里，毛泽东不仅表明了中国共产党承继珍贵历史文化遗产的态度，而且说明了我们的承继是用马克思主义的方法给以批判的总结的承继，同时强调了用马克思主义方法批判总结学习我们的历史遗产是我们的一项重要学习任务。在1940年1月的《新民主主义论》中，毛泽东进一步全面阐明了中国共产党对于传统文化的基本观点：一是“凡属我们今天用得着的东西，都应该吸收”③，这可以说是后来“古为今用，洋为中用”思想的前身。为什么要吸收中国古代的文化遗产？一方面，“清理古代文化的发展过程，剔除其封建性的糟粕，吸收其民主性的精华，是发展民族新文化提高民族自信心的必要条件”；另一方面，“中国文化应有自己的形式，这就是民族形式。民族的形式，新民主主义的内容——这就是我们今天的新文化”。④ 二是无论对于中国古代还是一切外国的文化，都不能盲目照搬。对于一切外国的东西，“如同我们对于食物一样，必须经过自己的口腔咀嚼和胃肠运动，送进唾液胃液肠液，把它分解为精华和糟粕两部分，然后排泄其糟粕，吸收其精华，才能对我们的身体有益，决不能生吞活剥地毫无批判地吸收”。

---

① 《毛泽东选集》第2卷，人民出版社1991年版，第534页。

② 《毛泽东选集》第2卷，人民出版社1991年版，第533～534页。

③ 《毛泽东选集》第2卷，人民出版社1991年版，第707页。

④ 《毛泽东选集》第2卷，人民出版社1991年版，第707～708、707页。

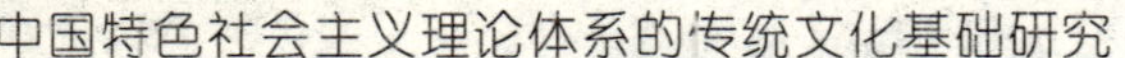

"'全盘西化'的主张,乃是一种错误的观点。形式主义地吸收外国的东西,在中国过去是吃过大亏的。"①对于中国古代文化,"决不能无批判地兼收并蓄。必须将古代封建统治阶级的一切腐朽的东西和古代优秀的人民文化即多少带有民主性和革命性的东西区别开来。……我们必须尊重自己的历史,决不能割断历史。但是这种尊重,是给历史以一定的科学的地位,是尊重历史的辩证法的发展,而不是颂古非今,不是赞扬任何封建的毒素"②。1942 年,毛泽东在延安文艺座谈会上的讲话中提出:"我们决不可拒绝继承和借鉴古人和外国人,哪怕是封建阶级和资产阶级的东西。但是继承和借鉴决不可以变成替代自己的创造……毫无批判的硬搬和模仿,乃是最没有出息的最害人的文学教条主义和艺术教条主义。"③这就提出了在批判继承中外历史文化基础上的再创造问题。1956 年,毛泽东在同音乐工作者的谈话中强调:"应该学习外国的长处,来整理中国的,创造出中国自己的、有独特的民族风格的东西。"④1960 年,毛泽东在同古巴妇女代表团和厄瓜多尔文化代表团谈话时特别强调应当充分地、批判地利用文化遗产,并实事求是地指出:"至于充分利用文化遗产,我们现在还没有做到。"⑤

本着对中华传统文化、一切外国文化要批判继承、吸收利用以实现中国文化再创造的态度,毛泽东等中国共产党人提出了"双百"(百花齐放,百家争鸣)和"二用"(古为今用,洋为中用)的文化方针。1956 年 4 月,毛泽东在中共中央政治局扩大会议上的总结讲话中提出:"艺术问题上的百花齐放,学术问题上的百家争鸣,我看应该成为我们的方针。"⑥1957 年 2 月,毛泽东在《关于正确处理人民内部矛盾的问题》中进一步作了说明:"百花齐放、百家争鸣的方针,是促进艺术发展和科学进步的方针,是促进我国的社会主义文化繁荣的方针。艺术上不同的形式和风格可以自由发

① 《毛泽东选集》第 2 卷,人民出版社 1991 年版,第 707 页。

② 《毛泽东选集》第 2 卷,人民出版社 1991 年版,第 708 页。

③ 《毛泽东选集》第 3 卷,人民出版社 1991 年版,第 860~861 页。

④ 《毛泽东文集》第 7 卷,人民出版社 1999 年版,第 83 页。

⑤ 《毛泽东文艺论集》,中央文献出版社 2002 年版,第 213 页。

⑥ 《毛泽东文集》第 7 卷,人民出版社 1999 年版,第 54 页。

展，科学上不同的学派可以自由争论。”[①]1957年3月，毛泽东在全国宣传工作会议上的讲话中重申并强调要推广“双百”方针：“百花齐放是一种发展艺术的方法，百家争鸣是一种发展科学的方法。百花齐放、百家争鸣这个方针不但是使科学和艺术发展的好方法，而且推而广之，也是我们进行一切工作的好方法。”[②]1964年9月，毛泽东在对中央音乐学院学生来信的批示中提出“古为今用，洋为中用”[③]的文艺方针。“双百”和“二用”的方针不仅是在文化领域，而且在整个国家的经济、政治发展中都产生了重要的影响，发挥了积极的作用。从新民主主义革命到新中国成立，一直到“文化大革命”前的很长一段时间内，这些正确的方针指导我们反对和抵制了教条主义、形式主义、全盘西化等各种错误思想和倾向的影响，有效地解放了广大知识分子和科学工作者的思想，正确地处理了人民内部矛盾（特别是文化领域的矛盾），有力地促进了科学文化的发展，使我国的思想理论、文化艺术等呈现出良好的发展趋势。期间，中华传统文化得到了较为妥善的对待和利用。

随着20世纪50年代末的“大跃进”运动，左的思想逐渐占据上风，直至后来的“文化大革命”，实事求是的思想路线未能坚持下去，特别是在文化领域，教条主义、形式主义盛行，“双百”“二用”方针的贯彻发生了一系列重大偏差，对待中华传统文化（以及西方文化等非马克思主义文化）的态度不断发生左的变化，并最终在“文化大革命”中达到顶峰，从而导致了民众和社会在文化问题上的模糊认识和无所适从，传统文化受到重创，社会主义文化建设陷于停滞和倒退。究其原因，主要是这一时期以毛泽东为代表的中国共产党人在文化观（包括传统文化观）上出现了严重失误。一是在某种程度上忽视文化的相对独立性，过分强调政治对文化的决定作用，“以阶级斗争为纲”，结果使我国经济和文化的发展几乎到了崩溃的边缘，造成了巨大的灾难和损失。二是在对待知识分子问题上存在失误。毛泽东非常重视知识分子在革命和建设中的作用，但知识分子在新中国成立后至党的十一届三中全会召开之前的大部分时间内未能得到正确对

---

① 《毛泽东文集》第7卷，人民出版社1999年版，第229页。

② 《毛泽东文集》第7卷，人民出版社1999年版，第279页。

③ 《毛泽东文艺论集》，中央文献出版社2002年版，第227页。

待，特别是在历次政治运动中，知识分子总是首当其冲地受到冲击甚至迫害，从而严重影响了文化教育事业的发展。对待知识分子问题上的失误直接影响了优秀传统文化的传承。三是过分强调文化的阶级性，忽视文化在不同时代条件下的共性价值及文化自身发展的规律，致使艺术、文化、科学、教育等领域的工作发生严重偏差，民族传统文化遭受重创。四是片面夸大文化对经济和政治的反作用。毛泽东晚年把文化问题的解决上升为解决社会基本矛盾的决定性因素，结果造成了长达十年的内乱。①经过“文化大革命”，不仅未能做到“百花齐放，百家争鸣”，反而到了“万马齐喑”的程度。即使是在意识形态领域强调要坚持的马克思主义，也因为缺乏民族优秀文化的支撑、缺乏人类文明成果的滋养，更重要的是失去对马克思主义本身的正确认识，反而造成了人们在心灵深处对马克思主义的疏离感，最终导致了马克思主义的指导作用和影响力的削弱。这是自中国共产党成立以来在文化发展问题上，也是在处理党的理论发展与民族传统文化关系上留下的最为深刻的教训。

无论是文化发展的一般规律还是中华传统文化演进的特殊规律，都要求任何时代的文化创新和发展不能离开既有的文化传统和文化资源；中华传统文化特有的文化传统、文化智慧中具有许多超越时空的普世价值，这些价值与时代精神相协调，可以成为新时期文化建设的宝贵资源。马克思主义中国化历史进程中对于传统文化态度的经验和教训也告诉我们：社会主义文化建设、马克思主义的新进程离不开优秀传统文化这个文化基础。我们必须重视文化发展规律，吸取历史上文化发展的经验教训，正确认识本民族传统文化，科学利用优秀传统文化，为新时期文化建设和中国特色社会主义理论体系的创新和发展提供源源不断的文化基础，为传承中华文脉、实现中华民族伟大复兴提供丰厚的文化滋养。

中国特色社会主义理论体系以优秀传统文化为基础具有历史必然性，同时我们还应该正确认识历史必然性，那就是社会历史发展是客观必然性与主体能动性的统一。社会历史规律与自然规律不同，其实现必须依赖于人的主体能动性的发挥。文化规律的实现当然也是如此。那么，

---

① 参见孙宏健：《毛泽东文化观的主要缺陷及其对建设社会主义和谐文化的启示》，载《云南行政学院学报》2008 年第 1 期。

在中国特色社会主义理论体系的历史发展进程中，以中国共产党为主要主体的历史主体是怎样发挥主体能动性，在优秀传统文化基础上来实现中国特色社会主义理论体系的创新和发展的呢？让我们对中国共产党在优秀传统文化基础上开创和发展中国特色社会主义理论体系的历史进程进行一番考察。

第二章
在优秀传统文化基础上开创和发展中国特色社会主义理论体系的历史进程

我国在20世纪70年代末进入了一个新的历史时期。在这个新的历史时期，继毛泽东思想之后，马克思主义中国化的新的理论成果——中国特色社会主义理论体系从开创到不断丰富和发展。在这个理论体系的形成和发展过程中，怎样正确认识中华传统文化在新时期文化建设中的作用、怎样传承发展中华优秀传统文化，也经历了一个不断发展的历史过程。

一、邓小平理论：继承优秀传统文化，开创中国特色社会主义理论体系

（一）时代背景

“文化大革命”结束后，党的十一届三中全会召开，开启了我国改革开放的历史新时期。正如胡锦涛在纪念党的十一届三中全会召开30周年大会上所阐述的，在邓小平领导下和其他老一辈革命家支持下，党的十一届三中全会开始全面认真纠正“文化大革命”中及其以前的左倾错误，坚决批判了“两个凡是”的错误方针，充分肯定了必须完整、准确地掌握毛泽东思想的科学体系，高度评价了关于真理标准问题的讨论，确定了解放思想、开动脑筋、实事求是、团结一致向前看的指导方针，果断停止使用“以阶级斗争为纲”的口号，作出了把党和国家工作中心转移到经济建设上来、实行改革开放的历史性决策。我们伟大的祖国迎来了思想的解放、经济的发展、政治的昌明、教育的勃兴、文艺的繁荣、科学的春天。其中，在

思想文化领域出现了一个持续10余年的文化研讨热潮，也就是人们所说的20世纪80年代的“文化热”。

20世纪80年代的文化热，从国内背景看，是在中国社会主义改革和开放的历史大潮中产生的，是人们在经历了“文化大革命”文化专制之后的文化思想的大喷发，是对“文化大革命”造成的民族灾难特别是文化枯竭的反思，是对未来中国发展特别是现代化建设中的文化建设的前瞻。从国际背景看，是置身开放的国际环境和全球化趋势中，受世界范围内思想文化的影响，特别是西方发达国家输入的价值观的影响，对本民族文化发展的反思和展望。从文化史的视角来看，是自中国文化第二次转型①的序幕拉开以来，对“五四”时期文化论争的继续和发展。总之，其直接原因是改革开放之后的中国人在追赶世界现代化浪潮的过程中对本民族传统文化的反思。

肩负着这些历史使命，80年代的学人，牢牢立足中国现实，从文化的角度对各种问题进行了探索和研究，研究领域和热点极其广泛，涉及诸多学科或者跨学科，在思想观念、社会心理、思维模式、行为方式、伦理道德、审美情趣、文化比较等各领域和学科展开研究。研究主体明显扩大，文化研究已不再是少数文化学者的专利，在精英文化发展的同时出现了大众文化。研究视野空前开阔，已不是在封闭的情况下孤立研究中国文化，而是在开放的环境中用开放的视角进行文化讨论。如把中国当代文化置于世界文化的背景中进行研究，并对中西文化进行比较等。这些研究对社会主义文化建设特别是对中国文化在90年代以至新世纪的发展起到了有力的推动和指导作用。②

在80年代的文化大讨论中，关于文化发展方向的争论成为文化论争的热点之一。其中，传统文化与现代化的关系、马克思主义与中华传统文

① 许明在《当代中国的文化发展》（中国大百科全书出版社2008年版，第1页）一书中提出，目前中国文化处在第二次文化转型的百年初始阶段，面临着“现代性落地”的阵痛和“中西古今”关系的重新思考。中国文化的第一次转型指的是自东汉末年儒学式微、佛教东来、道教创立后，儒、释、道互相激荡，最终由宋明理学完成的文化整合过程。

② 参见张岱年、方克立主编：《中国文化概论》（修订版），北京师范大学出版社2004年版，第351～352页。

化的关系是许多研究者关注的问题，也是中国文化现代化、马克思主义中国化必须解决的问题。

1. 关于传统文化与现代化的关系的研究

传统文化与现代化的关系乃是贯穿中国现代化运动始终的大问题。

“全盘西化论”者认为传统文化产生于宗法封建社会，与现代文明毫无调和余地，中国在现代全方位落后，原因即在传统文化的落后，必须以西方先进的文化全面冲击并替代中华传统文化，同时也没有必要坚持“四项基本原则”。这种带有政治色彩的“全盘西化论”实际上是一种民族投降主义，对国家和民族的独立和发展显然是有害的。

“儒学复兴论”者大多是海外华裔学者，也有少数中国大陆学者。他们认为，中国社会出路的解决在于文化出路的解决，而文化出路的根本解决在于儒学的复兴。因此，他们主张，抓住儒学这个根本，即可解决当代中国的一切问题。学者们对中华传统文化特别是儒学有着较为深入的了解，并具有深厚的民族感情，这是值得肯定的。但儒学具有自身不可克服的时代局限，加之百余年来欧风美雨的冲击以及马列主义在新中国指导思想地位的确立，完全恢复儒学在当代中国的统治地位，不仅是一种一厢情愿的幻想，也是一种历史的倒退。①

除了这些旗帜鲜明但偏于极端的观点之外，也有“中体西用论”“西体中用论”“反传统主义”“新启蒙论”“批判继承论”“综合创新论”等观点。

大多数论者虽不认同传统文化与现代化根本冲突的论点，但也都承认两者之间存在冲突的方面。众多论者认为，传统文化不宜全盘否定，也不宜全盘肯定，传统是不可割裂的，传统与现代之间存在着由此及彼的桥梁，那就是在批判传统文化的糟粕的同时，挖掘、弘扬其在现代化建设中的价值。在众多研究中，最具影响力的当属张岱年先生提出的“文化综合创新论”。

张岱年先生早在20世纪30年代即提出了“文化综合创新”的思路，主张将现代唯物论哲学与中国古代哲学的优秀传统结合起来。30年代中期至40年代，面对中华民族的生死存亡，提出：“应付此种危难，必要有

---

① 参见张岱年、方克立主编：《中国文化概论》（修订版），北京师范大学出版社2004年版，第354页。

一种勇猛宏毅能应付危机的哲学。此哲学并不是西洋哲学之追随摹仿，而是中国固有的刚毅宏大的积极思想之复活，然又必不采新孔学或新墨学的形态，而是一种新的创造。”[①]80年代，面对全面否定中华传统文化的“全盘西化论”和保守主义的“儒学复兴论”等，张先生以民族与文化的前途为己任，在原来关于文化的综合创新思路的基础上，于1987年的一次全国学术会议上正式而明确提出了他的“文化综合创新论”。“综合创新论”主张，在汲取西方文化的优秀成果的同时，发扬中国文化的优秀传统，发挥创造性思维，创建社会主义的新中国文化。

2. 关于马克思主义与中国民族文化关系的研究

马克思主义传入中国后，就自然产生了马克思主义与中国固有的民族传统文化之间关系的问题。如何认识和处理外来的马克思主义与本民族文化的关系直接关系到中国共产党及中国的前途和命运，因此两者关系的问题长期以来一直是人们关注的焦点。特别是与20世纪80年代距离最近的“文化大革命”时期，在马克思主义与中华传统文化关系上的认识和政策直接导致了民众和社会在文化问题上的模糊认识和无所适从。因此，80年代的“文化热”自然也涉及这个问题。

由于马克思主义在中国担负着民族解放、民族振兴的历史重任，在全世界走向现代化的历史过程中，中国文化的现代化必然与马克思主义发生这样那样的联系。一定程度上可以说，马克思主义在中国实现中国化的过程，同时也是中华传统文化现代化的过程。因此，对马克思主义和中华传统文化关系的认识，必然与对中华传统文化和现代化关系的认识相联系。

与对中华传统文化和现代化关系的认识相联系，20世纪80年代特别是前期和中期，关于马克思主义与中国民族文化关系的认识总体上表现出非此即彼的两极对立思维模式以及简单化的倾向，许多论者持两者绝对对立的观点，过于强调两者的相互对立，否认两者可以融合和结合。即便是持对立观点，也有两种不同的主张，有的论者是站在马克思主义立场上，对中华传统文化持批判态度，反对马克思主义与中华传统文化的融合和结合。有的论者则是站在维护中华传统文化(尤其是儒学)的立场上，主张回归传统，以儒家文化救中国，以现代新儒家取代马克思主义。

---

① 《张岱年全集》第6卷，河北人民出版社1996年版，第199页。

随着讨论的深入，学术界对“绝对对立说”进行了批评和纠正。针对各种简单化和两极对立的主张，张岱年先生的“综合创新论”明确提出：“抛弃中西对立、体用二元的僵固思维模式，排除盲目的华夏中心论与欧洲中心论的干扰，在马克思主义普遍真理的指导下和社会主义原则的基础上，以开放的胸襟、兼容的态度，对古今中外的文化系统的组成要素和结构形式进行科学的分析和审慎的筛选，根据中国社会主义现代化建设的实际需要，发扬民族的主体意识，经过辩证的综合，创造出一种既有民族特色又充分体现时代精神的高度发达的社会主义新中国文化。”①张岱年先生的“综合创新论”抛弃了中西对立、体用二元的僵固思维模式，倡导一种辩证的思维模式；批判了政治学术化和学术政治化的错误倾向，以民族文化发展前途为目标，坚持文化发展的民族主体性，又立足中国社会主义现代化建设的实际需要，坚持马克思主义的指导，体现时代性。此论一经提出，拨开了在传统与现代、马克思主义与中华传统文化关系认识上的迷雾，为传统文化在现代的延续和发展、社会主义文化的建设和发展提供了一条可行的思路和进一步研究的基石。

综上所述，80 年代的文化热既异彩纷呈，又良莠杂陈，在对社会发展特别是文化发展起到巨大推动作用的同时，也有一些观点和言论混淆视听，造成不良影响。这一阶段对传统文化与现代化的关系、传统文化与马克思主义的关系的论争尚悬而未决。对于中国共产党来说，在这样的时代背景下，怎样建设社会主义新文化？在社会主义文化建设中，中华传统文化是否还有一席之地？应该怎样正确对待和利用中华传统文化？针对这些时代性课题，中国共产党人的文化观特别是关于中华传统文化的观点和态度以及举措都发生了重大的变化。

(二)邓小平理论与中华传统文化的关系

1. 以邓小平为代表的中国共产党人的传统文化观

邓小平理论，是以邓小平为主要代表的中国共产党人在中国特色社会主义建设实践中，集中全党和全民智慧而形成的理论结晶，研究邓小平理论在创立和发展过程中对于传统文化的观点和态度，可以从以邓小平

---

① 张岱年、程宜山：《中国文化与文化论争》，中国人民大学出版社 1990 年版，第 399 页。

为代表的中国共产党人的传统文化观入手。邓小平等中国共产党人的传统文化观主要表现为以下几个方面：

(1)主张坚决肃清传统文化中封建主义思想残余的影响

1981年通过的《关于建国以来党的若干历史问题的决议》标志着在党的指导思想上完成了拨乱反正的历史任务。该决议总结了新中国成立以来的历史经验和教训，认为造成"文化大革命"的原因之一就是长期封建专制主义在思想政治方面的遗毒没有肃清，加之党内民主和国家政治社会生活的民主未能加以制度化、法律化，或没有应有的权威，因此使党的权力过分集中于个人，党内个人专断和个人崇拜现象滋长起来，也就使党和国家难于防止和制止"文化大革命"的发动和发展。该决议在对"文化大革命"进行反思的同时，开始对整个中华传统文化进行反思，在此基础上明确提出了在政治和思想领域批判和肃清封建主义残余影响的历史性任务。该决议体现了对传统文化的负面影响所持的清醒态度，这也是邓小平等中国共产党人在对待传统文化态度上的一个鲜明特点。

(2)提倡并实践传统文化中的永恒性价值

对传统文化中的那些超越时空而在当代仍然具有不可或缺的价值的优秀成分，或者说那些使中华民族延续至今的凝聚成民族精神的价值，邓小平等中国共产党人是提倡并自觉实践的，如爱国主义传统等。邓小平十分珍视数千年积淀而成的中华民族爱国主义传统，特别重视树立民族自豪感和自信心。他说："凡是中华儿女，不管穿什么衣服，不管是什么立场，起码都有中华民族的自豪感。""中国人民有自己的民族自尊心和自豪感，以热爱祖国、贡献全部力量建设社会主义祖国为最大光荣，以损害社会主义祖国利益、尊严和荣誉为最大耻辱。""什么叫爱国者？爱国者的标准是，尊重自己民族。"①

又如自强不息的精神。自强不息精神在个体价值方面就是要追求自我的不断提升，持之以恒，坚忍不拔，艰苦奋斗；在社会价值方面，就是要忧国忧民，以天下为己任，锐意进取，革故鼎新，奋发图强，追求社会的不断进步。邓小平坚持独立自主地探索有中国特色的社会主义道路，就是自强不息精神的体现。他认为，只有走出一条有中国特色的社会主义道

① 《邓小平文选》第3卷，人民出版社1993年版，第60、3、61页。

路，才能够坚持独立自主。邓小平强调必须正确对待马克思主义理论和外国经验，不能从本本出发，而要从自己国家的实际情况出发，独立思考。在此基础上，邓小平提出坚持新的历史条件下对外政策的独立自主，奉行独立自主的和平外交政策和真正的不结盟。邓小平还发展了毛泽东关于独立自主条件下对外开放的思想，把新的时代条件下的对外开放提到了前所未有的高度，全面阐述了对外开放的理论等。艰苦创业，也是自强不息的民族精神的体现。邓小平非常重视“艰苦奋斗”以及“艰苦创业”精神的继承和发扬。从历史上看，艰苦奋斗是中华民族世代相传的美德，在新时期是否还要提倡艰苦奋斗、艰苦创业的精神？邓小平针对我国尚处于社会主义初级阶段的基本国情，清醒地认识到“我们是个穷国、大国，一定要艰苦创业”，并告诫说：“我们对于艰苦创业，要有清醒的认识。”①改革开放以来，我国在经济发展的同时，整个国家的面貌也焕然一新，为此有人产生了不思进取的懈怠思想。邓小平强调：“艰苦奋斗是我们的传统，艰苦朴素的教育今后要抓紧，一直要抓六十至七十年。我们的国家越发展，越要抓艰苦创业。提倡艰苦创业精神，也有助于克服腐败现象。”②

再如厚德载物的精神。厚德载物精神就是一种以宽厚之德包容万物的精神。邓小平以开放兼容、海纳百川的胸怀，把社会主义与市场经济结合起来，创立了社会主义市场经济新模式；创造性地提出了旨在解决祖国统一问题的“一国两制”构想等，都是厚德载物精神的当代体现。

再如“仁”的思想。“仁”是儒家文化特别是孔子思想的核心，经孟子继承发展并发扬光大。“仁”体现在社会价值方面即仁爱天下苍生，为民谋利，施行“仁政”。邓小平理论中的尊重并重视群众的合法物质利益，鼓励民众致富、奔小康等思想都体现了“仁”的光辉。

邓小平等中国共产党人对中华民族精神的继承和弘扬还表现在其他很多方面，此不赘述。

(3)提倡并力行对传统文化进行批判和创新

邓小平理论起初被称为“有中国特色社会主义理论”。这一理论的本

① 《邓小平文选》第2卷，人民出版社1994年版，第258、259页。

② 《邓小平文选》第3卷，人民出版社1993年版，第306页。

质是马克思主义的社会主义，其根本特征则是有中国特色。“有中国特色”的含义之一就是具有中国民族文化的特色。《关于建国以来党的若干历史问题的决议》肯定并重申了毛泽东关于发展民族的、科学的、大众的文化，实行百花齐放、推陈出新、古为今用、洋为中用的方针，恢复了中国共产党对待传统文化的正确态度，即以开放的胸襟对待中外传统文化，鼓励文化争鸣和创新，坚持文化的民族性和科学发展，在文化发展上走群众路线等。之后党中央提出了文艺“为人民服务，为社会主义服务”的要求，为继续坚持百花齐放、推陈出新、古为今用、洋为中用的方针提供了方向指导和政治保障。就对待中华传统文化而言，提倡“古为今用”，“推陈出新”，“为人民服务，为社会主义服务”，就是要立足当代的现代化建设，以马克思主义为指针，对传统文化进行批判继承，结合当代现代化建设特别是文化建设的需要，进行创新。邓小平理论中所蕴含的“以人为本”思想、“小康”思想、用人思想、法治思想、德治思想、教育思想、“大一统”思想、廉政思想等，都是对传统文化进行“推陈出新”的范例。推陈出新不仅是对古代某些优秀思想进行改造和创新，还表现为运用中华传统文化特有的思维方式来处理当代的一些难题，如运用中国文化中独特的和合思维智慧创造性地提出“和平统一，一国两制”的伟大构想等。

(4)提出评判传统文化的标准是“三个有利于”标准

众所周知，“三个有利于”的标准是 1992 年年初，邓小平在视察南方时针对姓“资”还是姓“社”的问题提出来的，判断的标准就是“应该主要看是否有利于发展社会主义社会的生产力，是否有利于增强社会主义国家的综合国力，是否有利于提高人民的生活水平”[①]。从此，“三个有利于”成为人们衡量一切工作是非得失的判断标准，这个根本标准也适用于评判传统文化的优劣得失。评判传统文化的目的不仅仅在于给出一个评价，而更在于运用。既然马克思主义中国化的进程离不开优秀传统文化和文化传统的背景和基础，那么我们在评判传统文化时，就必须立足社会主义建设的实践，从人民群众的实际利益出发，着眼于综合国力在当今世界发展中的重要作用，也就是说，以“三个有利于”为评判标准，在客观而科学评判的前提下，实现优秀传统文化推陈出新、古为今用的目的。

---

① 《邓小平文选》第 3 卷，人民出版社 1993 年版，第 372 页。

2. 中华优秀传统文化是邓小平理论的文化基础

学术界和理论界曾对中华传统文化是不是邓小平理论的理论来源有过很大的争议。有人肯定,有人否定,有人认为中华传统文化中某些资源是邓小平理论的理论来源,有些则只是其文化资源。本书的观点是:中华传统文化以各种形式,在不同层面上对邓小平理论产生了深刻影响,其优秀传统和因子为后者提供了丰厚的思想文化基础。作为当代中国的马克思主义,邓小平理论以马克思主义基本原理所揭示和提供的根本立场、观点和方法为指导,始终坚持马克思主义道路和方向,以马克思主义基本原理为解决实践问题和理论创新的依据,因此,从理论来源的角度看,马克思主义基本原理是邓小平理论的指导思想和理论精髓,这是邓小平理论的灵魂和实质层面的问题。中华传统文化具有许多与马克思主义相契合(契合不等于完全一样或一致)的思想资源,这些资源被以马克思主义为指导而继承和改造后成为邓小平理论的重要资源;邓小平理论的创立主体是受中华传统文化熏陶的人,是处在中国文化环境中的中国人。他们在接受和运用马克思主义基本原理时,必然受既定的运思方式等影响。因此,邓小平理论既是马克思主义的(具有马克思主义之实和马克思主义之魂),又是中国的(具有鲜明的中国特色)。

邓小平理论与中华传统文化之间存在着深厚的渊源关系。一是邓小平理论的创立主体,在价值观、思维方式、语言风格、精神气质等方面对中华传统文化的优秀因素进行了全面继承。如以振兴国家、造福人民为己任的价值观,忧国忧民的忧患意识,求真务实的实践理性品格,避免非此即彼的辩证思维方式,重视自身德行的高尚情操,不计私利以大局为重的义利观,坚忍不拔、勇于开拓的自强不息精神,未雨绸缪总揽全局的未来意识等,无不渗透着优秀传统文化的基因和滋养。二是在具体文化思想和文化资源方面,则是立足社会主义建设实践,对传统的一些范畴和理论进行批判继承和改造创新,赋予其时代内涵和新的生命力。如传统的民本思想、富民思想、“小康”思想、用人思想、法治思想、德治思想、教育思想、“大一统”思想、廉政思想等,本带有宗法社会的烙印,或具有空想的特征,经过内容的改造或形式的创新,成为具有与传统思想内涵不同却又为人民群众所熟悉或似曾相识的喜闻乐见的东西,并且具有了可操作性。

(三)邓小平理论以优秀传统文化为基础的主要表现

通过对邓小平理论的主要创立者的传统文化观以及邓小平理论与中华传统文化的渊源关系的考察,可以看出邓小平理论具有深厚的传统文化底蕴和民族文化特征。

1."和平统一,一国两制"的伟大构想及其传统文化基础

"和平统一,一国两制"是以邓小平为代表的中国共产党人审时度势,以中华民族传统的"大一统"观念为文化基础,创造性地运用传统和合思维的独特智慧而提出的一个伟大构想。

"和合"思维是中国文化独有的一种思维方式,是一种既承认和尊重事物的多样性和差异性,又追求不同事物之间的平衡和融通,即在矛盾中寻求统一的独特思维方式,体现了中国文化独特的"和合"的世界观和方法论,彰显着中华传统文化的独特思维智慧。阶级社会中,并不具备实现和谐的必要现实条件,也就不可能实现真正的和谐。但是,"和合"思维作为一种文化传统,铸造着中国人的民族文化性格,在现代化的过程中,成为中国化马克思主义特别是中国特色社会主义理论体系独特的智慧源泉。

"和合"文化孕育了中华民族厚德载物的民族精神,也使中华民族形成了"大一统"的文化观念。"和合"文化使中华民族逐渐形成崇尚民族融合、团结统一的民族心理,并积淀而成"大一统"的文化传统。在中国共产党领导中国革命和社会主义建设的进程中,传统的"大一统"观念成为祖国统一理论坚实的思想基础。中国共产党深明民族大义,顺应历史潮流和民心民意,以实现祖国统一大业和中华民族的伟大复兴为己任,为祖国统一大业和中华民族的伟大复兴作出了不懈的努力。

新中国成立后,中华民族实现了空前的大团结,全国各民族之间建立了平等、团结、互助的新型关系,各民族人民依法享有各种权利和自由。这些都为巩固和维护国家统一奠定了坚实的政治基础。新中国成立初期由于历史的原因,祖国统一大业仍然任重而道远,台湾问题、香港问题和澳门问题成为事关祖国统一大业的主要问题。中国共产党审时度势,从我国的实际情况出发,着眼于中华民族的根本利益,顺应历史潮流和人民意愿,提出了实现祖国完全统一的战略目标,并推动这一目标逐步得以实现。进入新时期以来,中国共产党准确把握国内外发展的新形势,将和平

解放台湾的方针发展为和平统一台湾的方针，创造性地提出了“和平统一，一国两制”的科学构想，形成了“和平统一，一国两制”的基本方针，并把这一方针确定为中国的一项基本国策，为祖国完全统一奠定了坚实的基础。

“和平统一，一国两制”的伟大构想突破了把社会主义和资本主义两种社会制度看作是水火不相容的两极对立的思维方式，是立足祖国统一的根本利益、准确把握和平与发展的时代特征、批判继承传统“尚和”观念、巧妙运用“和而不同”的辩证思维方式的一次伟大创造。20 世纪 80 年代初，邓小平敏锐地觉察到和平与发展成为新的时代主题，便开始探索实现祖国统一的新办法，先是提出了和平统一的思路，说明祖国统一“不是我吃掉你，也不是你吃掉我”，一定“要搞一个你不吃掉我、我也不吃掉你的办法”。① 这个办法就是邓小平提出的“和平统一，一国两制”的构想。一国两制，就是一个国家，两种制度。具体说，就是在一个中国的前提下，国家的主体坚持社会主义制度，香港、澳门、台湾作为特别行政区保持原有的资本主义制度长期不变。“一国两制”体现的是一种和平解决统一问题的思路，这一思路不诉诸武力，最大限度保护各民族、各地区人民的利益，谋求祖国大陆和不同社会制度下的香港、澳门、台湾地区的和平共处、长期共存和共同发展，是传统“和合”思维现代运用的典范，在国际上引起了很好的反响，成为国家间解决历史遗留问题的一个范例。

“和平统一，一国两制”以中华民族传统的“大一统”观念为祖国统一的坚实的文化基础，顺应中国人民，包括港、澳、台同胞在内的广大人民群众渴望民族团结和统一的意愿，运用中国人特有的思维智慧，不仅在理论上实现了前所未有的创新，其科学性在实践中也不断得到证实，已使香港问题和澳门问题得到解决，正在有力推动台湾问题的解决，对中华民族乃至世界和平做出了伟大的历史性贡献。

2. 人本思想及其传统文化基础

中华传统文化自古以来就具有人本主义理念，并绵延发展为具有中国特色的“人本”传统。而传统人本思想在近代发生的一些新变化(主要是引入民主意识)，为传统人本思想向现代“以人为本”思想的转化提供了基础和桥梁。在马克思主义中国化的进程中，传统人本思想逐渐转化为

① 《邓小平文选》第 3 卷，人民出版社 1993 年版，第 30、97 页。

中国共产党的“以人为本”理念。

毛泽东的“为人民服务”思想是以马克思主义为指导，对中国传统人本思想的批判继承和发展创新。“为人民服务”继承了传统人本思想的合理成分，为后者注入了“民主”的内涵，颠覆了“君本”理念，提升了传统民本思想，初步实现了传统人本主义思想的现代转换。基于对人民群众历史作用的深刻认识，“为人民服务”坚持群众观点和群众路线，强调要充分发扬人民民主。“民主”是“为人民服务”区别于传统人本思想的根本内容，毛泽东视之为跳出“其兴也勃焉，其亡也忽焉”的历史周期律的“新路”。毛泽东的人本思想不但在理论上实现了从传统到现代的飞跃，而且在实践中对实现中国民主革命的成功和社会主义民主建设发挥了极其重要的作用。但是，由于时代局限等各方面的因素，毛泽东的人本思想仍然存在一定的局限性：一是在发扬人民民主方面缺乏制度设计，没有能够坚持下来，人民民主屡遭破坏，直至“文化大革命”民主荡然无存。二是在关注人民价值方面，仍然更多倾向集体本位，一定程度上形成了对个人价值和个人利益的忽视。三是片面强调生产关系的变革，忽视发展生产力，客观上没有能够做到切实维护人民群众的根本利益。因此，毛泽东的人本思想还带有一定的传统民本思想的负面烙印。

邓小平在毛泽东人本思想的基础上实现了向“以人为本”思想的飞跃。邓小平的“以人为本”继承了毛泽东人本思想的正确成分：继续坚持马克思主义的指导，继续坚持为人民服务的宗旨。其对毛泽东人本思想的超越则主要表现在以下几个方面：一是扩大了“人民”的内涵。邓小平否定了“以阶级斗争为纲”的路线，不再把众多能够参与社会主义建设的人看作是阶级敌人，主张集中一切力量搞社会主义建设。二是通过改革开放调动人民群众的积极性，大力发展生产力，提高人民生活水平。三是建立民主政治，将民主制度化、法律化，在全体人民中树立法制观念，尊重人民群众的主人翁地位，尊重和保障个体权利。邓小平的“以人为本”思想在毛泽东人本思想的基础上进一步解放思想、实事求是，注重人权和法治，使民主制度化，确保社会主义民主正常发展，实现了传统人本思想的现代转换，奠定了中国现代“以人为本”的思想基础。

3. 改革开放理论及其传统文化基础

改革开放是在党对社会主义道路的探索出现严重失误、国家和民族

面临巨大困难时，邓小平等中国共产党人作出的重大抉择，是决定中国命运的重大决策。改革开放是新时期中国最重要的实践和最鲜明的特征。改革开放理论是邓小平理论的重要组成部分。邓小平理论恢复了实事求是的思想路线，这是思想路线的变革；提出“以经济建设为中心”，而不再“以阶级斗争为纲”，这是政治路线的变革；提出对内改革和对外开放，这是对社会主义建设的国内国际环境的变革，等等。改革从农村到城市，从经济基础到上层建筑，是全面的改革、渐进的改革、稳妥的改革、根本的改革。新时期中国的开放则是全方位、多层次、宽领域的开放，不仅对社会主义国家开放，也对其他国家开放；不仅沿海对外开放，也实现了全国范围内多层次对外开放；不仅在几个领域开放，而且是在各个领域都对外开放。改革从某种意义上说也是开放，开放从某种意义上说也是改革。改革开放表现出中国人独特的文化特征和思想智慧。中国的社会主义改革不是疾风骤雨式的社会变革，而是“摸着石头过河”式的渐进式改革。中国的开放是循序渐进而又全方位的开放。这种渐进式改革和全方位开放，不仅是对中国传统的忧患意识和变革意识以及兼容并包精神的现代诠释，而且是对中国传统的辩证法思想的创造性运用。

(1)改革开放理论体现了中国共产党人的忧患意识

中国共产党人的忧患意识是对中国传统忧患意识的继承和超越。

忧患意识是中华传统文化中一种极为重要的人文精神，它既是一种人生态度，也是一种思维方式，体现了古人对个人和社会命运的理性关怀。忧患意识似乎与人们对未来难以预料的不良可能性的恐惧和绝望有关，但又不同于仅仅是恐惧、绝望的心理，而是一种对未来吉凶成败的各种可能性的理性预见，以及对人自身在未来发展可能性中的责任认知，是对未来可能性进行深思熟虑后形成的一种远见卓识。因此，忧患意识“乃人类精神开始直接对事物发生责任感的表现，也即是精神上开始有了人的自觉的表现”[①]。简单地说，忧患意识就是人类所特有的一种“居安思危”精神。

殷周之际，随着人们的人文意识的萌芽，产生了早期的忧患意识。殷人崇尚超自然的天命鬼神，重占筮与祭祀。周人则从周革殷命的历史巨

① 李维武编：《徐复观文集》第3卷，湖北人民出版社2002年版，第32页。

变中认识到，人事之吉凶成败与天命鬼神的关系不大，而主要是与人事有关，由此体会到人在吉凶成败中的重要作用，并认识到人在活动中应负的责任，从而形成一定的“忧患意识”。

忧患意识贯穿于中国数千年的历史发展中。居于大道之源、六经之首的《易经》即饱含着远古的忧患意识。《易传·系辞下》开明宗义指出："作《易》者，其有忧患乎？"对“其亡其亡，系于苞桑”的爻辞解释说：“危者，安其位者也；亡者，保其存者也；乱者，有其治者也。是故君子安而不忘危，存而不忘亡，治而不忘乱，是以身安而国家可保也。”[①]《易传》中深含的这种关于安危治乱相互转化的思想使“居安思危”的忧患意识初露端倪。

孔子对前人的忧患意识进行了升华。孔子提出的“人无远虑，必有近忧”[②]朴素而辩证地看到了“远虑”与“近忧”的关系。所虑何事？孔子曰：“君子忧道不忧贫。”[③]在孔子那里，值得忧虑的不是眼前利益，不是物质利益，而是事关人的一生、事关天下家国的“大道”之不行，于是便开始了“知其不可而为之”的颠沛流离的探求大道的一生。孟子将之前的忧患意识拓展深化为“忧民”“忧天下”的社会责任感：“乐民之乐者，民亦乐其乐；忧民之忧者，民亦忧其忧。”[④]“生于忧患而死于安乐。”[⑤]他效仿孔子，终其一生探求“仁政”和“大道”。自此，忧患意识的内涵逐渐丰富，并逐渐成为中国历史上志士仁人关心国家民族前途命运的一种稳定的心理品质和人文精神。“天下兴亡，匹夫有责”的这种把个体与天下国家的前途命运紧密联系起来的强烈的社会责任感就是中华民族忧患意识的鲜明体现。

中国共产党的成立，从某种意义上说，就是在当时的历史条件下，那些心忧天下的仁人志士以救亡图存、复兴中华为目的而作出的历史性选择。中国共产党人的忧患意识就是“中国共产党人在革命、建设和改革的实践中形成和发展的，以马克思主义尤其是辩证唯物主义和历史唯物主

---

① 《易经·否卦》。

② 《论语·卫灵公》。

③ 《论语·卫灵公》。

④ 《孟子·梁惠王下》。

⑤ 《孟子·告子下》。

义为指导，以忧国、忧民、忧党为主要内容，以忧患与图强的辩证统一为根本特征，以推动中国共产党事业发展为目的的一种重要的思想意识”①。

在新的历史条件下，邓小平等中国共产党人继承民族忧患意识的传统，并结合时代主题和时代特征，赋予忧患意识以新的内容。不仅重视“忧患”，更重视把“忧患”的意识转化为建设中国特色社会主义的精神动力，以承担起奋发图强、实现中国现代化的历史使命。

“文化大革命”结束后不久，面对社会主义建设遭受的重创，1978年12月，邓小平在《解放思想，实事求是，团结一致向前看》的讲话中振聋发聩地指出：“再不实行改革，我们的现代化事业和社会主义事业就会被葬送。”②20世纪90年代初，针对一些亚洲邻国和地区率先发展起来的经验，邓小平高瞻远瞩地指出：“过去我们比上不足，比下有余，现在比下也有问题了。……我们面临这么一个压力，算做友好的压力吧。……机会难得呀！”③面对国内国际历史性大转折所带来的难得历史机遇，邓小平在视察南方时敏锐而不无忧虑地指出：“抓住时机，发展自己……要抓住机会，现在就是好机会。我就担心丧失机会。不抓呀，看到的机会就丢掉了。”④邓小平以超出常人的世界目光和远见卓识呼吁：“从现在起到下世纪中叶，将是很要紧的时期，我们要埋头苦干。我们肩膀上的担子重，责任大啊！”⑤正是在这种深刻的忧患意识的推动下，邓小平指出：“不坚持社会主义，不改革开放，不发展经济，不改善人民生活，只能是死路一条。”⑥

(2)改革开放理论体现了中国共产党人变革图强的精神

中国共产党人的变革图强精神是对中国传统革新精神的继承和超越。

中国历来就有与时偕行、革故鼎新的传统。早在《诗经·大雅·文王》中就有：“文王在上，于昭于天。周虽旧邦，其命维新。”意思是说，周文

① 魏继昆：《居安思危——中国共产党人的忧患意识研究》，人民出版社2009年版，第2页。

② 《邓小平文选》第2卷，人民出版社1994年版，第150页。

③ 《邓小平文选》第3卷，人民出版社1993年版，第369页。

④ 《邓小平文选》第3卷，人民出版社1993年版，第375页。

⑤ 《邓小平文选》第3卷，人民出版社1993年版，第383页。

⑥ 《邓小平文选》第3卷，人民出版社1993年版，第370页。

王禀受天命,昭示天下:周虽然是旧的邦国,但其使命却在于革新。这一方面赞颂了文王对旧邦进行革新的历史贡献,同时也说明了革新的合法性,即是天命所指。《周易·彖传》对《革卦》作了这样的诠释:“天地革而四时成,汤武革命,顺乎天而应乎人。革之时大矣哉!”进一步说明了革新的合法性,即革新不仅是效仿天地的需要,也是应乎人事的需要。这就使革新不仅具有天命的意义,同时具有了人为的意义。《礼记·大学》则对“苟日新,日日新,又日新”的言行加以称赞。

革新精神不仅是革故鼎新的世界观的体现,也是与时偕行的方法论的体现。早在《周易》中就奠定了“与时偕行”的变通法则。《周易》的核心思想是“易”。易者,变也。《周易》观变于阴阳而立卦,认为一切都是变动不居的。而在变动不居的客观世界面前,人该怎样作为呢?《周易》认为要因时而变,与时偕行。《周易·系辞》中有:“变通者,趋时者也。”《周易·损卦·彖传》讲:“损刚益柔有时,损益盈虚,与时偕行。”《周易·艮卦·彖传》进一步说明:“时止则止,时行则行;动静不失其时,其道光明。”《周易·系辞下》总结说:“穷则变,变则通,通则久,是以自天佑之,吉无不利。”如果说承认一切变动不居体现了客观辩证法的话,那么,唯变所适、与时偕行则体现了主观辩证法。与时偕行、变通革新成为中国传统哲学的重要思想内容,深刻影响了中华传统文化的发展,在中国历史上许多历史人物书写了变法革新的篇章:管仲改革、商鞅变法、永贞革新、庆历新政、王安石变法、张居正改革、百日维新、辛亥革命等,虽历经艰辛,各有成败,但其义无反顾、变革图强的精神和变法的经验教训长期以来鼓舞和激励着后来人。

中国历史上不乏锐意改革的先例,这对于深受传统文化熏陶的邓小平等中国共产党人来说,无疑是一种鼓舞和鞭策。同时,在马克思主义“创造一个新世界”的思想引领下,面对“文化大革命”之后经济停滞不前、民主法制不健全、全国上下思想僵化等令人担忧的状况,邓小平提出必须进行改革,以扫除发展社会生产力的一切障碍,并将改革提到“中国的第二次革命”的高度,既充分表明了邓小平忧国忧民的历史使命感和锐意改革的坚定决心,又体现了一位历史伟人的远见卓识。

改革开放理论不仅仅是对中华传统文化中的变革传统的继承,更重要的是体现了对传统变革思想的发展和超越。从改革的目的上看,中国

传统变革思想的出发点主要是为了缓和阶级矛盾,从根本上说是为了维护统治阶级的利益。而新时期,从根本上说,“我们所有的改革都是为了一个目的,就是扫除发展社会生产力的障碍”①。这是由社会发展的客观实践所决定的,也是马克思主义关于生产力与生产关系的辩证原理的要求。从改革的性质来看,“改革是社会主义制度的自我完善,在一定的范围内也发生了某种程度的革命性变革”,“革命是解放生产力,改革也是解放生产力”。② 邓小平关于改革性质的论述,辩证地阐明了改革既要坚持社会主义制度,又要从根本上改变束缚生产力发展的经济体制等因素。从改革的特征上看,一是新时期的改革是全面的改革,是包括经济体制改革、政治体制改革和相应的其他各个领域的改革;二是新时期的社会主义改革是“摸着石头过河”式的渐进改革。正如邓小平所指出的:“我们的方针是,胆子要大,步子要稳,走一步,看一步。”③从改革的评价标准来看,“三个有利于”是判断改革成败得失的根本标准。无论是从改革的目的、性质,还是从改革的特征、路径、方法和效果等方面看,中国特色的社会主义改革开放既是根本性的改革、全面的开放,又是渐进式的;既避免了大的社会动荡,又循序渐进达到了预期的效果,这在中国历史上是前所未有的。历史上的改革或者不彻底而半途而废,或者遭到失败,或者改革虽较为成功,但提出变法改革的人往往下场悲惨。中国新时期的改革无论从理论高度还是实践效果来看,都实现了对传统革新思想和实践的超越。

(3)改革开放理论体现了中国共产党人兼容并包的精神

中华传统文化中的“厚德载物”(包括兼容并包)传统前文已述。中国共产党人的兼容并包精神是对中国传统厚德载物精神的现代诠释。改革首先是经济领域的改革,主要是改变原有的不适应生产力发展的经济体制。我国要建立什么样的经济体制?邓小平带领中国人民选择了社会主义市场经济体制。这是一种前所未有的体制。马克思主义经典著作中没有,列宁虽然尝试过利用市场来发展社会主义经济,但社会主义国家都没有过搞市场经济的先例。社会主义市场经济理论是中国共产党人的独

---

① 《邓小平文选》第3卷,人民出版社1993年版,第134页。

② 《邓小平文选》第3卷,人民出版社1993年版,第142、370页。

③ 《邓小平文选》第3卷,人民出版社1993年版,第113页。

创。它突破了对市场经济的教条主义理解，不再认为只有资本主义才有市场，而是把它看作是发展生产力的手段，把它与社会主义相结合，既坚持了马克思主义，又发展了马克思主义，集中体现了兼容并包的精神。开放，正如邓小平所指出的，有对内开放（改革）和对外开放。对外开放是党中央在全面衡量国际国内大势和深刻总结中国发展历史之后作出的重大决策。邓小平指出，对外开放就是要吸收人类文明的一切优秀成果，以建设优于资本主义的社会主义。新时期改革开放理论无论是在开放重要性的认识上（将改革开放视为国家的基本国策）、在改革和开放的广度和深度上（根本的改革，全方位、多层次、宽领域开放），还是在改革开放的原则性问题上（改革开放是坚持四项基本原则的改革开放，是独立自主的改革开放等），都是传统革新思想和实践所不可比拟的。因此，改革开放使传统的兼容并包精神不仅在精神层面起到动力的作用，更重要的是在现实层面找到了改变中国落后面貌、使国家和民族兴旺发达的根本路径，在理论和实践上不仅实现了对传统厚德载物（特别是兼容并包）精神的现代诠释，而且实现了对传统厚德载物精神的超越。

(4)改革开放理论体现了中国共产党人的辩证思维

中国共产党人的辩证思维是在马克思主义指导下对中国传统辩证思维的创造性运用。

中国的改革开放取得了史无前例的成功，也为全世界瞩目。在这样一个基础薄弱、人口众多、国际环境复杂的条件下进行改革，本身就是一件世人瞩目的事情。改革开放 40 年中国发生的巨大变化彻底改变了中国贫穷落后的状况，令国人振奋、世人震惊。那么，是什么使中国的改革既达到了预期的目的，又没有引起社会的动荡而稳步前进呢？这与中国传统的辩证思维有关。

中国传统辩证思维具有浓厚的中华民族特色。诚然，由于在历史上长期以来与西方处于很少接触的状态，中国传统辩证思维形成了一套独特的语言范畴，如“太极”“阴阳”“刚柔”等，这些体现了中国传统辩证思维的范式特征，但这仅仅是在“形”的层面上的特色。真正体现中国传统辩证思维特征的是以下几个方面：一是中国传统辩证思维普遍地以对立统一的观点去观察和把握事物，尤其是注重对立面的统一。这也是中华传统文化具有和合思维方式的深层原因。张岱年先生提出的“仇可和而解”

浅显易懂地解释了中国传统辩证思维的这一特征,即尽量避免两极对立思维,而从建设性的角度寻找解决问题的办法。二是长于用发展的眼光看问题,不拘泥于一时一事,善于从长计议。三是注重用整体的观点把握事物,善于把握事物的度,形成独具特色的"中庸"之道。四是注重动机的同时强调动机与效果的统一,具有鲜明的实践性。从总体上看,以儒家"中庸"思想为代表的价值取向和"执两用中"为代表的方法论均强调无过无不及,注重从事物的整体和谐、动态平衡的角度来把握事物。

邓小平的改革开放理论从多个方面体现了对传统辩证思维的创造性运用。一是改革开放理论体现了整体性特征。改革不是细枝末节的改革,而是对社会积弊的全面改革,开放是全方位、多层次、宽领域的开放,改革和开放不是独立运行,而是以经济建设为中心,以四项基本原则为前提,妥善处理内部外部矛盾、主要矛盾与次要矛盾等系统的改革和开放。二是改革开放理论体现了实践性、务实性特征。改革开放的目的是为了改善人民生活,解放和发展生产力,完善社会主义制度等。只要符合"三个有利于"的标准,就要大胆地试,大胆地闯。三是改革开放理论体现了渐进性、稳妥性特征。改革不是疾风骤雨式的,而是胆子要大,"步子要稳,走一步,看一步","摸着石头过河"式的改革,开放也是如此。改革开放理论特别强调要妥善处理改革、发展与稳定的关系,确保改革的力度保持在民众能够承受的限度之内。

4. 小康社会理论及其传统文化基础

"小康"一词最早出现在《诗经·大雅·民劳》中:"民亦劳止,汔可小康。"意思是说,老百姓太劳苦,也该稍稍得到安乐(休息或安宁)了。可见,"小康"的最初含义是指稍稍能够安居乐业的理想状态。作为一个政治词汇,"小康"最早出现在《礼记·礼运》中:"今大道既隐,天下为家。各亲其亲,各子其子,货力为己。大人世及以为礼,城郭沟池以为固,礼义以为纪,以正君臣,以笃父子,以睦兄弟,以和夫妇,以设制度,以立田里,以贤勇知,以功为己。故谋用是作,而兵由此起。禹、汤、文、武、成王、周公,由此其选也。此六君子者,未有不谨于礼者也,以著其义,以考其信,著有过,刑仁讲让,示民有常。如有不由此者,在执者去,众以为殃。是谓小康。"此处的"小康"是指仅次于"大同之世"的那种理想社会状态。后人何休、朱熹、康有为等分别对"小康"或"小康之世"进行了分析和阐发,"小

康”遂成为封建时代经济相对繁荣、社会相对安定的历史时期的代称。[①]

小康社会理论是邓小平理论的又一个重要组成部分。“小康社会”是邓小平提出的20世纪末中国现代化建设所要达到的目标。小康社会理论是借用传统“小康”观念、运用传统思想智慧、实现现代创新的典范。小康社会理论体现了实事求是的态度，赋予了传统小康思想以新的内涵，并找到了实现小康梦想的现实路径，是对传统小康思想的继承和超越。

邓小平的“小康社会”概念具有以下内涵：其一，小康社会是“中国式的四个现代化”。1979年12月，邓小平在会见日本首相大平正芳时说：“我们要实现的四个现代化，是中国式的四个现代化。我们的四个现代化的概念，不是像你们那样的现代化的概念，而是‘小康之家’。到本世纪末，中国的四个现代化即使达到了某种目标，我们的国民生产总值人均水平也还是很低的。要达到第三世界中比较富裕一点的国家的水平，比如国民生产总值人均一千美元，也还得付出很大的努力。”[②]这是邓小平第一次提出“小康”概念以及在20世纪末我国达到“小康社会”的构想。邓小平把“小康社会”阐释为“中国式的四个现代化”，体现了中国共产党人从中国国情出发、实事求是的精神。其二，“小康社会”是一个量化的目标。1984年，邓小平在会见日本友人时提出：“我们提出四个现代化的最低目标，是本世纪末达到小康水平。……所谓小康，从国民生产总值来说，就是年人均达到八百美元。这同你们相比还是低水平的，但对我们来说是雄心壮志。”[③]1986年，邓小平在接见荣氏亲属的谈话中说：“我们的目标，第一步是到2000年建立一个小康社会。……所谓小康社会，就是虽不富裕，但日子好过。我们是社会主义国家……那时我们可以进入国民生产总值达到一万亿美元以上的国家的行列，这样的国家不多。”[④]党的十二大正式运用了“小康社会”概念，并把它作为中国人民到20世纪末的战略目标。

---

① 参见裴传永：《邓小平理论与中华传统文化》，中共中央党校出版社2003年版，第166页。

② 《邓小平文选》第2卷，人民出版社1994年版，第237页。

③ 《邓小平文选》第3卷，人民出版社1993年版，第64页。

④ 《邓小平文选》第3卷，人民出版社1993年版，第161～162页。

怎样确保小康社会能够实现，而不再仅仅是中国人的梦想？其一，邓小平提出稳定是确保社会主义建设顺利进行的前提："中国的问题，压倒一切的是需要稳定。没有稳定的环境，什么也搞不成，已经取得的成果也会失掉。"①其二，邓小平提出了著名的"发展是硬道理"的论断，这是实现小康社会的核心问题。其三，邓小平强调必须坚持改革开放，这是确保实现小康社会的动力源泉。其四，邓小平强调要坚持社会主义制度，实现共同富裕。坚持社会主义制度是实现小康社会的政治保障，实现共同富裕是小康社会的内在要求，也是小康生活的重要目标。其五，邓小平注重创造和利用和平的国际环境，这就为小康社会的实现提供了外部条件的保证。小康社会的实现不可能一蹴而就，小康社会的实现也不是终点。邓小平根据实际情况，提出了著名的"三步走"战略：第一步是在20世纪80年代使经济总量（GDP）翻一番，即以1980年为基数翻一番，解决人民的温饱问题。第二步是到20世纪末，再翻一番进入小康社会。第三步，在21世纪再用30～50年的时间，再翻两番，基本实现现代化，达到中等发达国家的水平。这就使"小康社会"既成为一个经过可行路径和发展阶段可以达到的现实目标，又为进一步的发展打下了牢固的基础。

邓小平理论以优秀传统文化为基础进行理论创新体现在方方面面，以上仅就几个主要方面进行了论述。邓小平理论以优秀文化传统为底蕴，运用传统思维方式，利用优秀传统文化资源，开创了中国特色社会主义理论体系，为中国特色社会主义理论体系的进一步发展打下了坚实的基础，为新时期马克思主义与中华优秀传统文化相结合从而创新和发展当代中国的马克思主义提供了成功的范例和宝贵的经验。

二、"三个代表"重要思想：弘扬优秀传统文化，发展中国特色社会主义理论体系

（一）时代背景

如上文所述，20世纪80年代，由于"文化大革命"后文化领域的思想解放而广泛展开了文化的大讨论，出现了"文化热"，对于传统文化的态度

---

① 《邓小平文选》第3卷，人民出版社1993年版，第284页。

也是众说纷纭,尤以激进式的批判为主。进入90年代以后,人们大多能够以较为冷静和理性的眼光来研究文化等问题,中国大地上在文化领域又出现了"国学热"。

"国学热"出现的原因:第一,从文化发展本身的角度看,20世纪80年代的文化批判作为当时思想解放运动的一部分,更多地带有启蒙性质,而未能触及文化的深层结构,这些在社会转型过程中内外因素的作用下,很容易重新诱发人们对传统的回归和眷恋。这是"后发现代化国家现代化过程中一种普遍现象"①。第二,从经济发展的角度看,90年代以来,随着改革开放和社会主义市场经济的展开,社会生活发生了根本的变化,人们在感受到物质生活迅速丰富、国家民族实力增强的同时,也感受到了一个不容忽视的事实,那就是拜物主义、拜金主义影响了我们生活中的一些人。人们在反观传统的同时,逐渐认识到在物质文明现代化的同时精神文明现代化的重要性,特别是从悠久传统中寻找文化资源的重要性。如童庆炳教授在2000年12月14日《光明日报》发表的《五四时期的"反传统"与九十年代的"国学热"》一文中就认为,"五四"时期的"反传统"与20世纪90年代的"国学热"看似完全不同(一个反传统,一个回归传统),实则有相通之处。"反传统"和回归传统看似相反,实际上是针对传统中的不同方面来说的。"五四"要反的是不良传统,90年代要回归的是优良传统,两者的目的都是以实现人的精神的现代化为旨归。第三,从国际经验的角度看,亚洲"四小龙"等新兴国家经济的腾飞和文化传统的成功保留使国人对传统文化与现代化的关系有了新的认识,即传统虽然含有与现代性不符的因素,也有与现代性相融合的因素,关键是怎样挖掘和合理利用这些因素。

"国学热"的主要表现:一是儒学复兴,现代新儒学成为显学。受五四新文化运动"反传统"浪潮和后来的"文化大革命"的冲击,传统文化特别是一向被看作是传统文化核心的儒学受到了根本的颠覆,至改革开放前,儒学几近绝迹,以继承宋明理学道统为己任的新儒家在中国大陆也几乎成了"绝学"。20世纪80年代后期,方克立等大陆学者力倡对在海外仍

① 罗传芳:《二十世纪九十年代中国文化史研究概述》,载2001年1月20日《中国文化报》。

保有儒学血脉的现代新儒学进行研究。到90年代,大批研究现代新儒学的论著问世,海内外学者也往来频繁,新儒学势力不断壮大,大陆也有人打出“新儒学”的旗号,于是“绝学”逐渐成为“显学”。现代新儒学秉持民族本位的文化立场,坚持道德形上的哲学追求,推崇直觉的思维方式。现代新儒家虽主张“中西会通”以“返本开新”,但其鲜明的民族本位立场和“儒家文化优越论”的价值取向使它成为90年代文化保守主义的代表,当然这在客观上对国内“儒学热”起到了推动作用。“国学热”深化了对传统文化的研究,一定程度上纠正了80年代大而化之的抽象文化研究倾向,对于重新梳理和认识民族文化的精髓和特质有重要学术价值。但另一方面,主张复兴儒学的文化保守主义思潮也在滋长。有人提出,儒学中存在着普遍性价值和超越性价值,不仅能够解决中国现代化中的问题,还能匡救人类,补西方文化之不足,进而高呼:“21世纪将是儒学的世纪!”二是在“儒学热”的同时,其他古代学派也受到重视。在儒学研究更加全面而深入的同时,出现了围绕儒、道主干说的争论。李泽厚提出“儒道互补”说,一改长期以来将传统文化概括为儒家文化的传统,将道家的地位提到了前所未有的高度。陈鼓应发表在《哲学研究》1990年第1期上的《论道家在中国哲学史上的主干地位》更是振聋发聩地提出,那种认为孔子是中国哲学创始人、儒家是中国哲学史主干的流行见解,乃是沿袭了近2000年封建经学习惯的似是而非之说。中国哲学史实际上是以道家为主干,道儒墨法诸家思想互补发展的历史。① 这些讨论实际上是传统文化讨论深化的表现,是“国学热”的进一步发展。

在“国学热”的背景下,学术界对传统文化与现代化的关系的认识、对马克思主义与中华传统文化的关系的认识也有了新的变化。

关于传统文化与现代化关系的认识,进入20世纪90年代以来更趋冷静和理性。与80年代对传统文化重在批判(或激进式批判,认为传统与现代根本冲突,或认为两者虽不绝对对立,但有冲突的一面,并重在论述其冲突之处)不同,90年代,学者们更多地认为,传统文化与现代化既有相冲突的一面,也有相契合的一面,而这中间不但不能割断,而且存在

① 参见罗传芳:《二十世纪九十年代中国文化史研究概述》,载2001年1月20日《中国文化报》。

由此及彼的桥梁。虽然在传统与现代相契合的具体内容上论者的观点不尽一致,但主张在批判、扬弃传统文化中不适应现代化要求的消极落后因素的同时,挖掘、弘扬其对实现现代化有积极意义的因素方面已基本达成共识。其中,钱逊于1998年发表在《中华文化论坛》上的论文提出的“儒学和东方传统思想可以在市场经济的发展中起积极的作用。这一点已经不用再争论了”①,就颇具代表性。学术界对传统文化的研究重点更趋向于在承认传统文化是一个精华与糟粕的统一体的前提下挖掘、弘扬传统文化中对现代化建设有利的价值。

关于传统文化与马克思主义的关系问题,学术界在90年代的研究也取得了新的进展。关于传统文化与马克思主义的关系,论者不再像80年代那样认为两者绝对对立(有站在马克思主义立场上主张批判传统文化的,有站在维护传统文化特别是儒学立场上主张以儒学取代马克思主义的),而是更加客观和理性地看待两者关系。持两者互相融合观点的论者认为两者有一致、相通之处,可以取长补短以实现结合和融合,在社会主义建设时期,主要应强调继承中华传统文化的精华,而不应一味强调批判。持两者对立统一观点的论者认为,既要看到两者之间的对立和质的不同,又要看到两者之间的统一,两者之间有必要也有可能实现结合和融合,但要反对片面强调对立或片面强调融合的观点。张岱年等学者则继续坚持“文化综合创新论”,强调在马克思主义指导下,古为今用,洋为中用,批判继承,综合创新。

综上所述,20世纪90年代的文化论争在更加理性和建设性的讨论中对民族传统文化的认识渐趋科学和理性,学界对“优秀传统文化在社会主义现代化建设中仍然具有当代价值”的观点基本达成一致。这不仅与文化发展本身的规律、学人立足时代的历史使命感和深入研究有关,也与90年代以来以江泽民为代表的中国共产党人对传统文化研究的支持、提倡对优秀传统文化的弘扬等有关。当然,传统文化也表现出“虚热”之症,传统文化在社会主义文化建设中的地位到底如何,应该如何定位,仍然是悬而未决的问题。

---

① 钱逊:《迎接中华文化的新发展》,载《中华文化论坛》1998年第3期。

(二)“三个代表”重要思想与中华传统文化的关系

1. 以江泽民为代表的中国共产党人的传统文化观

江泽民等中国共产党人的传统文化观坚持了毛泽东、邓小平等老一辈中国共产党人提出的正确原则,又在新的时代背景和实践中有所发展和创新。

第一,坚持中国共产党对待民族传统文化的一贯正确原则。毛泽东提出了“古为今用、洋为中用,百花齐放、推陈出新”的原则。邓小平在此基础上提出,要以马克思主义为指导,对中华传统文化和外国文化,“取其精华,去其糟粕”,“古为今用,洋为中用”,“推陈出新,继往开来”。江泽民等共产党人在坚持这些正确原则的基础上,提出在新的实践中对中华传统文化进行继承和发展。1994 年 1 月,江泽民在全国宣传工作会议上的讲话中提出:“要用科学的态度对待我们民族的传统文化和外来文化。我们民族……形成了具有强大生命力的传统文化。我们要取其精华,去其糟粕,很好地继承这一珍贵的文化遗产。要认真研究和借鉴世界各国的文明成果……目的是通过继承和借鉴,使民族传统文化、外来文化的精华,同我们党领导人民在长期革命和建设中形成的优良传统和革命精神有机地结合在一起,并在新的实践基础上不断创新,建设和发展有中国特色的社会主义文化。”①这段论述在指出了弘扬优秀中华传统文化与建立当代中国新文化的关系的同时,明确了对传统文化的基本态度,那就是必须要用科学的态度,既要认清传统文化的精华与糟粕,又要充分认识优秀传统文化对于社会主义文化建设的重要意义,同时要结合新的实践对传统文化进行创新,也就是说,要结合时代精神对优秀文化遗产进行继承和发展。

第二,对中华传统文化进行了新的定位。江泽民充分肯定了民族优秀传统文化的作用,把优秀传统文化看作是当代中国先进文化建设最为重要的资源之一,把能否继承和弘扬优秀传统文化提高到关系民族振兴和存亡的高度上来。江泽民多次强调,不懂中国的历史,就不懂今天的中国。必须对民族历史和文化进行全面深入了解。“三个代表”中“代表先

---

① 江泽民:《论党的建设》,中央文献出版社 2001 年版,第 136 页。

进文化的发展方向”即要求从一切文明成果中吸取营养，其中包括从中华民族优秀文化成果中汲取知识智慧和力量。江泽民十分重视保持民族文化特色，指出：“一个民族只有在努力发展经济的同时，保持和发扬自己的民族文化特色，才能真正自立于世界民族之林。我们能不能继承和发扬中华民族的优秀文化传统……这是事关中华民族振兴的大问题。”①

第三，体现了深刻的原则性和包容性的统一。如针对教育问题，江泽民提出，一方面，我们应大胆地从中国古代教育和外国教育中汲取所有宝贵的东西，另一方面又必须坚持马克思主义基本原则，与封建糟粕、资产阶级自由化思想等斗争到底，一再强调必须加强社会主义思想的教育。对传统文化和外来文化的态度也是如此，既体现了对待传统文化和外来文化上兼收并蓄的包容性胸襟，又坚持了马克思主义基本原则。

2. 中华优秀传统文化是“三个代表”重要思想的文化基础

“三个代表”重要思想是中国特色社会主义理论体系的一个组成部分，是中国化的马克思主义，是马克思主义这一科学体系的重要组成部分，因此，其以马克思主义(基本原理)为理论来源是毫无疑问的。作为中国化的马克思主义，“三个代表”重要思想离不开本民族文化的土壤，其语言资源、语言风格、理论创新的思想借鉴等都具有鲜明的中国特色，“三个代表”重要思想中的实事求是思想、“以民为本”的思想、以法治国以及以德治国等思想都体现了对中华优秀传统文化的继承和超越，因此，在肯定“三个代表”重要思想的马克思主义理论来源的同时，不能否认其传统文化基础。正如江泽民在庆祝中国共产党成立80周年大会上的讲话中所阐述的：中国化的马克思主义“既体现了马克思列宁主义的基本原理，又包含了中华民族的优秀思想和中国共产党人的实践经验”②。

“三个代表”重要思想与中华传统文化之间存在着深厚的渊源关系。

其一，与邓小平理论的主要创立者邓小平一样，“三个代表”重要思想的主要创立者江泽民也深受民族优秀传统文化的影响。“如果不理解有关江主席的三件事，你就无法理解江主席：他的家庭传统、他的文化根基

---

① 《江泽民文选》第1卷，人民出版社2006年版，第507页。

② 《江泽民文选》第3卷，人民出版社2006年版，第270页。

以及他的革命背景。"①江泽民出生于20世纪20年代江苏扬州的一个书香气浓厚的革命家庭。扬州的一些历史和当代著名人物如史可法、朱自清等人的爱国情操、民族气节和铮铮铁骨使幼年时期的江泽民就深受影响。江泽民的祖父等长辈即十分关心国事,常存济世之心,同时又谦虚谨慎。他们给江泽民所取的名字就来自孔子的经典。这些承载着中华传统文化精神的思想和处事方式等都对江泽民产生了深刻影响。江泽民的叔父(也是他的养父)是一位为国捐躯的革命者,他的爱国情怀和革命精神深深影响了江泽民的一生。江泽民幼年时期所受教育的核心是中华传统文化,尤其是古典文学。江泽民曾说:"我受过三种教育……第一种是中国哲学,尤其是孔孟之道。……第二种教育是资产阶级教育,特别是西方科学。我所受的第三种教育是马克思主义教育。"②可见,中华传统文化是其思想文化背景中的重要组成部分。在这些民族文化、地域文化、家庭文化的熏陶下,20世纪上半叶处于风雨飘摇中的中国的现实状况尤其触发了江泽民投身社会变革、为国家的前途命运贡献力量的爱国主义情怀。另外,江泽民所受教育的背景(三种教育)使他对传统文化的态度以及对传统文化的继承和超越增添了新的特色。较之毛泽东、邓小平等老一辈马克思主义者,江泽民接受了系统的现代科学教育和马克思主义教育,因此在对民族优秀传统文化的继承和弘扬方面更多体现在文化精神上,在具体语言的表述和运用方面更具现代性。同时,由于所受西方科学教育和马克思主义教育使他对民族传统文化的认识更加客观和科学,在对优秀传统文化的继承和弘扬方面,也因受马克思主义科学世界观和方法论的影响、西方科学思想的影响以及他的工科学习的经历等,不再仅仅停留在抽象原则上,而是更加具体和系统,形成了对优秀传统文化继承和弘扬的一整套原则、计划和具体步骤等。

其二,在具体文化思想和文化资源方面,"三个代表"重要思想继续立足实践,在毛泽东思想、邓小平理论对马克思主义进行中国化(民族化)的

---

① [美]罗伯特·劳伦斯·库恩:《他改变了中国:江泽民传》,谈峥、于海江等译,上海译文出版社2005年版,第20页。

② [美]罗伯特·劳伦斯·库恩:《他改变了中国:江泽民传》,谈峥、于海江等译,上海译文出版社2005年版,第29页。

基础上，进一步挖掘民族优秀传统文化资源，对传统文化进行继承弘扬和改造创新。如提出“与时俱进”，丰富和发展了来自马克思主义又融入中国元素的“实事求是”思想；提出的“三个代表”中的“始终代表中国最广大人民的根本利益”，丰富和发展了融马克思主义与中国传统民本思想于一体的“为人民服务”理论；提出以德治国与以法治国相结合，用马克思主义改造了中国传统的治国理念；批判地吸收了传统文化的修身养德、治国利民、廉政等思想，形成了具有民族特色的党建理论；挖掘并弘扬中华民族精神，提出中华民族的伟大复兴等，对优秀传统文化的继承和弘扬达到了一个新的高度。

（三）“三个代表”重要思想以优秀传统文化为基础的主要表现

1.“和而不同”：在新时期获得了新的生命力

“和而不同”是中国传统和合思维的集中表述。它主张万物并行而不悖，视万事万物的多元并存为基本法则，表达了一种尊重事物多样性的世界观；以追求和谐共处为价值目标，体现了一种和谐的价值观；以“执两用中”为方法，体现了一种超越两极对立的独特的辩证思维方式。这是中华传统文化的独特智慧。江泽民在乔治·布什总统图书馆的演讲中对此阐释道：“和谐而又不千篇一律，不同而又不相互冲突。和谐以共生共长，不同以相辅相成。”①

从和平共处五项原则，到“和平统一，一国两制”，都体现了中国共产党在处理国际问题或涉及国际问题时的一贯原则，这些原则具有浓厚的中国特色和中国智慧，即“和而不同”。“和而不同”在新时期处理国际问题的环境中获得了新的生命力。党的第三代领导集体的和平外交思想在坚持新中国一贯的和平外交原则的基础上，更加体现传统的“和合”智慧。1997年，江泽民在哈佛大学的演讲中就形象地说明：“阳光包含七种色彩，世界也是异彩纷呈。每个国家、每个民族都有自己的历史文化传统，都有自己的长处和优势，应该相互尊重、相互学习、取长补短、共同进步。”②他还特别阐明了中国自古以来就有爱好和平的传统，强调我国的对外政策是以和平为宗旨的。我们坚持在和平共处五项原则，特别是在

① 《江泽民文选》第3卷，人民出版社2006年版，第522页。

② 《江泽民文选》第2卷，人民出版社2006年版，第60～61页。

相互尊重、平等互利、互不干涉内政的原则基础上，同世界各国建立和发展友好合作关系。2002 年，江泽民在乔治·布什总统图书馆的演讲中提出了“和而不同”的政治文明观。他指出，“和而不同”是人类各种文明协调发展的真谛，主张世界各种文明、社会制度和发展模式应该相互交流和相互借鉴，在和平竞争中取长补短，在求同存异中共同发展。这是对中国古老的和合政治智慧的现代运用和创新。2003 年，江泽民在会见英国前首相布莱尔时提出，中国传统“和”思想对世界和平依然很重要，强调要承认并尊重世界各国文明多样性，寻求各种文明和社会制度的长期共存和共同发展，倡议各国在政治上互相尊重，经济上互相促进，文化上互相借鉴。总之，在对外交往中，江泽民非常善于“古为今用”，巧妙运用“和而不同”的价值理念和思维方式向世界明确表达出中国人民爱好和平、与邻为善、尊重他人、共同发展的理念和愿望，为推动世界和平与发展提供了有力的思想支撑，使古老的“和而不同”理念在新时期获得了新的生命力。

2.“立党为公，执政为民”：以古为鉴，治国兴邦

江泽民在庆祝中国共产党成立 80 周年大会上的讲话中明确提出：“全心全意为人民服务，立党为公，执政为民，是我们党同一切剥削阶级政党的根本区别。”①

中国共产党的执政地位具有不可辩驳的历史合理性与合法性。中国共产党自从建立的那一天起就把自己的宗旨定位为：为中国人民的解放事业而奋斗，为中国人民的翻身解放而奋斗，并且把实现共产主义作为自己为之奋斗的最高纲领。中国共产党领导中国人民取得了反帝反封建和社会主义革命的胜利。中国能从世所罕见的悲惨境遇向光明的前途实现伟大的转变，就是因为有了中国共产党的领导。没有共产党就没有新中国，这已经为历史和实践所证明。这些奠定了中国共产党执政地位的历史合理性与合法性基础。

中国共产党执政地位的历史合理性与合法性来源于中国共产党的为人民服务和“立党为公”。中国共产党人在艰苦卓绝的新民主主义革命和史无前例的社会主义革命过程中，始终以为人民服务为宗旨，坚持立党为公，付出了前无古人的努力和代价，并最终带领人民大众取得了新民主主

① 《江泽民文选》第 3 卷，人民出版社 2006 年版，第 279 页。

义革命和社会主义革命的伟大胜利，这不仅用实践证明了党的宗旨的正确性，也赢得了人民群众的爱戴和拥护。因此，中国共产党的执政地位是历史的选择，是中国人民的选择。

中国共产党执政地位的现实合理性与合法性必须依赖于“立党为公，执政为民”。执政地位的合理性与合法性不是一成不变的，曾经是合理的和合法的执政党如果失去了先进性，不能够真正代表广大人民群众的利益，不能够引领社会向前发展，就会失去人民群众的支持，从而失去执政的合理性与合法性。江泽民在党的十六大报告中提出“三个代表”，即“我们党必须始终代表中国先进生产力的发展要求，代表中国先进文化的前进方向，代表中国最广大人民的根本利益”[①]。只有这样，我们党才能继续站在时代前列，带领人民胜利前进。党只有始终能够做到“三个代表”，才能从根本上解决好执政的现实合理性与合法性问题。因此，江泽民提出，党要始终把“三个代表”作为立党之本、执政之基、力量之源。而要做到“三个代表”，根本在于坚持执政为民。

立党为公、执政为民是马克思主义政党的要求，是中国共产党面临新的历史条件对自身提出的新要求，也是新时期中国共产党继承民族优秀传统文化，以古为鉴、治国兴邦的体现。

中国古代并没有现代意义上的政党，所以，传统中国没有关于执政党的理论。但传统文化中不乏治国兴邦的思想精华。这些精华有的来自执政者自身的深刻反思，如周朝统治者的“民惟邦本”思想、唐太宗的“民可载舟，亦可覆舟”的思想等；更多的来自智力集团（在古代主要指士阶层），如孔子的仁学思想、孟子的仁政思想等。这些针对统治者提出的民本思想体现了古代先进的治国理念。“三个代表”重要思想对已经获得执政地位的中国共产党提出的新要求既是马克思主义政党理论在中国的具体化，又是在中国共产党“为人民服务”“三个有利于”基础上对中国传统民本思想的继承和超越。

江泽民强调，“以古为鉴，可以知兴替”，因此，他非常重视总结历史经验，吸取历史教训，在“立党为公，执政为民”的问题上尤其如此。在即将

---

① 中共中央文献研究室编：《十六大以来重要文献选编》（上），中央文献出版社2005年版，第8页。

跨入21世纪之际召开的中纪委第五次全体会议上，江泽民提出，进入新世纪，如何按照“三个代表”要求把党建设得更加坚强，推动党风廉政建设和反腐败斗争深入开展，仍是全党同志需要进一步思考和解决的重大课题。他引用范仲淹的名言“先天下之忧而忧，后天下之乐而乐”，号召领导干部一定要树立正确的利益观，时刻把党和人民的利益、国家的利益放在首位。告诫全党绝不能形成既得利益集团，并用历史事实说明，不少剥削阶级的政党或政治集团就是在执政以后形成既得利益集团，受到人民群众的反对，最终失去政权。同时，江泽民强调，必须高度关注党同群众的关系问题、人心向背问题，认为“人心向背，是决定一个政党、一个政权兴亡的根本性因素。政风廉洁，从来是赢得民心，实现政治清明、社会安定繁荣的重要一环。这是对兴亡规律的一个重要经验总结”①。他引用杜牧《阿房宫赋》中的一段话：“灭六国者，六国也，非秦也。族秦者，秦也，非天下也。嗟乎！使六国各爱其人，则足以拒秦。使秦复爱六国之人，则递三世可至万世而为君，谁得而族灭也？秦人不暇自哀，而后人哀之；后人哀之而不鉴之，亦使后人而复哀后人也。”以此说明人心向背具有极大的重要性这条历史经验，并深刻总结了中国历史上隋炀帝、唐太宗、唐玄宗等帝王及其王朝，从得到民心从而兴起到失去民心从而衰亡的历史教训，告诫全党一定要密切联系群众，一心一意为群众谋利益。②

在新的历史时期，江泽民强调，对涉及群众切身利益的问题，要“周密筹划”，“慎重实施”③，要处处“以党和人民的利益为重，以人民群众为本……在全心全意为人民谋利益方面创造出新的气象”④，重申把我们党建设好是一项伟大的工程，强调坚持全心全意为人民服务的宗旨，把党的群众路线和抓好党风廉政建设紧密结合起来。要把不断提高人民生活水平作为“党一切工作的根本出发点和归宿”⑤。对损害群众利益的官僚主义，江泽民深刻指出，官僚主义源于封建官本位意识，“对于历史上遗留下

---

① 《江泽民文选》第3卷，人民出版社2006年版，第185页。

② 参见《江泽民文选》第3卷，人民出版社2006年版，第186页。

③ 《江泽民文选》第1卷，人民出版社2006年版，第196页。

④ 《江泽民文选》第1卷，人民出版社2006年版，第364页。

⑤ 《江泽民文选》第3卷，人民出版社2006年版，第121页。

来的'官本位'意识,必须狠狠批判和坚决破除"①。

3. 与时俱进:对传统变易思想的马克思主义新解读

江泽民指出,要做到"三个代表",关键是与时俱进。"三个代表"重要思想是与时俱进的理论。"与时俱进"渊源于中国悠久而深厚的传统文化,是运用马克思主义的观点和方法对中国传统变易思想的新解读。中华传统文化中不乏变易思想,被称为"六经之首""大道之源"的就是古代经典《周易》。解释《易经》的《易传》中有"与时消息""与时偕行"等表述和论述。《易传·损卦》曰:"损益盈虚,与时偕行。"古人朴素地认为,人是自然界的一部分,日月四时等天行有常,又处于不断运动变化中,因此,人们需要通过观察天地宇宙的运动变化,以使人的行为顺应天地运行的规律。中华传统文化可以称得上是崇尚"变易"的文化。儒家赞"日新之谓盛德。生生之谓易"②,《易》之"为道也屡迁,变动不居"③,主张"穷则变,变则通,通则久"④。道家深知"反者,道之动"⑤,因此,主张"礼义法度者,应时而变者也"⑥。法家主张"因时变法"。中华文化之所以能够源远流长,历久弥新,因时而变、与时偕行的变易传统发挥了重要的作用。

古代变易思想多以"与时推移""与时俱化""因时制宜""因时变法""时移事迁""应时达变""趋时更新"等来表述。这种因顺自然变易、效法自然变化规律的思想是江泽民提出的"与时俱进"思想的传统文化渊源。"与时俱进"的表述与变易思想的古代表述同属一源,词义相近,又赋予新意,是在传统变易思想基础上的新提炼和新概括,也是对传统变易思想的马克思主义新解读。正如江泽民在党的十六大报告中所阐明的,"与时俱进,就是党的全部理论和工作要体现时代性,把握规律性,富于创造性。能否始终做到这一点,决定着党和国家的前途命运"⑦。体现时代性,就是要不断解决新问题;把握规律性,就是要确保党的理论和实践的科学

① 《江泽民文选》第3卷,人民出版社2006年版,第133页。

② 《易传·系辞上》。

③ 《易传·系辞下》。

④ 《易传·系辞下》。

⑤ 《老子·四十章》。

⑥ 《庄子·外篇·天运》。

⑦ 《江泽民文选》第3卷,人民出版社2006年版,第537页。

性;富于创造性,则是“与时俱进”的核心。江泽民指出:“创新是一个民族进步的灵魂,是一个国家兴旺发达的不竭动力,也是一个政党永葆生机的源泉。”[①]在国内外形势发生前所未有的历史巨变的情况下,不能做到与时俱进和不断创新是没有出路的。中国共产党的历史,从某种意义上说,就是一部不断创新的历史。江泽民指出:“实践基础上的理论创新是社会发展和变革的先导。通过理论创新推动制度创新、科技创新、文化创新以及其他各方面的创新,不断在实践中探索前进,永不自满,永不懈怠,这是我们要长期坚持的治党治国之道。”[②]以江泽民为主要代表的中国共产党人,正是在不断探索、勇于实践的基础上,大力弘扬与时俱进的创新精神,不断丰富和发展中国特色社会主义理论体系,实现了对传统变易思想的马克思主义新解读。

4. 依法治国与以德治国相结合:对传统治国理念和治国方式的借鉴与创新

中国具有历史悠久的德治传统。中国历史上的德治思想以儒家为代表。早在西周初期,周公就提出“皇天无亲,唯德是辅”“敬德保民”“明德慎罚”等思想,对后来的德治思想产生了重要影响。德治思想的第一位也是最重要的代表人物是孔子。孔子明确提出“为政以德,譬如北辰,居其所而众星共之”[③],反对一味严刑酷罚,主张“道之以政,齐之以刑,民免而无耻;道之以德,齐之以礼,有耻且格”[④]。孔子的这些论断为儒家的德治思想奠定了基础,对中国古代的治国理念产生了深远的影响。德治思想经孟子、荀子、董仲舒、贾谊、张载、“二程”、朱熹等不断理论化和系统化,形成了中国历史上独特而悠久的德治传统。中国传统德治思想对个体德行与社会治理之间的关系作了这样的假设:作为国家的管理者,君主和官吏等首先要通过自我修养以拥有管理者所应具备的德性要求,然后去管理和治理国家、社会和人民,最终实现“治国、平天下”的政治目的。儒家坚信人的道德力量是社会良性运行的内在根本,礼则是对社会主体的外

① 《江泽民文选》第3卷,人民出版社2006年版,第537页。

② 《江泽民文选》第3卷,人民出版社2006年版,第537～538页。

③ 《论语·为政》。

④ 《论语·为政》。

在约束。因此,儒家主张对民众进行道德教化,使民众具有道德之心,从而具有尊“礼”的自觉性。德治思想确立了人之为人的根本在于德义,高扬了人的主体性和价值尊严,对于维护社会秩序起到了不可磨灭的作用。但历史上的德治思想及传统也由于专制制度的原因难免导致人治,即治理的效果完全依靠统治者的道德状况,因而频频出现人亡政息的循环。

中国古代也有丰富的法治思想和悠久的法治传统,尽管中国历史上的法治思想和传统与现代法治不可同日而语。中国历史上的法治思想以法家为代表,可以上溯至春秋早期的管仲、子产,其主要代表人物有春秋时期的吴起、商鞅、申不害、慎到以及战国末期的韩非等。

法家的法治思想主要有以下内容:在以德治国还是以法治国的治国理念的选择上,主张以法治理国家。由于德治主要靠“礼”的约束和人的道德修养,所以法家的法治思想表现出反对人治、反对礼制的特征。在保守还是进取的选择上,法家反对因循守旧,主张因时变法;在治理方法上,法家主张以法为本,法、势、术相结合;在等级制度面前,法家主张法不阿贵、刑无等级,用现代话语体系来说就是主张法律面前人人平等。传统以法治国的思想具有重要的积极意义:其一,以法治国纠正了儒家片面重视道德、礼义之偏,具有积极的现实态度和实践价值。其二,法家具有重法尚公的精神,主张只要利国利民,便可因时变法,这与儒家的保守特征形成鲜明对比。法家坚持立法秉公、执法秉公,只要有利于国、有利于民,就不顾一切,决不计较利害,甚至不顾生死。其勇气令人敬畏,体现了公正无私、一视同仁的精神。其三,法家提倡以人们对国家贡献(主要是耕战)的大小为赏罚的根据,对破坏血缘关系和宗法制度、建立新兴地主阶级政权、实现国家统一、促进生产力发展等都起过积极作用。当然,法家的“法治”思想并非现代法治理念。其一,法家虽然反对儒家的“为政在人”的人治观点,但因其极度尊君,把制定法律的权力和责任寄托在最高统治者身上,实质上最终导致另一种人治。甚至这种人治由于完全忽视道德的作用,而导致专制和暴力。其二,法家虽然主张法不阿贵、刑无等级,但最高统治者凌驾于国家和法律之上,实质只能是专制而非法治。其三,弃礼任法,完全否定和忽视道德在社会治理中的作用,以法代替道德,看不到道德教化对维护社会秩序以及提高人类生活质量的积极能动作用,无视人性中需要道义的一面和产生道义的可能性,无视人之所以为人的尊严和

价值。这在理论上是片面的、畸形的，在实践上是急功近利的、有害的。正因为如此，单纯尚法而不尚仁义的秦朝尽管强大一时却很快崩溃，这一历史事实一方面证明了尚法而不尚德的致命缺陷而使后人引以为戒，另一方面也因其惨痛失败使后人片面强调秦亡的教训而阻碍了法治思想的正常发展和向现代法治的演进。

中国传统法治思想和德治思想既有诸多与当今社会建设不相容的内容，也有许多仍然值得借鉴的经验。中国共产党人深刻总结历史经验和教训，先后提出了依法治国、以德治国、德法兼治的治国策略，是适应社会发展要求，在马克思主义指导下对中国传统德治思想和法治思想的现代发展和创新。

依法治国方略经历了一个不断发展和创新的过程。新中国成立之初，我国法治建设进入了起步阶段，这为社会主义民主法治建设奠定了基础。1956 年党的八大召开前后，中国共产党已经注意到加强社会主义民主和法治建设的问题。如周恩来提出要从国家制度上想一些办法扩大民主；刘少奇提出要扩大社会主义民主，限制领导人的权力，加强对领导人的监督；董必武提出必须使国家法制逐渐完备起来等。从 1957 年开始，“左”的错误使轻视法制、有法不依的现象滋长起来，到“文化大革命”时期治国方略发生了根本转向，法律权威丧失殆尽，国家法制遭到严重破坏。这种状况直到党的十一届三中全会之后才得以改变。邓小平在《解放思想，实事求是，团结一致向前看》的讲话中指出：“为了保障人民民主，必须加强法制。必须使民主制度化、法律化，使这种制度和法律不因领导人的改变而改变，不因领导人的看法和注意力的改变而改变。”①从此，再次开始了依法治国的探索历程。1996 年，《国民经济和社会发展“九五”计划和 2010 年远景目标纲要》提出了“依法治国，建设社会主义法制国家”的战略目标。党的十五大则第一次把“依法治国，建设社会主义法治国家”作为党领导人民治理国家的基本方略。党的十六大进一步提出：“发展社会主义民主政治，建设社会主义政治文明，是全面建设小康社会的重要目标。”②这就逐步实现了社会主义民主的制度化、法律化，使制度和法律不

① 《邓小平文选》第 2 卷，人民出版社 1994 年版，第 146 页。

② 《江泽民文选》第 3 卷，人民出版社 2006 年版，第 553 页。

因领导人的改变而改变，不因领导人个人的看法和注意力的改变而改变。

以德治国方略的提出也经历了一个不断发展和创新的过程。2001年，江泽民在全国宣传部长会议上提出“以德治国”的思想，强调要把法治和德治、把依法治国和以德治国紧密结合起来，2002年在党的十六大上再次强调了把以德治国和依法治国紧密结合起来的治国方略。中国不缺乏德治的传统，社会主义民主建设靠的是社会主义法治，为什么还要提出以德治国呢？以德治国方略的提出曾经引起了一定的争论。这要从提出以德治国的紧迫性和必要性说起。改革开放以来，尽管我国的社会主义法治建设取得了长足的进步，民众的法治观念也显著增强，但在市场经济的利益原则的影响之下，道德建设方面却差强人意，党员干部中大量存在腐败现象，民众频频出现“道德滑坡”现象，社会上普遍存在信仰失落、理想淡化的现象，由人生观、价值观扭曲导致令人担忧的事件时有发生。在这种时代条件下提出“以德治国”，把道德建设与法治建设一样提到治国方略的高度，显然具有重大的理论和现实意义。另外，我们也有必要理清依法治国与以德治国的关系，以及新时期以德治国与传统德治思想的关系。首先，以德治国与依法治国是一体两翼、互为支持的关系，而不是一个凌驾于另一个之上的关系，因此，提出以德治国不是要取代或凌驾于依法治国，而是为依法治国提供精神支持和人文保障，使依法治国拥有具有良好道德和素质的主体，从而更好地实现依法治国，达到社会稳定有序和活力发展的目的。其次，新时期的以德治国与传统德治思想已不可同日而语。古代德治终因制度的专制而走向人治，今天的德治就是要通过提高领导者的道德水平和素质，增强依法治国的民主化和制度化，使德治成为社会主义民主政治的有机组成部分。今天的德治继承的是传统德治思想中的精华（如执政者加强道德修养，并以自身的道德人格影响他人，执政者或执法者做到心中有道德准绳，确保制度框架内的公正与公平等），并在此基础上实现时代化创新，如古代德治虽有民本思想的支撑，但根本上是为了维护统治阶级特别是君主的利益。今天的德治是为了维护最广大人民群众的根本利益等。

理清了依法治国与以德治国的关系，也就不难理解江泽民提出的把依法治国和以德治国紧密结合起来、德法兼治的治国方略的重要意义及其超越性了。德法兼治方略在继承中国传统法治思想与德治思想精华的

基础上不仅仅着眼于法治本身，或者片面强调道德的作用，而是以道德为法律的思想基础，从人们的道德（包括官德、民德、社会公德、职业道德、家庭美德等各个层面）入手，以法治为外在强制性手段保障，以德治为内在规范性手段支撑，两手抓、两手都要硬。只有两者相互支撑、相互补充，才能真正有效地服务于社会主义民主政治建设、社会主义市场经济建设乃至整个社会主义和谐社会建设。

5. 弘扬和培育民族精神：对中华民族精神的弘扬与发展

中华民族在5000多年的繁衍发展中形成了自己的民族精神。中华民族精神是中华民族生存和发展的精神支柱。进入近代以来，伴随着封建制度的腐败没落和西方列强的侵凌，尽管许多仁人志士秉承民族精神，寻找救国图存、民族振兴之路，但中华民族精神的彰显受到了很大的负面影响。特别是在民众中，民族精神的弘扬与培育基本处于不自觉状态。中国共产党走上历史舞台以来，特别重视在继承本民族精神的基础上结合时代需要不断发展创新，在弘扬和培育民族精神方面不断探索和努力。

以江泽民为代表的中国共产党人在新的历史时期，更加重视弘扬和培育中华民族精神，体现了高度的文化自觉。

江泽民在党的十六大报告中对内容丰富、源远流长的中华民族精神作了新的概括："在五千多年的发展中，中华民族形成了以爱国主义为核心的团结统一、爱好和平、勤劳勇敢、自强不息的伟大民族精神。"①这是江泽民对中国共产党培育的新的民族精神的阐释。如他在纪念红军长征胜利60周年大会上的讲话中指出："长征精神，是中华民族百折不挠、自强不息的民族精神的最高体现，是保证我们革命和建设事业从胜利走向胜利的强大精神力量。"②在为《自强之歌》一书所作的序言中指出，残疾人自强模范热爱祖国、百折不挠、顽强拼搏的精神，"就是自尊、自信、自强的民族精神。……是求生存、图发展的一种志气，一种自信力，是我们民族的灵魂"③。1998年，他在全国抗洪抢险总结表彰大会上的讲话中指出："抗洪精神，是爱国主义、集体主义、社会主义精神的大发扬，是社会主

① 《江泽民文选》第3卷，人民出版社2006年版，第559页。

② 《江泽民文选》第1卷，人民出版社2006年版，第590页。

③ 《江泽民文选》第1卷，人民出版社2006年版，第646页。

义精神文明的大发扬，是我们党和军队的光荣传统和优良作风的大发扬，是中华民族的民族精神在当代中国的集中体现和新的发展”①。另外，他还概括了“64 字精神”、孔繁森精神、“载人航天”精神等新时期的民族精神。江泽民对这些新时期的民族精神都给予了高度评价，并号召全党大力弘扬民族精神。

为什么要弘扬和培育中华民族精神？江泽民多次对民族精神的重要性予以阐释和强调。1998 年，江泽民在全国抗洪抢险总结表彰大会上的讲话中强调：“一个民族，一个国家，如果没有自己的精神支柱，就等于没有灵魂，就会失去凝聚力和生命力。有没有高昂的民族精神，是衡量一个国家综合国力强弱的一个重要尺度。……中华民族有着自己的伟大民族精神。这个民族精神，积千年之精华，博大精深，根深蒂固，是中华民族生命机体中不可分割的重要成分。”②2001 年，他在中国文联第七次全国代表大会、中国作协第六次全国代表大会上的讲话中强调：“保持和发展本民族文化的优秀传统，大力弘扬民族精神，积极吸取世界其他民族的优秀文化成果，实现文化的与时俱进，是关系广大发展中国家前途命运的重大问题。……一个民族，没有振奋的民族精神，没有高尚的民族品格，没有坚定的民族志向，不可能自立于世界先进民族之林。我们必须不断增强全民族的精神力量，不断丰富全民族的精神世界。唯有这样，才能万众一心、坚忍不拔地向前奋进。”③2002 年，江泽民在党的十六大报告中重申，民族精神是一个民族赖以生存和发展的精神支撑。

关于怎样弘扬和培育民族精神，江泽民强调：一是要把民族精神和时代精神相结合，结合时代和社会的发展要求，不断为之增添新的内容。二是要和宣传教育等相结合，如他提出要“努力创作出弘扬中华民族的民族精神和我们时代的进步精神的作品”④。为此，江泽民在十六大报告中提出：“必须把弘扬和培育民族精神作为文化建设极为重要的任务，纳入国民教育全过程，纳入精神文明建设全过程，使全体人民始终保持昂扬向上

① 《江泽民文选》第 2 卷，人民出版社 2006 年版，第 231 页。

② 《江泽民文选》第 2 卷，人民出版社 2006 年版，第 230～231 页。

③ 《江泽民文选》第 3 卷，人民出版社 2006 年版，第 400 页。

④ 《江泽民文选》第 3 卷，人民出版社 2006 年版，第 402 页。

的精神状态。”①在庆祝北京师范大学建校100周年大会上的讲话中，江泽民强调，人民教师要担负起传授知识、传承民族精神的神圣职责。

江泽民等中国共产党人在弘扬和培育中华民族精神方面表现出高度的文化自觉，这在其后的中国共产党人那里得到了继承和发展。党的十六届六中全会通过的《中共中央关于构建社会主义和谐社会若干重大问题的决定》提出了“社会主义核心价值体系”的命题，认为以爱国主义为核心的民族精神和以改革创新为核心的时代精神是社会主义核心价值体系的精髓。党的十七大报告又提出了“弘扬中华文化，建设中华民族共有精神家园”的命题，并就此作出了具体部署。

总之，中国共产党始终坚持以马克思主义为指导，结合中国特色社会主义建设实际，既坚持继承优秀的传统民族精神，又不断创新出体现时代特征的民族精神，在弘扬和培育中华民族精神方面持续稳步向前，并不断发展创新。

三、科学发展观：推动文化大发展大繁荣，实现中国特色社会主义理论体系新发展

（一）时代背景

从20世纪末到进入21世纪，学术界关于传统与现代的讨论更加科学和理性，在广度和深度上进一步拓展，并对20世纪文化发展进行了反思，对21世纪文化发展进行了展望。随着党中央提出建设中华民族共有精神家园、马克思主义中国化要与中华民族共有精神家园相结合，学术界在进一步研究的基础上对当代中国马克思主义的发展创新要重视中华传统文化这一大的目标和方向较之20世纪90年代进一步形成了共识，但马克思主义与中华传统文化的关系（特别是传统文化在中国化马克思主义发展中的地位问题）仍然是21世纪文化建设最重大的课题、最艰巨的任务，必须作进一步的深入研究。② 对这一问题的研究在21世纪头十年便出现了繁荣和发展的局面。有论者提出，对传统文化既不要自卑，也不

① 《江泽民文选》第3卷，人民出版社2006年版，第559～560页。

② 参见郭建宁：《马克思主义中国化与建设共有精神家园》，载《北京大学学报》2010年第4期。

能自大，而是要自信和自觉。许全兴先生提出，在马克思主义中国化进程中特别是社会主义文化建设中，马克思主义与中华传统文化“两个‘老祖宗’都不能丢”[①]。方克立先生提出：“中国文化发展的现实道路就是中国特色社会主义文化的建设和发展之路。它的实质内容就是要解决中、西、马三种文化传统、三大文化思潮的关系问题，其核心是马克思主义与中国文化的关系问题。”[②]针对这个问题，方先生在张岱年先生“三流合一，综合创新”理论的基础上，提出中国文化发展的现实道路应是“马魂、中体、西用”。“马学为魂”即以马克思主义的科学世界观和方法论为指导，坚持中国新文化建设的社会主义方向；“中学为体”即以有着数千年历史积淀的自强不息、变化日新、厚德载物、有容乃大的中国文化为运作主体、生命主体、创造主体和接受主体，坚持民族文化主体性的原则；“西学为用”即以西方文化和其他民族文化中一切对主体文化有学习、借鉴价值的东西为“他山之石”，为我所用，坚持对外开放的方针。该论既肯定了马克思主义的指导思想地位，又突出地强调了民族文化的主体性，同时坚持对外开放的方针，是一种比较符合今天中国实际的文化发展方针和理论模式。

关于中国文化自身的发展，许明认为，中国思想界对 19 世纪的反思，到 20 世纪 90 年代才形成自觉。20 世纪 80 年代我们曾犯过两个错误：一是将科学理性与工具理性、实用理性等同起来；二是将理性与人文对立起来。进入 21 世纪，在当代中国社会主义进程的背景下，我们能够展开新理性（集科学主义与人文主义、科学理性与人文理性为一体的文化哲学的思路，是一种开放的马克思主义立场的别称）的建设，对以往的思想文化资源进行综合。这种综合是在中国的历史条件下的综合，即不离开中华传统文化资源的综合。在交流、对话的历史进程的基础上建立起来的新的社会主义文化观是开放型的，是在新的历史条件下的大众的、科学的、民族的社会主义新文化。新文化建设必须以提升人的全面素质的新理性

① 许全兴：《两个老祖宗都不能丢》，载《北京大学学报》2010 年第 4 期。

② 方克立：《“马魂、中体、西用”：中国文化发展的现实道路》，载《北京大学学报》2010 年第 4 期。

为核心建立关于当代中国的人文精神。① 也有人提出,21 世纪的社会主义新文化将是多元对话、精英文化与大众文化并存的文化。21 世纪中国所要建设的有中国特色的社会主义文化是一个有机的体系,具有融合性或开放性。它仍将以中华民族传统文化中那种少有的宽容和大度、海纳百川的胸怀和气势吸收一切有益的外来文化,并使之"中国化",以适用于中国的实践。②

关于中国文化与世界文化的关系,大多数论者认为,随着 21 世纪经济一体化、科技一体化、信息网络化的推进,世界文化将呈多元共存的局面。张立文先生提出了"和合学"概念,并运用"和合"理论阐述了其 21 世纪文化战略的构想。张先生认为,中华传统文化的现代化,不能只停顿在如何现代化的方法、手段的论争上,而应试图思考中国文化在人类所面临五大冲突和西方文化及现代化的挑战下如何作出回应,以适应中国实现现代化和走向 21 世纪的实际需要。和合学提出了三大理论基点:以中华民族文化的世界化发展为空间性的战略基点,力求通过对各民族文化的人文精神的和合诠释把握人类文化历史性冲突、融合的理路、脉络和取向;立足现代文化的科技化发展,促成传统文化的创新转换;立足 20 世纪文化发展的现实状况,预见 21 世纪文化进步的逻辑进程。后两个时间性战略基点的共同宗旨在于,通过对民族文化内在人文精神的和合创新,驱动全民族的创造智能,牵引中国文化快速转入科技发展与社会进步的"高速公路",结束科技欠发达的现状,在 21 世纪获得新的生机和活力,成为人类文化和合体内最夺目、最辉煌的部分。③

总之,对 21 世纪中国文化的发展,特别是对其核心问题——传统文化的定位问题,理论界作出了更加具有理性眼光、世界眼光、辩证眼光和切合中国特色社会主义建设实际的探索,既推动了学术的繁荣,也为 21 世纪社会主义文化建设提供了有益的借鉴。

---

① 参见许明:《当代中国的文化发展》,中国大百科全书出版社 2008 年版,第 39、49、307 页。

② 参见那述宇:《中国知识分子对于 21 世纪的文化主张与自我定位》,载《理论探讨》1999 年第 1 期。

③ 参见张立文:《和合学与 21 世纪文化价值和科技》,载《社会科学家》1998 年第 3 期。

(二)科学发展观与中华传统文化的关系

考察科学发展观与中华传统文化的关系,可以从其主要创立者的传统文化观入手。

1. 以胡锦涛为代表的中国共产党人的传统文化观

其一,继续坚持古为今用,洋为中用,百花齐放,推陈出新,并在此基础上对传统文化进行了纲领性阐述。早在1999年,胡锦涛在国家社会科学基金项目优秀成果颁奖大会上的讲话中就强调:“要密切联系中国和世界发展提出的重大问题,吸收和借鉴中华民族优秀文化成果和人类创造的一切文明成果。坚持贯彻古为今用、洋为中用的方针,反对食古不化和食洋不化。要尊重和支持广大哲学社会科学工作者在研究中进行的艰苦的创造性劳动。”①2003年11月24日,胡锦涛在中共中央政治局第9次集体学习时强调,要更加重视学习历史知识,善于从中外历史的成功失败、经验教训中进一步认识和把握历史发展和社会进步的规律,认识和把握时局发展大势,提高治国理政的才干,不断开创中国特色社会主义事业的新局面。胡锦涛在党的十七大报告中指出:“要全面认识祖国传统文化,取其精华,去其糟粕,使之与当代社会相适应、与现代文明相协调,保持民族性,体现时代性。”②这是针对中华传统文化的纲领性阐述。这就要求:一是要对传统文化有一个全面而科学的认识。既要充分认识我国传统文化的历史意义和现实价值,又要看到它本身难免存在的历史和阶级的局限性。要加强对各民族文化的挖掘和保护,既重视文物的保护、文化典籍的整理,又重视非物质文化遗产的保护。二是“取其精华,去其糟粕”,要在马克思主义的立场、观点和方法的指导下,按照“古为今用”的原则进行鉴别和分析,使优秀传统文化或某些传统文化中仍然具有现代价值的因素经过改造之后,成为与当代社会相适应、与现代文明相协调的新文化。这一改造的过程,既要保持民族主体性,又要与时俱进,体现时代性,使古老的传统文化焕发新的生机,为社会主义精神文明建设提供精神动力。三是要运用世界眼光,吸收现代文明一切优秀成果,做到为我所用,丰富和发展中华文化。

---

① 《胡锦涛文选》第1卷,人民出版社2016年版,第383页。

② 《胡锦涛文选》第2卷,人民出版社2016年版,第640～641页。

其二，对优秀传统文化地位和作用的认识更加明确。民族传统文化是一个民族赖以生存和发展的根基，文化的发展不能割断历史，中国有着优秀的传统文化资源，在当前和今后的文化建设中可以发挥重要的且是必要的作用。对于这一点的认识，中国共产党自党的十六大以来更加深刻和清醒。胡锦涛在十七大报告中指出，中华文化是中华民族生生不息、团结奋进的不竭动力。中华民族伟大复兴必然伴随着中华文化繁荣兴盛。而中华文化的精神——民族精神是我们民族赖以生存和发展的强大精神支撑。社会主义建设离不开优秀民族文化的支撑，因此，繁荣和发展中华文化是新时期社会主义建设的需要；中国共产党是中华民族优秀传统的继承者，有责任把中华民族优秀传统继承和发扬下去；人的全面发展离不开文化的高度发展，全面建设小康社会必须充分利用祖国优秀传统文化。在庆祝中国共产党成立 90 周年大会上的讲话中，胡锦涛提出："中华民族创造了源远流长、博大精深的中华文化，中华民族也一定能够在弘扬中华优秀传统文化的基础上创造出中华文化新的辉煌。"①这就对优秀传统文化在建设中华新文化中的重要作用作了进一步说明。党的十七届六中全会通过的《关于深化文化体制改革推动社会主义文化大发展大繁荣若干重大问题的决定》明确指出："优秀传统文化凝聚着中华民族自强不息的精神追求和历久弥新的精神财富，是发展社会主义先进文化的深厚基础，是建设中华民族共有精神家园的重要支撑。"②"深厚基础"和"重要支撑"是对优秀传统文化地位和作用的新表述。

其三，全面挖掘和运用优秀传统文化。在马克思主义人学思想的指导下，借鉴西方人本主义思想的有价值的成分，在对我国传统民本思想的精华进行改造和创新后形成了"以人为本"的思想；运用唯物主义辩证法，结合当前国际国内社会发展的形势，对我国传统的和谐思想进行改造和创新，形成了"社会主义和谐社会"理论、"和谐世界"理论；在马克思主义道德理论指导下，结合当代社会主义市场经济建设的实际，对祖国优秀传统道德论、价值论等进行改造和创新，提出了社会主义荣辱观和社会主义

---

① 《胡锦涛文选》第 3 卷，人民出版社 2016 年版，第 540 页。

② 《中共中央关于深化文化体制改革推动社会主义文化大发展大繁荣若干重大问题的决定》，载 2011 年 10 月 26 日《人民日报》。

核心价值体系理论，并对新时期党的先进性建设提出新的要求等；在马克思主义发展理论指导下，借鉴当代世界范围内兴起的新发展观、可持续发展观，对我国传统辩证法思想、“和合”思想、“天人合一”思想、可持续发展思想等进行萃取和提升，创造性地提出了全面协调可持续的科学发展观；对中华民族精神进行深入挖掘、分析和创新，顺应当代社会发展要求，回应人民群众新期待，提出建设中华民族共有精神家园的重要思想等；党的十七届六中全会通过的《决定》明确提出了建设优秀传统文化传承体系的任务，要求在全面认识祖国传统文化，取其精华、去其糟粕，古为今用、推陈出新的同时，要坚持保护利用、普及弘扬并重，加强对优秀传统文化思想价值的挖掘和阐发，维护民族文化基本元素，使优秀传统文化成为新时代鼓舞人民前进的精神力量。

2. 中华优秀传统文化是科学发展观的文化基础

通过对科学发展观的主要创立者的传统文化观的考察，我们可以看出，中华传统文化与科学发展观之间存在着渊源关系，中国优秀传统文化构成了科学发展观的文化基因、理论来源、思想资源、文化底蕴等，是科学发展观的重要和必要的文化基础。虽然，如上所述，科学发展观的以人为本思想的传统文化基础是我国古代民本思想的精华，社会主义和谐社会理论、和谐世界理论的传统文化基础是我国古代的和谐思想（或“和合”理论），社会主义荣辱观和社会主义核心价值体系理论的传统文化基础是我国古代的道德论和价值论的精华，科学发展观的全面协调可持续发展理论的传统文化基础是我国古代辩证法思想、“和合”思想、“天人合一”思想、可持续发展思想等精华，但是我们也发现，在科学发展观的不同层面的理论中所体现的与优秀传统文化相结合不是孤立的、毫不相关的，而是互相交叉和相互为用的。如以人为本的思想既体现了传统民本思想的精华，又吸取了传统价值观念、官德思想、“和合”思想、可持续思想的精华；社会主义和谐社会、和谐世界理论既是我国古代和谐思想的精华，也体现了古代朴素辩证法、“天人合一”理念、可持续发展理念等。因此，看待科学发展观与传统文化的关系不应只是孤立、静止地进行局部分析，而是要以全面辩证的观点来看待，从总体上对科学发展观的传统文化基因进行分析和考察。以这样的视野进行分析，我们看到，科学发展观在方方面面继承和发展了传统文化中自强不息的精神、厚德载物的精神、求真唯实的

精神、以民为本的精神、重视道德修养和道德建设的传统、“天人合一”的精神、朴素唯物辩证的精神以及中华传统文化中独特的和谐思维智慧等，在以优秀传统文化为基础创新和发展中国特色社会主义理论体系方面取得了重大进展。

（三）科学发展观以优秀传统文化为基础的主要表现

1. 求真务实观念及其传统文化基础

科学发展观的根本要求是求真务实。中国自古以来就有求真务实的传统，这可以追溯到古代哲学中的朴素唯物主义思想。一般认为，《尚书·洪范》中的“五行说”是最早的朴素唯物主义自然观的萌芽，但由于《尚书》成书年代及现存古文《尚书》之真伪也久有争议（2012 年才被有关专家鉴定为伪书），因此认为《尚书·洪范》中的“五行说”是最早的朴素唯物主义自然观的萌芽不足为据。《国语·郑语》中记载的西周末年史伯提出的“和实生物，同则不继……故先王以土与金木水火杂，以成百物”的观点则可以看作中国最早的朴素唯物主义思想的萌芽。战国时期的墨子提出“取实予名”的唯物主义经验论观点，主张必须“以众之耳目之实”①来考察事物之真伪。一般认为，汉代史学家班固是正式提出“实事求是”命题的第一人。他在《汉书·河涧献王传》中称赞河涧王刘德“修学好古，实事求是”，意思是说，刘德做学问注重严谨考究历史资料。唐代史学家颜师古进一步把“实事求是”解释为“务得事实，每求真是”。在古代，“实事求是”指的是一种严谨的治学态度和治学风气。自宋明时期，人们开始把“实事求是”与“即物穷理”“经世致用”等统一起来，使“实事求是”具有哲学意味。南宋时期，以陈亮和叶适为代表的“事功派”兴起了实学思潮。陈亮强调认识事物要求得“实事实功”②。叶适提出，“其道在于器数，其通变在于事物”③的唯物主义世界观，并在此基础上提出“欲折衷天下之义理，比尽考详天下之事物，而后不谬”④的唯物主义认识论。此后的罗钦顺、王廷相、黄宗羲、王夫之、颜元、戴震等学者将这种务实、求真的实学

---

① 《墨子·明鬼下》。

② （宋）陈亮：《陈亮集·与应仲实》。

③ （宋）叶适：《水心别集·进卷·总义》。

④ （宋）叶适：《水心文集·题姚令威西溪集》。

思潮继承下来,并使之达到古代朴素唯物主义思想的顶峰。

中华传统文化中这种源远流长的务实传统经过中国共产党人的继承和创新而不断被赋予新的时代内涵。具有深厚传统文化学养和马克思主义理论功底的毛泽东第一次把“实事求是”发展成具有鲜明民族特色的马克思主义哲学命题。党的十六大以后,以胡锦涛为总书记的党中央紧扣现实工作中的突出问题,及时提出“大力弘扬求真务实精神,大兴求真务实之风”。胡锦涛指出:“求真务实,是辩证唯物主义和历史唯物主义一以贯之的科学精神,是我们党的思想路线的核心内容,也是党的优良传统和共产党人应该具备的政治品格。”①这一论断明确了“求真务实”在党的思想路线中的重要地位,揭示了“求真务实”思想所蕴含的科学精神。胡锦涛指出,“求真务实”就是要“求我国社会主义初级阶段基本国情之真,务坚持长期艰苦奋斗之实;求社会主义建设规律和人类社会发展规律之真,务抓好发展这个党执政兴国的第一要务之实;求人民群众的历史地位和作用之真,务发展最广大人民根本利益之实;求共产党执政规律之真,务全面加强和改进党的建设之实”②。党的十七大通过的新党章规定,坚持解放思想,实事求是,与时俱进。弘扬求真务实精神就是要积极探索,大胆试验,开拓创新,创造性地开展工作,不断研究新情况,总结新经验,解决新问题,在实践中丰富和发展马克思主义,推进马克思主义中国化。“求真务实”体现了马克思主义所要求的理论和实践的具体的历史的统一,同时又是在马克思主义认识论指导下对中国传统求真务实思想的改造和弘扬。以胡锦涛为总书记的党中央正是本着解放思想、实事求是、与时俱进、求真务实的精神,围绕着“实现什么样的发展,怎样发展”的主题,创立了以科学发展观为核心的一系列重大战略思想。

2. 以人为本理念及其传统文化基础

科学发展观的核心是以人为本。以人为本的传统文化基础是千百年来凝聚而成的中国文化中的醇厚的人本传统(详见本书第一章)。如前所

---

① 中共中央文献研究室编:《十六大以来重要文献选编》(上),中央文献出版社2005年版,第724页。

② 中共中央文献研究室编:《十六大以来重要文献选编》(上),中央文献出版社2005年版,第728~729页。

述，中国文化中的人本传统虽然也有一些自身不能克服的弊病和时代局限，但其以珍视人的生命和价值、注重人的发展和人格完善、重视民众的价值和力量为主要内容，对促进社会稳定、推动社会发展起到了积极的作用。

科学发展观的以人为本，既汲取了古代人本思想的合理成分，又与我国古代思想家为了维护封建统治者的统治地位提出的“民惟邦本，本固邦宁”思想有着实质上的区别。以人为本的“人”，是指最广大人民群众。在当代中国，就是以工人、农民、知识分子等劳动者为主体，包括社会各阶层在内的广大人民群众。这个“本”，是指最广大人民群众的根本利益。关于“以人为本”的内涵，胡锦涛作了深刻阐释：“坚持以人为本，就是要以实现人的全面发展为目标，从人民群众的根本利益出发谋发展、促发展，不断满足人民群众日益增长的物质文化需要，切实保障人民群众的经济、政治和文化权益，让发展的成果惠及全体人民。”①以人为本集中体现了中国共产党人的根本宗旨和执政理念。科学发展观强调的以人为本，与中国共产党人的全心全意为人民服务宗旨是完全一致的。坚持以人为本，就要坚持立党为公、执政为民，始终做到权为民所用、情为民所系、利为民所谋，始终把最广大人民的根本利益作为我们一切工作的最高标准。党的十七大报告对此作了进一步阐述：“必须坚持以人为本。全心全意为人民服务是党的根本宗旨，党的一切奋斗和工作都是为了造福人民。要始终把实现好、维护好、发展好最广大人民的根本利益作为党和国家一切工作的出发点和落脚点，尊重人民主体地位，发挥人民首创精神，保障人民各项权益，走共同富裕道路，促进人的全面发展，做到发展为了人民、发展依靠人民、发展成果由人民共享。”②

3. 全面协调可持续发展理论及其传统文化基础

科学发展观的基本要求是全面协调可持续发展。胡锦涛在党的十七大报告中阐明，全面协调可持续发展就是“要按照中国特色社会主义事业总体布局，全面推进经济建设、政治建设、文化建设、社会建设，促进现代

---

① 中共中央文献研究室编：《十六大以来重要文献选编》(上)，中央文献出版社2005年版，第850页。

② 《胡锦涛文选》第2卷，人民出版社2016年版，第624页。

化建设各个环节、各个方面相协调，促进生产关系与生产力、上层建筑与经济基础相协调。坚持生产发展、生活富裕、生态良好的文明发展道路，建设资源节约型、环境友好型社会，实现速度和结构质量效益相统一、经济发展与人口资源环境相协调，使人民在良好生态环境中生产生活，实现经济社会永续发展”①。全面协调可持续发展理论秉承了“天人合一”等深厚的传统文化基因。

针对“天人关系”进行的“天人之辨”是中国传统哲学的基本问题之一，在这个问题上，虽也有刘禹锡“人能胜乎天”的理论观点，但“天人合一”观点还是占据了主导地位，即使是被人们看作是“天人相分”观点的代表荀子（主张“明于天人之分”）也并非主张割裂天人之间的联系，而是主张站在朴素唯物主义立场上考察在天人关系中人可以发挥怎样的作用。

中西文化在诸多方面存在差异，其中最基本的差异之一就是“在人与自然的关系问题上，中国文化比较重视人与自然的和谐统一，而西方文化则强调人要征服自然、改造自然，才能求得自身的生存和发展”②，“天人合一”思想就深刻体现了中国文化的这一特色。从字面上看，“天人合一”就是天人协调、天人密切相关之义。具体说来，“天人合一”涉及对天与人、天道与人道、天性与人性的关系的认识。中国古代思想家大都认为，天人之间是相类相通的，可以达到统一。殷周之际，人们普遍认为人事变化来源于上帝（上天）的旨意，天是有意志的人格神，能够保佑民众。天人关系实际上表现为神人关系。春秋时期的子产认为，“礼”是自然界的法则的体现，人们必须以礼行事。③ 战国时期的孟子认为，人性天赋，人通过“尽心”而“知性”，即觉悟自己的本性，从而达到“知天”。这样就把天道与人性联系起来。④ 庄子则直接把人看作是与自然界（天）同质的一部分，主张“天地与我并生，而万物与我为一”⑤。《易传·文言》中则有“夫大人者，与天地合其德……先天而天弗为，后天而奉天时”等论述，既强调

① 《胡锦涛文选》第2卷，人民出版社2016年版，第624页。

② 张岱年、方克立主编：《中国文化概论》（修订版），北京师范大学出版社2004年版，第286页。

③ 参见《左传·昭公二十五年》。

④ 参见《孟子·尽心上》。

⑤ 《庄子·齐物论》。

了人尊重自然、因顺自然的必要性,又注意到人的能动性的作用。至汉代,董仲舒将传统"天人合一"思想演变为天人感应论,主张"天人一也","人副天数"等,在某种程度上将"天人合一"思想引向谬误。宋代张载明确提出"天人合一"命题,并以其朴素唯物主义观点阐释天人关系,其天父地母、民胞物与的理论形象地说明人是自然界的一部分,人与自然界的所有存在物都统一于物质性的气。基于此,张载主张"为天地立心,为生民立道,为去圣继绝学,为万世开太平",将"天人合一"看作是人生最高追求,在人世间通过自身努力以完成人道,从而实现天道与人道的统一。

中国古代"天人合一"的哲学传统直接影响了中国文化的发展路向,深刻影响了中国人的思维方式和生活态度。中国文化走上了一条重视人与自然和谐统一、敬畏自然、爱护自然、追求人与自我精神和谐的道路。在"天人合一"思想影响下,中国社会一直处于相对可持续发展的状态。

随着西方资本主义生产关系的产生和发展,特别是工业革命以来经济的快速发展,人类在创造了辉煌的物质文明和精神文明的同时,开始面临许多因未能正确处理人与自然、人与社会、人与人关系而造成的严重问题。从世界范围看,出于当代经济发展的需要,人类过度开发和掠夺自然,许多时候在用破坏自然的代价来换取经济的增长,这就造成了人与自然之间关系的紧张和冲突,使人类面临着资源匮乏、人口膨胀、环境恶化等前所未有的全球性问题,以及由这些问题带来的国际冲突、战争等问题,严重威胁着整个人类的生存和发展。从中国的情况看,受全球化浪潮的影响以及中国自身经济发展的需要,在现代化的进程中,一方面是生产力的大大解放和发展,综合国力大幅度提高;另一方面,经济发展的压力使我们一度高度重视 GDP 的增长,而一定程度上未能顾及经济社会全面发展和可持续发展。国外在现代化进程中出现过的许多问题在我国也不同程度地存在,某些方面由于中国人口多、底子薄、发展快等因素而显得更为突出。因此,全面协调可持续发展观的提出,是中国共产党人在新的时代条件下未雨绸缪的表现,是在综合分析国内外发展大势的基础上,运用马克思主义的观点和方法,对传统"天人合一"思想的继承和创新。传统"天人合一"思想重内在体悟,不太重视人的物质生存条件的改善,因此,其可持续发展是在低水平发展的前提下实现的。科学发展观所强调的可持续发展,则是全面协调的可持续发展,是以经济建设为中心,大力

解放和发展生产力，全面推进经济、政治、文化、社会建设，实现经济发展和社会全面进步的发展，是统筹城乡、区域、人与自然的发展，是统筹国内发展与对外开放的发展，是既满足当代人的需求又要不损害后代人利益的发展。全面协调可持续的发展观要求促进经济发展与人口、资源、环境的和谐，努力实现从单纯追求发展数量（及速度）和仅仅满足当代人利益的传统发展模式到注重发展质量和长远发展的可持续发展模式的根本转变，坚持走生产发展、生活富裕、生态良好的文明发展道路，保证一代接一代地永续发展。

4. 和谐社会、和谐世界理论及其传统文化基础

新时期中国共产党人提出的和谐社会、和谐世界理论体现了鲜明的本民族文化特色，其中最主要的是“和合”的特色。中华“和合”文化源远流长，体现了中国文化的独特思维智慧。科学发展观强调构建社会主义和谐社会，体现了“和合”的思想方法。党的十六届六中全会通过的《中共中央关于构建社会主义和谐社会若干重大问题的决定》指出：“坚持以科学发展观统领经济社会发展全局，按照民主法治、公平正义、诚信友爱、充满活力、安定有序、人与自然和谐相处的总要求，以解决人民群众最关心、最直接、最现实的利益问题为重点，着力发展社会事业、促进社会公平正义、建设和谐文化、完善社会管理、增强社会创造活力、走共同富裕道路，推动社会建设与经济建设、政治建设、文化建设协调发展。”①在处理社会不同群体利益的关系上科学发展观主张统筹兼顾，公平公正。

和谐社会理论继承和弘扬了中华“和合”传统，是立足当代社会实践，针对当代社会建设中出现的各种不和谐的问题，特别是人与人之间、人与社会之间存在的突出问题，提出的一整套旨在促进社会和谐的理论，是对中国特色社会主义理论体系的又一创新和发展。和谐社会理论要求：在人与人之间的关系上，要诚信友爱、融洽相处，建立良好的人际关系和我为人人、人人为我的社会道德风尚；在人与社会的关系上，要统筹兼顾不同社会群体的利益，解决好民生方面的突出问题，更好地实现社会公平，确保社会和谐稳定；在人与自身的关系上，提倡提高个人文化素质和身心

---

① 中共中央文献研究室编：《十六大以来重要文献选编》（下），中央文献出版社2008年版，第650页。

修养，做珍爱生命、热爱生活、感恩社会的身心健康的社会主义公民。

科学发展观提出的和谐世界理论是中国传统“和合”理念在处理国际关系上的体现。中国传统“和合”理念在处理国际关系方面具体表现为“协和万邦”的思想。《尚书·尧典》中有“克明俊德，以亲九族。九族既睦，平章百姓，百姓昭明，协和万邦”的思想，大概可以看作是关于“协和万邦”思想的最早表述。这是一种由近(先治理好自己的宗族)及远(团结各国)的处理国与国关系的原则和方法。“协和万邦”思想体现了中华民族爱好和平的优良传统，是中国传统思想文化中“和合”精神在处理不同民族、国家、文化问题上的重要体现。和谐世界的构想就是“协和万邦”思想在现代的创新性运用。在新世纪新阶段，国际形势正在发生许多新的变化。和平与发展问题至今仍然没有得到解决，不仅和平面临着巨大挑战，发展也正经受着许多困难。影响和平与发展的新矛盾新问题层出不穷。如能源短缺、全球性环境污染和生态危机、核军备竞赛、核安全、新旧宗教问题、民族问题、恐怖主义、人口问题等，都是影响世界和平与发展的重要因素。任何国家和个人都无法独立解决这些问题，因此，只有全世界联起手来，建设一个持久和平与共同繁荣的和谐世界，才能真正解决这些棘手的世界性难题，才能从根本上解决世界和平与发展的问题。胡锦涛等中国共产党人从“要和平，促发展，谋合作”的时代主旋律出发，提出了旨在维护世界和平、促进共同发展和繁荣的“和谐世界”理论。胡锦涛在纪念联合国成立60周年首脑会议上的讲话中呼吁世界所有国家“紧密团结起来，建设一个持久和平、共同繁荣的和谐世界”，强调要“鼓励和支持用和平方式”解决国际争端和冲突，呼吁世界各国坚持“包容精神”，尊重文明多样性，促进各种文明的“相互借鉴，共同提高”，以“协力构建各种文明兼容并蓄的和谐世界”。讲话重申，中华民族是热爱和平的民族，“中国将坚定不移地走和平发展道路”。这篇蕴含着“和谐世界”理念的讲话，彰显了中华民族爱好和平、维护和平、协和万邦的优良传统。“和谐世界”理论在继承和弘扬中华民族爱好和平、协和万邦的优良传统的同时，强调世界各国在促进和平与发展中的共同责任，超越了西方发达国家仅仅为了维护自身利益而压制发展中国家合理发展要求的所谓“现代发展理论”，也创造性地发展了中华传统“协和万邦”的思想。

四、习近平新时代中国特色社会主义思想:传承发展优秀传统文化,开辟中国特色社会主义理论体系新境界

(一)时代背景

党的十八大以来,世界形势在大发展大变革大调整的总体基调下又发生了新的变化。随着我国改革开放的不断深入和推进,改革进入攻坚阶段,经济社会发生了深刻的变革,我国的对外开放也日益扩大,世界范围内互联网技术和新媒体前所未有地迅速发展,国内国际各种思想文化的交流、交融和交锋空前频繁。全国各族人民在以习近平为核心的党中央领导下,迎来了决胜全面建成小康社会、进而全面建设社会主义现代化强国的新时代。如何更加自觉、更加科学有效地推动中华优秀传统文化的传承和发展,从而增强国家文化软实力、推进新时代中国特色社会主义建设,成为当前的一项重大而艰巨的任务。

长期以来,马克思主义与中华传统文化的关系、中华传统文化与当代文化建设的关系以及中华优秀传统文化的内涵、价值定位等问题一直是学术界研究的热点难点问题。党的十八大以来,随着党中央进一步明确了马克思主义与中华优秀传统文化的关系及历史定位,学术界对优秀传统文化的重要性的认识进一步达成共识,如何传承中华优秀传统文化成为当前学术研究新的热点和难点,如何深刻认识习近平新时代中国特色社会主义思想与中华优秀传统文化的关系成为当前学术研究的重大前沿课题。学术界针对中华优秀传统文化的内涵和当代价值、中华优秀传统文化与培育社会主义核心价值观的关系、如何继承和弘扬中华优秀传统文化、加强中华优秀传统文化教育等问题进行了探讨和研究,为更好地推动中华优秀传统文化的传承和发展提供了有益的参考。

但也应当看到,在如何对待中华传统文化的问题上,仍然存在一些不够客观和科学的认识。具有代表性的观点有怀疑否定论、文化复古论以及文化虚无论。①

文化怀疑论源自近代中国落后挨打背景下国人对民族传统文化的怀

① 参见张小平:《论十八大以来中华优秀传统文化传承理论的新发展》,载《学术论坛》2017年第2期。

疑和反省。“五四”时期提出“打倒孔家店”的口号，本意在批判封建意识形态，但在激进批判的潮流中，为文化怀疑否定论提供了温床。新中国成立后，毛泽东提出的“古为今用，洋为中用，批判继承，推陈出新”的正确方针在实际落实中因种种原因，重批判轻继承，“文化大革命”期间甚至出现了对传统文化的全盘否定和破坏。改革开放以来，由于西方在技术上和文化传播上的优势，以及在一些人当中长期存在的崇洋媚外心理，怀疑否定中华传统文化的思维惯性仍然在一定范围内存在。近年来，一些所谓的“社会精英”和“公知”激烈地抨击中国的传统和历史，否认存在完全意义上的优秀传统文化。有些人即便承认中国传统文化存在优秀成分，也对产生于历史上的传统文化的现代价值和意义持怀疑态度。

文化复古论是属于文化保守主义的一种文化思潮。当代中国文化保守主义在学术上主要是当代儒学思潮，也称“大陆新儒学思潮”，是一种自20世纪80年代在我国大陆开始出现的儒学复兴思潮，其内部又大致可分为激进派和温和派。其中，温和派的主要特点是“崇儒但不反马”。其中的激进派则主张“崇儒反马”，宣称要以儒学、儒教取代马克思主义的主导意识形态地位以及宪法确认的指导思想地位。也有的激进派宣扬文化民族主义，主张全面肯定和恢复传统文化，抵制和反对一切外来思想和文化；有的主张通过和平演变的方式“儒化”共产党，“儒化”中国。大陆新儒学激进派虽人数不多，但影响不小。

文化虚无论在对待中华传统文化上的主要表现是，通过抹黑中国历史上的英雄人物或为反面人物“正名”，以歪曲历史事实，蔑视中华传统道德观念，无视优秀传统文化的存在或直接否认优秀传统文化的价值意义，影响极为恶劣。

因此，进一步做好“四个讲清楚”(即习近平总书记在2013年8月全国宣传思想工作会议上提出的“讲清楚每个国家和民族的历史传统、文化积淀、基本国情不同，其发展道路必然有着自己的特色；讲清楚中华文化积淀着中华民族最深沉的精神追求，是中华民族生生不息、发展壮大的丰厚滋养；讲清楚中华优秀传统文化是中华民族的突出优势，是我们最深厚的文化软实力；讲清楚中国特色社会主义植根于中华文化沃土、反映中国人民意愿、适应中国和时代发展进步要求，有着深厚历史渊源和广泛现实基础”)的学术研究工作，做好辨别各种在对待中华传统文化问题上的反

科学论断的工作，进一步深化对中华优秀传统文化重要意义的认识，深入挖掘中华优秀传统文化价值内涵，做好对中华优秀传统文化进行创造性转化和创新性发展的学术研究工作，做好“四个深刻阐明”（即中共中央办公厅、国务院办公厅于2017年1月印发的《关于实施中华优秀传统文化传承发展工程的意见》中提出的“深刻阐明中华优秀传统文化是发展当代中国马克思主义的丰厚滋养，深刻阐明传承发展中华优秀传统文化是建设中国特色社会主义事业的实践之需，深刻阐明丰富多彩的多民族文化是中华文化的基本构成，深刻阐明中华文明是在与其他文明不断交流互鉴中丰富发展的”）的工作，是当前学术界的重要任务。

（二）习近平新时代中国特色社会主义思想与中华传统文化的关系

考察习近平新时代中国特色社会主义思想与中华传统文化的关系，可以从其主要创立者的传统文化观入手。

1. 以习近平为代表的中国共产党人的传统文化观

党的十八大以来，以习近平为核心的党中央继续坚持我们党一贯的马克思主义传统文化观，并在此基础上创新和发展了党的传统文化观，在新的历史条件下，形成了更为系统的传统文化观。

其一，在总的原则上，坚持古为今用、洋为中用，辩证取舍、推陈出新，摒弃消极因素，继承积极思想，实现中华文化的创造性转化和创新性发展。

针对历史虚无主义和文化虚无主义论调，在纪念孔子诞辰2565周年国际学术研讨会暨国际儒学联合会第五届会员大会开幕会上的讲话中，习近平旗帜鲜明地强调，要“科学对待文化传统。不忘历史才能开辟未来，善于继承才能善于创新。……要坚持古为今用、以古鉴今，坚持有鉴别的对待、有扬弃的继承，而不能搞厚古薄今、以古非今，努力实现传统文化的创造性转化、创新性发展”。“中国共产党人是马克思主义者，坚持马克思主义的科学学说，坚持和发展中国特色社会主义，但中国共产党人不是历史虚无主义者，也不是文化虚无主义者。……应该科学对待民族传统文化，科学对待世界各国文化，用人类创造的一切优秀思想文化成果武装自己。”在这次讲话中，针对文化复古论，习近平阐明：“传统文化在其形成和发展过程中，不可避免会受到当时人们的认识水平、时代条件、社会

制度的局限性的制约和影响，因而也不可避免会存在陈旧过时或已成为糟粕性的东西。这就要求人们在学习、研究、应用传统文化时坚持古为今用、推陈出新，结合新的实践和时代要求进行正确取舍，而不能一股脑儿都拿到今天来照套照用。”①《关于实施中华优秀传统文化传承发展工程的意见》对这一原则作了进一步阐发：“坚持创造性转化和创新性发展。坚持辩证唯物主义和历史唯物主义，秉持客观、科学、礼敬的态度，取其精华、去其糟粕，扬弃继承、转化创新，不复古泥古，不简单否定，不断赋予新的时代内涵和现代表达形式，不断补充、拓展、完善，使中华民族最基本的文化基因与当代文化相适应、与现代社会相协调。”

其二，更加充分而深刻认识中华文化和中华优秀传统文化的价值意义。

2013 年 8 月 19 日，习近平在全国宣传思想工作会议上的讲话中提出了“四个讲清楚”的命题，其中“讲清楚中华文化积淀着中华民族最深沉的精神追求，是中华民族生生不息、发展壮大的丰厚滋养；讲清楚中华优秀传统文化是中华民族的突出优势，是我们最深厚的文化软实力；讲清楚中国特色社会主义植根于中华文化沃土、反映中国人民意愿、适应中国和时代发展进步要求，有着深厚历史渊源和广泛现实基础”，是对中华文化和中华优秀传统文化的新认识和新定位。《关于实施中华优秀传统文化传承发展工程的意见》对中华文化和中华优秀传统文化的重要意义作了进一步阐明：“中华文化独一无二的理念、智慧、气度、神韵，增添了中国人民和中华民族内心深处的自信和自豪。”“中华优秀传统文化，积淀着中华民族最深沉的精神追求，代表着中华民族独特的精神标识，是中华民族生生不息、发展壮大的丰厚滋养，是中国特色社会主义植根的文化沃土，是当代中国发展的突出优势，对延续和发展中华文明、促进人类文明进步，发挥着重要作用。”

由上可见，中国共产党对中华文化和中华优秀传统文化价值意义的认识达到了一个前所未有的高度：一是充分肯定了中华文化的独特性对于我们树立文化自信、民族自信的重要意义；二是充分肯定了中华优秀传

---

① 习近平：《在纪念孔子诞辰 2565 周年国际学术研讨会暨国际儒学联合会第五届会员大会开幕会上的讲话》，载 2014 年 9 月 25 日《人民日报》。

统文化对于我们民族发展壮大的重要意义;三是充分肯定了中华优秀传统文化对于促进人类文明进步的重要意义;四是进一步明确了中华优秀传统文化与当代中国马克思主义的关系定位。

其三,全面复兴中华优秀传统文化,推动建立传承和弘扬中华优秀传统文化的系统工程。

党的十八大以来,全国上下掀起了传承和弘扬中华优秀传统文化的热潮。而如何切实有效地推动和实现中华优秀传统文化的传承和发展,是一项重大难题。党中央通过全方位、多层次、宽领域、多途径地传承和弘扬中华优秀传统文化,推动建立了传承和弘扬中华优秀传统文化的系统工程。一是文化传承主体呈现出立体化发展格局。其中,党是领导责任主体,各级政府是主导责任主体,全体教育科研工作者是教育责任主体,家长是家庭教育责任主体,人民是实践创造主体,各类经济组织、从业人员是经济引导责任主体。二是中华优秀传统文化的传承发展日益生活化,借助各种馆所以及现代化传播手段等,融入人们的日常工作、学习和生活的实践中。三是中华优秀传统文化的传承发展更加制度化,如国家通过制定相关扶持政策、完善保护制度、加强法制建设等以推动和保障优秀传统文化的传承发展。① 其中,《关于实施中华优秀传统文化传承发展工程的意见》的印发就是一项前所未有的重要举措。《意见》第一次以中央文件的形式阐述并部署了中华优秀传统文化的传承发展工作,为系统化传承发展中华优秀传统文化提供了指南,对于传承发展中华优秀传统文化、建设社会主义文化强国、增强国家文化软实力、实现中华民族伟大复兴的中国梦具有重要的意义和深远的影响。

2. 中华优秀传统文化是习近平新时代中国特色社会主义思想的文化基础

《关于实施中华优秀传统文化传承发展工程的意见》要求"深刻阐明中华优秀传统文化是发展当代中国马克思主义的丰厚滋养,深刻阐明传承发展中华优秀传统文化是建设中国特色社会主义事业的实践之需",进一步明确了中华优秀传统文化与当代中国马克思主义的关系定位,突出

① 参见张小平:《论十八大以来中华优秀传统文化传承理论的新发展》,载《学术论坛》2017 年第 2 期。

强调了发展当代中国马克思主义、建设中国特色社会主义离不开中华优秀传统文化。

作为习近平新时代中国特色社会主义思想的主要创立者，习近平在年轻时代就打下了传统文化的根基。据报道，他在下乡插队的时候带了很多书，有空即读书学习，以知识丰富特别是历史知识渊博而闻名。长期的中华优秀传统文化的熏陶使他对中华文化怀有深深的热爱和敬畏，他在众多场合对优秀传统文化主动进行阐释，在日常生活和工作中率先垂范，在治国理政中积极倡导和运用，是当今时代以传承发展中华优秀传统文化为己任的典范，是践行"中华优秀传统文化的忠实继承者、弘扬者和建设者"的典范。

作为中国特色社会主义理论体系发展的最新成果，习近平新时代中国特色社会主义思想的深厚优秀传统文化底蕴、对中华文化的高度自信、传承和弘扬中华优秀传统文化的责任担当、对中华优秀传统文化的积极运用，无不确证着中华优秀传统文化是这一重要思想的深厚文化基础。

习近平新时代中国特色社会主义思想正是在传承和弘扬中华优秀传统文化的基础上，全方位、多层次、宽领域、多途径地运用中华优秀传统文化，使中国特色社会主义理论体系的创新和发展取得了飞跃式进展。

（三）习近平新时代中国特色社会主义思想以优秀传统文化为基础的主要表现

党的十八大以来，以习近平总书记为核心的党中央，在继续书写坚持和发展中国特色社会主义这"一篇大文章"、在领导全国各族人民实现中华民族伟大复兴中国梦的历史进程中，清醒认识世情、国情、党情的变和不变，发挥主动性和创造性，锐意进取，大胆探索，不断深化改革开放，不断推进理论创新、实践创新和制度创新。习近平新时代中国特色社会主义思想，植根中华优秀传统文化，富含着中华民族优秀的传统治国理念、廉政思想、哲学方法、人文精神、教化理论、道德理念和大同理想等文化滋养，使中国特色社会主义理论体系更加富有中国特色、中国风格和中国气派。

1. 国家治理与中华优秀传统文化

在面临全新机遇与挑战的当代中国，如何治国理政、定国安邦，是摆

在中国共产党人面前的重大历史任务。千头万绪，其中最主要的课题就是三大治理，即国家治理、政党治理、全球治理。只有实现好这三大治理，才能确保实现“两个一百年”奋斗目标，实现中华民族伟大复兴的中国梦，维护世界和平，促进共同发展。

在三大治理中，国家治理是治国理政的根本。正如习近平总书记2014年在俄罗斯索契接受俄罗斯电视台专访时所说，治理中国这样一个“经济社会发展水平还不高，人民生活水平也还不高”的“有960万平方公里国土，56个民族，13亿多人口”的国家“很不容易”。而只有实现对中国这样一个超大型国家的良好治理，才能确保长治久安，如期完成我们的奋斗目标，实现我们的伟大梦想。

实现中国特色社会主义中国的国家治理，离不开马克思主义的指导，离不开当代中国和世界发展的实践，也离不开对中国历史上丰富的治国理政经验的借鉴。2014年10月13日，中共中央政治局第18次集体学习的主题就是我国历史上的国家治理。习近平总书记在主持学习时强调，对绵延5000多年的中华文明，我们应该多一份尊重，多一份思考。对古代的成功经验，我们要本着择其善者而从之、其不善者而去之的科学态度，牢记历史经验、牢记历史教训、牢记历史警示，为推进国家治理体系和治理能力现代化提供有益借鉴。习近平强调，历史是最好的老师。中华民族创造了独树一帜的灿烂文化，积累了丰富的治国理政经验，其中既包括升平之世社会发展进步的成功经验，也有衰乱之世社会动荡的深刻教训。我国古代主张民惟邦本、政得其民，礼法合治、德主刑辅，为政之要莫先于得人、治国先治吏，为政以德、正己修身，居安思危、改易更化，等等，这些都能给人们以重要启示。治理国家和社会，今天遇到的很多事情都可以在历史上找到影子，历史上发生过的很多事情也都可以作为今天的镜鉴。中国的今天是从中国的昨天和前天发展而来的。要治理好今天的中国，需要对我国历史和传统文化有深入了解，也需要对我国古代治国理政的探索和智慧进行积极总结。①

---

① 参见《习近平：解决中国的问题只能在中国大地上探寻适合自己的道路和办法》，人民网，http://politics.people.com.cn/n/2014/1013/c1024-25825659.htm，2014年10月13日。

因此，我们看到，党的十八大以来的国家治理，更加具有浓郁的中华传统文化底蕴，更加重视对传统治国理政智慧的积极总结和创新性发展。

(1)社会主义核心价值观对传统治国理政智慧的创新性发展

党的十八大提出，倡导富强、民主、文明、和谐，倡导自由、平等、公正、法治，倡导爱国、敬业、诚信、友善，积极培育和践行社会主义核心价值观。为什么要提倡和践行社会主义核心价值观？社会主义核心价值观和中华传统文化有什么关系？

2014 年 5 月 4 日，习近平在北京大学师生座谈会上的讲话中指出："人类社会发展的历史表明，对一个民族、一个国家来说，最持久、最深层的力量是全社会共同认可的核心价值观。核心价值观，承载着一个民族、一个国家的精神追求，体现着一个社会评判是非曲直的价值标准。""如果一个民族、一个国家没有共同的核心价值观，莫衷一是，行无依归，那这个民族、这个国家就无法前进。"①因此，每个时代都有每个时代的核心价值观。当代中国应该有属于当代的具有中国特色的社会主义核心价值观。

社会主义核心价值观涵盖了国家层面、社会层面以及公民层面的价值要求，实际上回答了我们要建设什么样的国家、建设什么样的社会、培育什么样的公民的重大问题。习近平指出："中国古代历来讲格物致知、诚意正心、修身齐家、治国平天下。从某种角度看，格物致知、诚意正心、修身是个人层面的要求，齐家是社会层面的要求，治国平天下是国家层面的要求。我们提出的社会主义核心价值观，把涉及国家、社会、公民的价值要求融为一体，既体现了社会主义本质要求，继承了中华优秀传统文化，也吸收了世界文明有益成果，体现了时代精神。"②习近平总书记的讲话不仅阐明了社会主义核心价值观对于我们国家和民族发展的必要性和重要性，又言简意赅地阐明了社会主义核心价值观与中华优秀传统文化的关系，把社会主义本质要求和中华优秀传统文化相互对接和融通，体现了新时期党的高度文化自觉和文化自信。

---

① 中共中央文献研究室编:《十八大以来重要文献选编》(中)，中央文献出版社 2016 年版，第 2、3 页。

② 中共中央文献研究室编:《十八大以来重要文献选编》(中)，中央文献出版社 2016 年版，第 3～4 页。

2014年10月13日，习近平在主持中央政治局第18次集体学习时进一步强调："必须在坚持社会主义核心价值体系的前提下，积极深入中华民族历久弥新的精神世界，把长期以来我们民族形成的积极向上向善的思想文化充分继承和弘扬起来，使之为培育和践行社会主义核心价值观服务，为建设社会主义先进文化服务，为党和国家事业发展服务。"①这就进一步明确了如何通过传承发展中华优秀传统文化来培育和践行社会主义核心价值观的任务和思路。

(2)五大发展理念对传统治国理政智慧的创新性发展

2015年10月，在党的十八届五中全会上，党中央提出，实现"十三五"时期发展目标，破解发展难题，厚植发展优势，必须牢固树立并切实贯彻创新、协调、绿色、开放、共享的发展理念。在"五位一体"总体布局、"四个全面"战略布局等一系列重要决策部署中，五大发展理念起着重要的引领作用。五大发展理念是在总结以往经验的基础上，针对经济社会发展新问题，适应国内国际社会发展新要求而提出的，蕴含着深厚的中华传统文化基因和文化底蕴。

创新发展理念，蕴含着强大的传统文化基因。古籍《周易》中即有"穷则变，变则通，通则久"的思想，对中华文化产生了深远的影响。每当时局处于"穷途"之时，则人心思变。当代中国共产党人便是继承了"变通"的基因，又创造性发展了"变通"观念。习近平在多个场合，如在与青年代表座谈、全国政协新年茶话会、布鲁日欧洲学院演讲、院士大会等场合，都引用了《礼记·大学》中"苟日新，日日新，又日新"这句话，强调创新问题，使创新观念深入人心。在当代中国，思变创新不再是处于"穷途"之时才思变，而是未雨绸缪，倡导创新，勇于创新；不仅在理论上创新，更在实践中创新；不仅是党要创新，更要发动人民群众创新，即"全民创业，万众创新"。新时期的创新理念，植根于中华优秀传统文化的沃土，彰显出中国共产党人带领全国各族人民不断更新自我、主动适应时代、积极推动发展的向上朝气和不竭动力。

---

① 《习近平：解决中国的问题只能在中国大地上探寻适合自己的道路和办法》，人民网，http://politics. people. com. cn/n/2014/1013/c1024-25825659. html，2014年10月13日。

协调发展理念，秉承了中华民族的系统思维和辩证思维基因。根据《中共中央关于制定国民经济和社会发展第十三个五年规划的建议》，协调是持续健康发展的内在要求，主要从区域协同、城乡一体、物质文明精神文明并重、经济建设国防建设融合等四个方面入手，注重在协调发展中拓宽发展空间，在加强薄弱领域中增强发展后劲。2015 年 6 月 16～18 日，习近平在贵州调研期间强调："适应我国经济发展新常态，保持战略定力，加强调查研究，看清形势、适应趋势，发挥优势、破解瓶颈，统筹兼顾、协调联动，善于运用辩证思维谋划经济社会发展。"[①]2016 年 1 月 18 日，习近平在省部级主要领导干部学习贯彻十八届五中全会精神专题研讨班开班仪式上发表重要讲话进一步强调："协调既是发展手段又是发展目标，同时还是评价发展的标准和尺度……是发展两点论和重点论的统一……是发展平衡和不平衡的统一……是发展短板和潜力的统一。"[②]习近平的协调发展观体现了深刻的系统思维和辩证思维。系统思维和辩证思维不仅是马克思主义原理的要求，也是对中华优秀思维方式的继承和创新。中华传统文化中"天人合一"思想、阴阳辩证思想等都注重从系统和整体的视角来分析和解决问题，如中国传统医学就强调人体与天地的协调统一，强调人体内部各要素的相互制约和联系。习近平的协调发展观强调统筹兼顾、协调联动，既强调手段又强调目标，既追求发展平衡又注重由不平衡到平衡的转化，既看到发展的短板又看到发展的潜力，正是对传统系统思维和辩证思维智慧的现代转化和创新。

绿色发展理念，传承发展了中华民族特有的天人和谐观。儒家传统"天人合一"思想以及道家"道法自然"思想都强调人的生存和发展必须建立在对自然的尊重、遵循自然规律的基础上。因此，传统中国形成了根深蒂固的敬畏自然、保护环境、崇尚节俭、节制欲望的传统文化，深刻影响和塑造了传统中国的发展脉路和中国人的生活方式。但是，我们也可以看到，在现代中国，由于生产力水平的提高，经济发展和生态环境之间的关

---

① 《习近平在贵州调研时强调：看清形势适应趋势发挥优势，善于运用辩证思维谋化发展》，载 2015 年 6 月 19 日《人民日报》。

② 中共中央文献研究室编：《习近平总书记重要讲话文章选编》，中央文献出版社、党建读物出版社 2016 年版，第 393 页。

系呈现出与以往极大不同的特点。在生产力水平低下的传统中国,生产发展对环境造成的压力是很有限的,同时社会发展是缓慢的,人们的生活水平也是非常低下的。在生产力水平大大提高的今天,人民生活水平大大提高,但生产发展对生态环境造成了前所未有的压力,出现以牺牲环境为代价求发展的局面。那么,以“天人合一”和“道法自然”为主要内容的传统天人和谐观在当代还有没有发挥作用的必要和可能?显然,回到生产力低下水平的发展方式是不可能的,也是违背自然和历史发展规律的;一味强调节俭和节欲、回归到原始的生活方式也是不现实的。因此,如何在新的生产力水平基础上处理好发展与环境的关系,建设生产发展、生活富裕、生态良好的文明社会,是一项前所未有的重大任务。

2013年9月7日,习近平在哈萨克斯坦纳扎尔巴耶夫大学发表演讲。他在谈到环境保护问题时提出:“我们既要绿水青山,也要金山银山。宁要绿水青山,不要金山银山,而且绿水青山就是金山银山。”①用“绿水青山”和“金山银山”的关系生动形象地表达了党和政府大力推进生态文明建设的鲜明态度和坚定决心。“绿水青山”和“金山银山”的关系,就是生态保护和经济发展的关系,既要经济发展,又要加强生态建设和环境保护,二者不可得兼时,则以生态环境为先,二者之间不应是对立冲突的关系,而是在保护中发展、在发展中保护的辩证统一关系。2015年3月24日,中央政治局审议通过的《关于加快推进生态文明建设的意见》,把“坚持绿水青山就是金山银山”这一重要理念正式写入了中央文件,“十三五”规划则把“加快改善生态环境”的各项措施写进规划纲要中。2016年1月18日,习近平在省部级主要领导干部学习贯彻党的十八届五中全会精神专题研讨班上的讲话中提出,要“着力推进人与自然的和谐共生。绿色发展,就其要义来讲,是要解决好人与自然和谐共生问题”②。2017年1月,习近平在联合国日内瓦总部演讲时明确表达了中国走绿色发展道路的决心:“我们不能吃祖宗饭、断子孙路,用破坏性方式搞发展。绿水青山

① 中共中央宣传部编:《习近平总书记系列重要讲话读本》,学习出版社、人民出版社2014年版,第120页。

② 中共中央文献研究室编:《习近平总书记重要讲话文章选编》,中央文献出版社、党建读物出版社2016年版,第394页。

就是金山银山。我们应该遵循天人合一、道法自然的理念，寻求永续发展之路。”[①]2017 年 5 月 26 日，习近平在中共中央政治局第 41 次集体学习时强调，要“像保护眼睛一样保护生态环境，像对待生命一样对待生态环境”[②]，并就推动形成绿色发展方式和生活方式提出六项重点任务：加快转变经济发展方式，加大环境污染综合治理，加快推进生态保护修复，全面促进资源节约集约利用，倡导推广绿色消费，完善生态文明制度体系。

新时期党中央发起的这场全方位系统性的绿色变革，传承了中华民族特有的天人和谐观，秉承尊重自然、顺应自然、保护自然的传统文化基因，更重要的贡献则是，提出并践行以“加快转变经济发展方式”为主要手段的一整套绿色发展方案，这就使绿色发展不仅作为一种发展理念深入人心，更是作为一种发展方式，以其科学性和可操作性来确保绿色发展，真正实现了对中华传统天人和谐观的传承和创新。

开放发展理念，传承发展了中华民族的包容文化。中华文化历来崇尚海纳百川、有容乃大，积淀形成了无与伦比的包容文化。一般认为，《尚书》中最早有“有容乃大”之语。《庄子·秋水篇》中则有“天下之水莫大于海，万川纳之”的典故。清代林则徐在其厅堂内书写对联：“海纳百川，有容乃大。壁立千仞，无欲则刚”，深刻道出了中华传统文化的精髓——既具海纳百川、开放包容之胸襟，又具坚持原则、刚正不阿之气魄。人们对“海纳百川，有容乃大”这一中华传统文化特色的认识，因林则徐的这幅对联而流传甚广。在这种海纳百川之包容精神的浸润中，中华民族历来持有开放包容的传统。中华民族的形成本身就是开放包容的产物，是各民族不分出身、肤色、信仰、风俗，都因向往先进的华夏文化而汇聚到一起逐渐形成中华民族的过程。西汉张骞出使西域，开辟了中西交流的通道，丝绸之路得以闻名于世，流芳千古。隋唐时期，中国与世界的商贸文化交流至今影响深远。宋元时期，形成了海上丝绸之路。明朝郑和下西洋，远达非洲，传播了中国文化，促进了中外交流。中华民族是个善于学习的民

---

① 《习近平主席在联合国日内瓦总部的演讲》，人民网，http://cpc.people.com.cn/n1/2017/0119/c64094-29034230.html，2017 年 1 月 19 日。

② 《习近平在中共中央政治局第四十一次集体学习时强调：推动形成绿色发展方式和生活方式，为人民群众创造良好生产生活环境》，载 2017 年 5 月 28 日《人民日报》。

族，在对外交往中，以开放包容的心态，结合自身的需要，学习域外的思想文化、引进物质文化等。

党的十八大以来，党中央在改革开放取得的伟大成果的基础上，继续秉承开放包容的传统，结合新的时代条件，适应新的时代发展趋势和要求，提出开放发展理念，并采取了一系列推进开放发展的措施。习近平总书记多次强调要坚持开放发展，着力实现互利共赢，构建开放型经济，共商共建共享，“一带一路”从倡议到实践，到不断推进，就是十八大以来开放共享理念的最好诠释，加之金砖国家、亚投行建设等，都体现了中国作为一个发展中大国努力承担更多国际责任、积极参与全球治理、推动世界格局更加合理、扩大人类发展共同利益的大国形象。

共享发展理念，传承发展了中华传统仁爱共济文化和天下大同理想。中华传统文化崇尚人间大爱。孔子即以“仁爱”为思想的核心，以达仁行仁为毕生追求，推崇“博施于民而能济众”，并为实现“天下归仁”的梦想而奔波终生。孟子倡“仁政”，尚“独乐乐不如众乐乐”，倡“老吾老以及人之老，幼吾幼以及人之幼”。墨子尚“兼爱”，主张“兼相爱，交相利”，摩顶放踵以利天下。出自《孙子·九地》的“同舟共济”是中国人熟知的成语。而“大道之行也，天下为公”的大同理想更是中华民族数千年来的不懈梦想。在这种文化基因的影响下，中华民族从来不吝共享，危难之时同舟共济，通达之日兼济天下，世世代代为理想社会的实现而不懈奋斗。

党中央提出的共享发展理念便是在马克思主义指导下，对中华优秀文化传统的传承和创新。2016 年 1 月 18 日，习近平在省部级主要领导干部学习贯彻党的十八届五中全会精神专题研讨班上的讲话中强调指出，要“着力践行以人民为中心的发展思想”，“共享理念实质就是坚持以人民为中心的发展思想，体现的是逐步实现共同富裕的要求。共同富裕，是马克思主义的一个基本目标，也是自古以来我国人民的一个基本理想”。讲话在深刻阐述马克思主义基本目标和中华传统理想高度契合的基础上，阐明了共享发展理念的四个基本内涵：就共享的覆盖面而言，共享是全民共享，而不是少数人共享、一部分人共享；就共享的内容而言，共享是全面共享，全面保障人民在各方面的合法权益；就共享的实现途径而言，共享是共建共享，没有共建就没有共享，要形成人人参与、人人尽力、人人都有成就感的生动局面；就共享发展的推进进程而言，共享是渐进共

享，必将有一个从低级到高级、从不均衡到均衡的过程。[①] 讲话立足国情，全面、辩证、系统阐明了共享发展理念的传统文化基础、中国特色社会主义本质以及实现共享发展的途径等，为共享发展指明了方向和道路。

(3)“四个自信”对传统治国理政智慧的创新性发展

习近平总书记在庆祝中国共产党成立95周年大会上的重要讲话中，把“文化自信”与中国特色社会主义道路自信、理论自信、制度自信并列提出，强调坚持中国特色社会主义道路自信、理论自信、制度自信、文化自信(以下简称“四个自信”)。

我们为什么要坚持“四个自信”？习近平在讲话中阐明：“中国特色社会主义道路是实现社会主义现代化的必由之路，是创造人民美好生活的必由之路。”“中国特色社会主义理论体系是指导党和人民沿着中国特色社会主义道路实现中华民族伟大复兴的正确理论，是立于时代前沿、与时俱进的科学理论。”“中国特色社会主义制度是当代中国发展进步的根本制度保障，是具有鲜明中国特色、明显制度优势、强大自我完善能力的先进制度。”“文化自信，是更基础、更广泛、更深厚的自信。”[②]

我们坚持“四个自信”的底气来自哪里？习近平在讲话中的阐述告诉我们，我们坚持“四个自信”的底气就在于，中国共产党领导中国人民取得了前所未有的伟大胜利：“使具有5000多年文明历史的中华民族全面迈向现代化，让中华文明在现代化进程中焕发出新的蓬勃生机；使具有500年历史的社会主义主张在世界上人口最多的国家成功开辟出具有高度现实性和可行性的正确道路，让科学社会主义在21世纪焕发出新的蓬勃生机；使具有60多年历史的新中国建设取得举世瞩目的成就，中国这个世界上最大的发展中国家在短短30多年里摆脱贫困并跃升为世界第二大经济体，彻底摆脱被开除球籍的危险，创造了人类社会发展史上惊天动地的发展奇迹，使中华民族焕发出新的蓬勃生机。”[③]伟大胜利的取得离不

① 参见中共中央文献研究室编：《习近平总书记重要讲话文章选编》，中央文献出版社、党建读物出版社2016年版，第401～403页。

② 习近平：《在庆祝中国共产党成立95周年大会上的讲话》，载2016年7月2日《人民时报》。

③ 习近平：《在庆祝中国共产党成立95周年大会上的讲话》，载2016年7月2日《人民日报》。

开党领导人民在长期的探索和奋斗中自觉创立并不断创新形成的中国特色社会主义道路、中国特色社会主义理论体系和中国特色社会主义制度。而道路自信、理论自信、制度自信，正如习近平所指出的，其本质是建立在5000多年文明传承基础上的文化自信。

为什么说文化自信是道路自信、理论自信、制度自信的本质和根本？

文化自信是"一个国家、一个民族、一个政党对自身文化价值的充分肯定，对自身文化生命力的坚定信念。只有对自己文化有坚定的信心，才能获得坚持坚守的从容，鼓起奋发进取的勇气，焕发创新创造的活力"①。当今中国的文化自信就是中国特色社会主义文化自信，就是中国共产党和中国人民对于中国特色社会主义文化的深度认同、坚定信心和积极践行。

习近平在纪念孔子诞辰2565周年国际学术研讨会暨国际儒学联合会第五届会员大会开幕会上的讲话中强调："文明特别是思想文化是一个国家、一个民族的灵魂。无论哪一个国家、哪一个民族，如果不珍惜自己的思想文化，丢掉了思想文化这个灵魂，这个国家、这个民族是立不起来的"②，深刻阐明了文明特别是思想文化在一个国家、一个民族的生存和发展过程中具有的根本性的重要意义。中华民族的伟大复兴根本上是中华文化的伟大复兴。在实现中华民族伟大复兴、建设中国特色社会主义的历史进程中，中国特色社会主义文化建设在中国特色社会主义建设中具有根本性的重要意义。

中国特色社会主义文化，是建立在5000多年文明基础上的、由中国特色社会主义先进文化引领的包括革命文化在内的文化体系。而无论是社会主义先进文化还是革命文化，都是在党和人民伟大斗争中，深受中华优秀传统文化影响和浸润而形成的具有科学性、时代性和民族性的文化。因此，中国特色社会主义文化是中华民族文化发展的当代成果。正如习近平在庆祝建党95周年大会上的讲话中所指出的："在5000多年文明发

① 云杉：《文化自觉　文化自信　文化自强——对繁荣发展中国特色社会主义文化的思考》(中)，载《红旗文稿》2010年第16期。

② 习近平：《在纪念孔子诞辰2565周年国际学术研讨会暨国际儒学联合会第五届会员大会开幕会上的讲话》，载2014年9月25日《人民日报》(海外版)。

展中孕育的中华优秀传统文化，在党和人民伟大斗争中孕育的革命文化和社会主义先进文化，积淀着中华民族最深层的精神追求，代表着中华民族独特的精神标识。”①这正是我们坚持文化自信的信念源泉和强大底气。当然，坚持文化自信，不仅是因为我们拥有底蕴深厚、创新发展的文化，更因为我们拥有在中国共产党领导下创造的举世瞩目的伟大成就，以及在此基础上实现中华民族伟大复兴中国梦的光明前景。

2.政党治理与中华优秀传统文化

政党治理是三大治理的核心。我们党是一个拥有 8900 多万党员、在一个 13 亿多人口的大国长期执政的党，习近平总书记指出：“党的形象和威望、党的创造力凝聚力战斗力不仅直接关系党的命运，而且直接关系国家的命运、人民的命运、民族的命运。”②中国共产党是领导中国的核心力量，党能否实现良好治理，是能否顺利进行中国特色社会主义建设、完成“两个一百年”目标、实现中华民族伟大复兴的关键。因此，执政党治理(简称“政党治理”)就成为三大治理的核心。

针对新的历史时期我们党面临的“四大考验”(党的执政考验、改革开放考验、市场经济考验、外部环境考验)与“四大危险”(精神懈怠危险、能力不足危险、脱离群众危险、消极腐败危险)，面对复杂多变的国际形势和艰巨繁重的改革发展稳定任务，2013 年，习近平总书记在中共中央政治局第 5 次集体学习时强调：“必须坚持党要管党、从严治党，积极借鉴我国历史上优秀廉政文化，不断提高党的领导水平和执政水平、提高拒腐防变和抵御风险能力，确保党始终成为中国特色社会主义事业的坚强领导核心。”③2014 年 12 月，习近平总书记在江苏调研时提出了“四个全面”的要求，即要“协调推进全面建成小康社会、全面深化改革、全面依法治国、全面从严治党，推动改革开放和社会主义现代化建设迈上新台阶”④，新增了“全面从严治党”的要求，形成了“四个全面”的战略布局。

---

① 习近平：《在庆祝中国共产党成立 95 周年大会上的讲话》，载 2016 年 7 月 2 日《人民日报》。

② 中共中央文献研究室编：《十八大以来重要文献选编》(中)，中央文献出版社 2016 年版，第 92 页。

③ 《习近平谈治国理政》，外文出版社 2014 年版，第 390 页。

④ 《习近平谈治国理政》第 2 卷，外文出版社 2017 年版，第 22 页。

全面从严治党已经上升为“四个全面”战略布局的重要组成部分。习近平总书记高度重视并特别善于积极借鉴我国历史上的优秀廉政文化，将古代政治智慧创造性地运用于当代从严治党的实践中。

一是将传统忧患意识创新运用于从严治党的实践中。2014 年 6 月 30 日，习近平在十八届中央政治局第 16 次集体学习时的讲话中强调，抓党的建设，要增强忧患意识。他引用《诗经·小雅》中的“战战兢兢，如临深渊，如履薄冰”的诗句，以及“安而不忘危”“自强不息”“祸患常积于忽微，而智勇多困于所溺”“一沐三捉发，一饭三吐哺”等饱含着强烈忧患意识的警句，说明“忧患意识是中华民族的一个重要精神特质”，并警告全党：“透过我国历史数千年的发展，可以得出一个规律性认识，就是忧劳兴国，逸豫亡身。”同时他还指出，“我们共产党人的忧患意识，就是忧党、忧国、忧民意识”，强调这既是一种意识，更是一种担当。全党要深刻认识党面临的“四大考验”和“四大危险”，做到居安思危，坚持“两个务必”。①

二是将传统崇德修身的思想精华创新运用于从严治党的实践中。2013 年 11 月 26 日，习近平在曲阜考察时指出：“国无德不兴，人无德不立。”2014 年 5 月 4 日，在同北京大学师生座谈时发表的重要讲话中，借用古语“德者，本也”，并强调：“道德之于个人、之于社会，都具有基础性意义，做人做事第一位的是崇德修身。”②对于中国共产党的党员、干部，崇德修身更是第一位的要求，甚至还要有更高的标准和更严的规范。

习近平强调，“打铁还需自身硬”③。党要管党，从严治党，就是要打造党治国理政的硬功夫，而做到这些，每一位党员，从国家领导人到各级党员干部和基层党员，都要以修身养德为本。习近平特别强调党的各级领导干部在修身正己方面的表率作用，包括党的中央政治局在全党的表率作用、党的领导干部在全党的表率作用等。2014 年 10 月 8 日，习近平在党的群众路线教育实践活动总结大会上的讲话中强调：“必须领导带

---

① 中共中央文献研究室编：《习近平总书记重要讲话文章选编》，中央文献出版社、党建读物出版社 2016 年版，第 153、154、155 页。

② 中共中央文献研究室编：《十八大以来重要文献选编》(中)，中央文献出版社 2016 年版，第 7 页。

③ 中共中央宣传部编：《习近平总书记系列重要讲话读本》，学习出版社、人民出版社 2014 年版，第 156 页。

头、以上率下。正人必先正己，正己才能正人。中央怎么做，上层怎么做，领导干部怎么做，全党都在看。”并作出深刻总结：“首先从中央做起，各级主要领导亲自抓、作表率，是这次活动取得成效的关键。”①2015 年 12 月，在中央政治局“三严三实”专题民主生活会上的讲话中，又运用古语“事在四方，要在中央”，再次强调中央政治局当好表率的重要性。②

2015 年 3 月 5 日，在参加十二届全国人大三次会议上海代表团审议时的讲话中，习近平连续运用历史名言，如：运用“鱼和熊掌不可兼得”强调“当官就不要发财，发财就不要当官”；运用“其身正，不令而行；其身不正，虽令不从”强调领导干部在党的治国理政中表率作用的重要性，说明了为什么对领导干部要特别严格要求。习近平特别重视党员、干部的思想问题这个“总开关”，2014 年 10 月 8 日，他在党的群众路线教育实践活动总结大会上的讲话中运用“求木之长者，必固其根本；欲流之远者，必浚其泉源”的古训深刻指出，党员、干部“思想上的滑坡是最严重的病变”，要拧紧思想问题这个“总开关”，正确处理公私关系，建立正确的是非观、义利观、权力观、事业观。他告诫全党，对于思想上的问题，要用“照镜子”“正衣冠”“洗洗澡”“治治病”的方法经常进行反省。③

三是将传统“知行合一”的思想精华创新运用于从严治党的实践中。党的十八大以来，无论是确立“两个一百年”的奋斗目标，还是提出中华民族伟大复兴的“中国梦”，无论是统筹“五位一体”总体布局还是协调推进“四个全面”战略布局，无论是把握中国经济发展新常态还是牢固树立五大发展理念，都无不体现出以习近平总书记为核心的党中央的战略思想和政治智慧。

怎样实现这些战略目标？习近平特别重视“知行合一”。“知行合一”是我国明代著名思想家、军事家王阳明先生心学的根本方法论。习近平总书记曾在很多场合提到王阳明的心学，在 2015 年参加全国“两会”讨论

---

① 中共中央文献研究室编：《十八大以来重要文献选编》(中)，中央文献出版社 2016 年版，第 89 页。

② 中共中央文献研究室编：《习近平总书记重要讲话文章选编》，中央文献出版社、党建读物出版社 2016 年版，第 336 页。

③ 参见中共中央文献研究编：《十八大以来重要文献选编》(中)，中央文献出版社 2016 年版，第 94～95 页。

时更是指出，王阳明的心学正是中国传统文化中的精华，也是增强中国人文化自信的切入点之一。他将“知行合一”的思想精华活学活用，特别强调党员、干部要带头做到“知行合一”。

2014 年 1 月，习近平在中央党的群众路线教育实践活动第一批总结暨第二批部署会议上强调：“知是基础、是前提；行是重点、是关键；必须以知促行，以行促知，做到知行合一。”[①]而要做到“知行合一”，首先是要做到“知”，即要通过勤奋学习达到“知”。2013 年 3 月 1 日，习近平在中央党校建校 80 周年庆祝大会暨 2013 年春季学期开学典礼上讲话中强调：“我们党历来重视抓全党特别是领导干部的学习，这是推动党和人民事业发展的一条成功经验。在每一个重大转折时期，面对新形势新任务，我们党总是号召全党同志加强学习；而每次这样的学习热潮，都能推动党和人民事业实现大发展大进步。”因此，习近平向全党提出要求：“全党同志一定要善于学习，善于重新学习。”“学习是前提，学习好才能服务好，学习好才有可能进行创新。”他还运用古语“学者非必为仕，而仕者必为学”强调说明，领导干部学习不仅是自己的事情，而是关乎党和国家事业发展的大事。[②]“知行合一”的目的则是“行”。习近平在这次大会上指出：“学习的目的全在于运用。领导干部加强学习，根本目的是增强工作本领、提高解决实际问题的水平。”[③]他并运用战国赵括“纸上谈兵”、两晋学士“虚谈废务”的历史教训提醒全党引为鉴戒。

四是将传统人本思想的精华创新运用于从严治党的实践中。自毛泽东提出“为人民服务”以来，我们党一直坚持群众观点和群众路线，开辟了一条跳出“其兴也勃焉，其亡也忽焉”的历史周期律的“新路”。党的十八大以来，党中央在新的历史起点上继续坚持党的“为人民服务”的宗旨，同时又在新的历史条件下充分运用中华优秀传统文化，从严治党，将我们党“为人民服务”的宗旨贯彻得更加广泛和深入。

---

① 《学习他——“知行合一”的中国智慧》，央视网，http://news.cctv.com/2017/04/09/ARTIU3aU1FY4i8KW1bA1hbNe170409.shtml，2017 年 4 月 9 日。

② 中共中央文献研究室编：《习近平总书记重要讲话文章选编》，中央文献出版社、党建读物出版社 2016 年版，第 30、33 页。

③ 中共中央文献研究室编：《习近平总书记重要讲话文章选编》，中央文献出版社、党建读物出版社 2016 年版，第 35 页。

习近平的讲话处处体现人本情怀。早在2013年6月18日，习近平总书记在党的群众路线教育实践活动工作会议上的讲话中提出："我们党来自人民、植根人民、服务人民，党的根基在人民、血脉在人民、力量在人民。失去了人民拥护和支持，党的事业和工作就无从谈起。"①他借用传统文化中"得民心者得天下，失民心者失天下"之语告诫全党："人民拥护和支持是党执政的最牢固根基。人心向背关系党的生死存亡。"②为了更好地实现"为人民服务"，习近平在庆祝建国65周年招待会上的讲话中强调，我们要坚持"以百姓心为心"，倾听人民心声，汲取人民智慧，始终把实现好、维护好、发展好最广大人民根本利益作为一切工作的出发点和落脚点，让发展成果更多更公平惠及全体人民。"以百姓心为心"出自《老子》第49章："圣人无常心，以百姓心为心。"习近平引用《老子》中的这句话强调说明我们党"为人民服务"的宗旨，并在继承中华优秀传统的基础上强调了当今时代，党的"为人民服务"要落实到"让发展成果更多更公平惠及全体人民"。

总之，党的十八大以来，以习近平总书记为核心的党中央把从严治党放到了空前重要的位置，形成了一系列有创新性的政党治理新理念新思想，这些创新许多都是对古代典籍、名言警句等中华优秀理念和特有智慧的古为今用和推陈出新，使中华传统政治智慧在当代政党治理中实现了创造性转化和创新性发展。

3.全球治理与中华优秀传统文化

在三大治理中，全球治理是基石。随着中国综合国力的不断提升，中国在世界舞台上发挥着越来越大的作用。中国的发展需要一个更加和平稳定的国际环境，而当今世界日新月异、风云激荡，"世界那么大，问题那么多"，和平与发展仍然是当今世界的时代主题，谋求和平发展的任务更加复杂艰巨。以习近平总书记为核心的党中央深刻思考并洞察人类前途命运，把握中国和世界发展大势，统筹国内国际两个大局，紧紧围绕实现

① 中共中央文献研究室编：《习近平总书记重要讲话文章选编》，中央文献出版社、党建读物出版社2016年版，第42页。

② 中共中央文献研究室编：《习近平总书记重要讲话文章选编》，中央文献出版社、党建读物出版社2016年版，第43页。

“两个一百年”奋斗目标和实现中华民族伟大复兴中国梦，在全球治理领域提出一系列新理念、新思想、新战略，为世界提供了完善全球治理的中国方案。

2014 年 3 月 28 日，习近平总书记在德国科尔伯基金会的演讲中提出：“我们将从世界和平与发展的大义出发，贡献处理当代国际关系的中国智慧，贡献完善全球治理的中国方案，为人类社会应对 21 世纪的各种挑战作出自己的贡献。”①这是一个有着悠久和平发展文明史的大国对世界的庄严承诺。2015 年 10 月 12 日，习近平总书记在中共中央政治局第 27 次集体学习时的讲话中提出：“要推动全球治理理念创新发展，积极发掘中华文化中积极的处世之道和治理理念同当今时代的共鸣点，继续丰富打造人类命运共同体等主张，弘扬共商共建共享的全球治理理念。”②在党的十九大报告中，习近平总结了中国在倡导构建人类命运共同体、促进全球治理体系变革进程中所作出的努力和为推动世界和平与发展提供的中国智慧和中国方案。诚然，博大精深的中华优秀传统文化中蕴含的治理智慧为全球治理中国方案的提出提供了深厚的文化底蕴和智慧源泉。

一是中华传统和合文化提供的全球治理智慧。和合文化是中华优秀传统文化中最具特色的文化因素，其中蕴含的和合精神与和合智慧，形成了中华文化的突出优势(其内容详见本书第一章)。和合是中华传统文化的本质特征之一，深刻影响了中华文化的特色和走向，也正在深刻影响着新时期全球治理的中国方案。

和合文化要求不同国家和民族和平共处。中国共产党历来深受和合文化的影响，在处理国际关系方面，一贯坚持和平共处五项原则。新时期，中国在参与全球治理的进程中继续坚持和平发展合作共赢的方针，为维护和促进世界和平与稳定发挥了积极作用。中国的快速发展引起世界某些力量的担忧和怀疑，这是因为“国强必霸”的逻辑一度大行其道。而

① 《习近平：历史是最好老师 给每一个国家未来的发展提供启示》，新华网，http://www.xinhuanet.com/world/2014-03/29/c_1110007614_2.htm，2014 年 3 月 29 日。

② 《习近平在中共中央政治局第二十七次集体学习时强调：推动全球治理体制更加公正更加合理，为我国发展和世界和平创造有利条件》，央视网，http://news.cntv.cn/2015/10/13/VIDE1444734793583325.shtml，2015 年 10 月 13 日。

秉承中华民族和合基因的中国共产党和中国人民始终奉行和平外交政策，为世界的和平与发展不断贡献智慧和力量。2014 年 5 月 15 日，习近平在出席中国国际友好大会暨中国人民对外友好协会成立 60 周年纪念活动时的讲话中强调："中华民族历来是爱好和平的民族"，"一直追求和传承着和平、和睦、和谐的坚定理念"。"中华民族的血液中没有侵略他人、称霸世界的基因，中国人民不接受'国强必霸'的逻辑，愿意同世界各国人民和睦相处、和谐发展，共谋和平、共护和平、共享和平。"①

和合文化要求维护文明的多样性。习近平在多种场合强调这一点。2014 年 3 月 27 日在联合国教科文组织总部演讲时，他引用明清时期《古今贤文》中的名句"一花独放不是春，百花齐放春满园"来说明，"文明是多彩的，人类文明因多样才有交流互鉴的价值"②，以推动世界文明的交流互鉴，丰富人类文明的色彩，让各国人民享受更富内涵的精神生活，开创更有选择的未来。与西方流行的"文明冲突论"截然不同的是，和合精神提倡文明的多样共存，提倡文明之间的平等对待，提倡文明之间的交流和互鉴，提倡不同文明在互相尊重的前提下共同发展，体现了尊重、包容、开放的态度和胸襟，这对于消除文明之间的对立甚至敌对、消弭可能由文明的不同而引起的冲突或战争具有重要的意义。尊重文明多样性也是谋求世界和平与稳定的基本前提。中国不仅秉承和合的理念，提倡和坚持和平发展合作共赢，更重要的是，在全球治理的新时代背景下，倡导并大力推动世界范围内的经济文化等多方面的交流与合作。如提倡并推动"一带一路"建设，以此来促进不同国家的共同繁荣，目前，"一带一路"建设如火如荼，沿线各国皆从中受益。

二是中华传统忠恕之道提供的全球治理智慧。深受和合文化影响并进一步丰富和发展了中华民族和合文化的孔子，提出了流传千古的忠恕之道。忠即"己所不欲，勿施于人"，恕则"己欲立而立人，己欲达而达人"。

孔子的弟子曾问孔子，有哪一句话可以终生奉行吗？孔子的回答就是"己所不欲，勿施于人"。"己所不欲，勿施于人"不仅在处理人与人之间

---

① 《习近平在中国国际友好大会暨中国人民对外友好协会成立 60 周年纪念活动上的讲话》，载 2014 年 5 月 16 日《人民日报》。

② 《习近平在联合国教科文组织总部的演讲》，新华网，2014 年 3 月 28 日。

的关系上可以发挥积极的作用，在处理国与国、民族与民族、文明与文明之间的关系上也同样适用。它要求我们在处理国家、民族、文明之间的关系时，要设身处地换位思考，能够推己及人、为对方着想。也就是说，它要求我们，自己不喜欢的事情不要强加给别人。比如，一个独立自主的国家不喜欢别国对本国指手画脚，不喜欢别国强加给本国别国的信仰、价值观念、发展模式等，那么，这个国家就不要把自己的信仰、价值观念及发展模式等强加给别国。一个民族不愿意丢掉本民族的文化特色、制度特色等，就不要强求别国接受自己的特色。任何国家、民族或文明都不喜欢接受强势国家、民族或文明的弱肉强食、阶级压迫、民族歧视、强权政治等霸权主义，因此，中国旗帜鲜明地反对任何"己所不欲，施之于人"的霸权主义，而是在全球治理中大力倡导和运用"己所不欲，勿施于人"的思想精髓，努力促进世界各国、各民族、各文明之间的平等互助、合作共赢，以推动建立真正公正合理的国际政治经济新秩序。

"仁"是孔子的核心思想，是孔子追求的做人理想境界。怎样做到"仁"呢？就是要用"己欲立而立人，己欲达而达人"的方法。习近平总书记在 2014 年新年贺词中说："宇宙浩瀚，星汉灿烂。70 多亿人共同生活在我们这个星球上，应该守望相助、同舟共济、共同发展。中国人民追寻实现中华民族伟大复兴的中国梦，也祝愿各国人民能够实现自己的梦想。"①中国梦是中国人民的伟大梦想，实现中国梦是能够使亿万中华儿女受益的事情。而中国梦的实现，一方面离不开和平发展的世界大环境，另一方面也会给世界人民实现自己的梦想带来机遇。中国梦将中国和世界联系起来，使中国在谋求本国发展的同时促进世界各国共同发展。习近平总书记的讲话为中国梦赋予了世界意义。中国提出的"一带一路"倡议和实践、中国倡议成立的亚投行的运作、中国积极推动的金砖国家合作等，无不是在欢迎世界各国"搭乘中国发展的列车"，无不是对"己欲立而立人，己欲达而达人"最好的现代诠释。

三是中华传统"天下观"提供的全球治理智慧。"天下"是中国文化独有的概念，"天下观"是中国文化独有的观念。"天下"的概念主要有三个

---

① 《习近平主席发表 2014 年新年贺词》，央视网，http://news.cntv.cn/2013/12/31/VIDE1388488325799104.shtml，2013 年 12 月 31 日。

层面：在地理意义上，“天下”指的是普天之下的土地和空间；在社会心理意义上，“天下”指的是“民心”，即民众的支持，民心之归附；在伦理和政治意义上，“天下”指的是“天下大同”的世界秩序主张。能够为当今全球治理提供独特智慧和启示的就是基于“天下大同”的世界秩序主张的一系列观念，也就是中华传统的“天下观”。“天下观”是古代中国人一种非常重要的价值观，也是古代中国的世界秩序观。在古代中国，人们以中原地区为天下之中央，是为“中国”，连同周围的蛮夷戎狄地区，共称为“天下”。“天下观”作为一种政治思想，形成于先秦时期。中国与四方的“四夷”，共同构成以中国为中心的同心圆。

中国历史上“天下观”的最高理想是“天下大同”，这使得中国文化具有了包容非华夏民族的文化基因，形成了中华民族所特有的凝聚力和向心力。所以，在中国历史上分裂状态是暂时的，而人们追求的统一状态是常态，是主流。[①] 在追求“天下大同”的道路上，传统“天下观”表现出独特的文化气质。这典型地表现在中华文化特有的华夷之辨上。

“华夷之辨”亦称“夷夏之辨”。“华夷之辨”本质上不是地域之辨，不是道德之辨，而是文化之辨。以孔子的“夷夏之辨”为例。在先秦时期，诸夏居中原地区，文化先进，代表着文明；蛮夷戎狄居于四方偏远地区，文化落后，代表着野蛮。孔子认为，理想的社会进步之路就是：“远人不服，则修文德以来之；既来之，则安之。”[②]这是通过文德教化使落后民族接受先进文化，从而变夷为夏，走向文明，实现天下大同的理想。《论语·宪问》记载：

> 子贡曰：“管仲非仁者与？桓公杀公子纠，不能死，又相之。”子曰：“管仲相桓公，霸诸侯，一匡天下，民到于今受其赐。微管仲，吾其被发左衽矣。”

这段记载通过孔子对管仲的评价表明了孔子对“华夷之辨”的态度，那就是，先进的中原民族如果被迫接受夷狄的文化就成为夷狄了，这是文化走向的悲哀。而管仲的作为，使夷狄得到匡正，也接受了华夏文化，便也成

---

① 参见刘丹忱：《中国的“天下观”与西方的世界秩序观》，载《武汉大学学报（人文科学版）》2016年第5期。

② 《论语·季氏》。

为华夏的一分子。因此,“华夷之辨”既不是地域之辨,也不是道德之辨,而是文化之辨。

孔子的这一思想对后世影响深远。它超越了狭隘的民族主义,不以血统种族及地理和其他条件为准来定华夷,而以文化之先进与否来区别,其本质是对追求文明的歌颂。这也使中华民族历经数千年,虽经政权更迭无数,却始终保持凝聚力和向心力。这一观念,与那种建立在民族优越论基础上的殖民理念有着天壤之别,具有超越时空的伟大意义。

中国的“天下观”追求的不是天下各国家、民族的绝对平等,也不是优胜劣汰、肉弱强食,而是通过非战争的途径,使天下各国、各民族和睦相处,共同进步。当今时代,世界秩序仍然受西方世界秩序观的支配。西方世界秩序观是建立在弱肉强食、强大军事力量基础上的,遵循“国强必霸”的逻辑,往往通过战争来建立和维持世界秩序,这对人类文明进步是无益的。

党的十八大以来,以习近平总书记为核心的党中央适时提出了构建“人类命运共同体”的新世界秩序观。这是对当今国际国内大势的科学研判,也是秉承中华特有的“天下观”的文化基因,对中华优秀传统世界治理智慧的创造性转化和创新性发展。党的十八大报告提出:“要倡导人类命运共同体意识,在追求本国利益时兼顾他国合理关切,在谋求本国发展中促进各国共同发展,建立更加平等均衡的新型全球发展伙伴关系,同舟共济,权责共担,增进人类共同利益。”党的十八大以来,习近平总书记多次在国际讲话中阐述“人类命运共同体”理念。如在 2015 年博鳌亚洲论坛上,习近平指出:“面对风云变幻的国际和地区形势,我们要把握世界大势,跟上时代潮流,共同营造对亚洲、对世界都更为有利的地区秩序,通过迈向亚洲命运共同体,推动建设人类命运共同体。”①2015 年 9 月 28 日,习近平在出席第 70 届联合国大会一般性辩论时的讲话中再次提出人类命运共同体的重大命题,主张通过建立平等相待、互商互谅的伙伴关系,营造公道正义、共建共享的安全格局,谋求开放创新、包容互惠的发展前景,促进和而不同、兼收并蓄的文明交流,构筑尊崇自然、绿色发展的生态体系等来打造人类命运共同体。

---

① 《习近平主席在博鳌亚洲论坛 2015 年年会上的主旨演讲》,中国网,http://news.china.com.cn/2016-10/29/content_39595799.htm,2016 年 10 月 29 日。

打造“人类命运共同体”是党中央提出的全球治理的目标。“人类命运共同体”的核心内容是合作共赢。2016 年 6 月 6 日，在第八轮中美战略与经济对话和第七轮中美人文交流高层磋商联合开幕式上，习近平强调：“中国坚定不移走和平发展道路，倡导各国共同走和平发展道路，推动构建以合作共赢为核心的新型国际关系，打造人类命运共同体。……推动国际秩序朝着更加公正合理的方向发展，让我们生活的这个星球更加美好。”[①]“人类命运共同体”的基本要求是相互尊重，平等相处，和平发展，共同繁荣。习近平在纪念中国人民抗日战争暨世界反法西斯战争胜利 70 周年大会上的讲话中提出：“为了和平，我们要牢固树立人类命运共同体意识。偏见和歧视、仇恨和战争，只会带来灾难和痛苦。相互尊重、平等相处、和平发展、共同繁荣，才是人间正道。”[②]在党的十九大报告中，习近平提出，中国共产党是为中国人民谋幸福的政党，也是为人类进步事业而奋斗的政党，始终把为人类做出新的更大的贡献作为自己的使命。习近平重申了坚持和平发展道路、推动构建人类命运共同体的理念，将“以合作共赢为核心”的新型国际关系的内涵扩充为“相互尊重，公平正义，合作共赢”，既丰富发展了新时代中国的外交理念，又对未来世界秩序演进方向作出了前瞻性判断。

中国在提出构建和打造“人类命运共同体”新理念的同时，着力于真抓实干。习近平在中央政治局第 35 次集体学习时强调，要“积极参与全球治理，主动承担国际责任，但也要尽力而为，量力而行”[③]。党的十八大以来，中国通过倡议并共建“一带一路”、组建亚投行、设立丝路基金、支持发展中国家开展基础设施互联互通建设、推动 G20 机制更好发挥作用、推动金砖国家运作等，使无论强国弱国，都共同享有梦想成真的机会，以推动建立以合作共赢为核心的新型国际交流合作关系。中国以打造“人

---

① 习近平：《为构建中美新型大国关系而不懈努力》，中国网，http://news.china.com.cn/2016-06/06/content_38613706.htm，2016 年 6 月 6 日。

② 中共中央文献研究室编：《十八大以来重要文献选编》(中)，中央文献出版社 2016 年版，第 666 页。

③ 《中共中央政治局进行第三十五次集体学习》，中华人民共和国中央人民政府网，http://www.gov.cn/xinwen/2016-09/28/content_5113091.htm，2016 年 9 月 28 日。

类命运共同体”为目标的大国外交，使中国以负责任、有担当的新型大国形象，对维护世界和平、促进世界繁荣发展不断做出新贡献，在国际上赢得了广泛赞誉，也使未来世界呈现出更加美好的前景。

中国共产党以中华优秀传统文化为文化基础创新和发展中国特色社会主义理论体系的历史过程是连续性与阶段性的统一。连续性表现为一贯性、稳定性、原则性。从邓小平理论到习近平新时代中国特色社会主义思想，对待传统文化的态度和政策是稳定的、一贯的，有着基本的原则，没有出现大的波动。那就是：始终坚持马克思主义基本原理的指导；始终坚持以经济建设为中心，以发展为第一要务；始终以振兴中华特别是实现中华民族的伟大复兴为己任；始终坚持古为今用、洋为中用、推陈出新的基本原则和方针等。在对优秀传统文化的内容和精神的继承和创新方面，也具有连贯性并不断发展，体现了中国共产党一以贯之的以自强不息精神为不竭的精神动力、以厚德载物传统为深厚的文化底蕴、以传统人本思想为丰厚的思想资源、以和合思想为独特的智慧源泉、以“大一统”观念为祖国统一理论坚实的文化基础等。在坚持以上原则的同时，在中国特色社会主义理论体系发展的每一个阶段上，又较前一个阶段更加理性、更加自觉、更加完善，并以新的成果不断拓展以中华优秀传统文化为文化基础发展中国特色社会主义理论体系的广度和深度。因此，中国共产党在以优秀传统文化为基础开创和发展中国特色社会主义理论体系的进程中所表现出来的统一性及阶段性是对立统一的关系，既体现了不同阶段之间的一脉相承，又表现出马克思主义发展和中华文化发展所要求的与时俱进的精神。

从改革开放之初至今，国内外形势都发生了巨大变化，这是中国共产党在不同历史阶段以中华优秀传统文化为基础开创和发展中国特色社会主义理论体系所呈现出具体特征的实践根源。同时，以不断增强的文化自觉、文化自信和文化自强意识来对待祖国传统文化，改造和弘扬祖国优秀传统文化来推进马克思主义中国化的进程，则是新时期中国共产党人主体意识的高度体现。这使中国共产党在中华优秀传统文化的基础上开创和发展中国特色社会主义理论体系的历史进程呈现出不同于以往中国化马克思主义理论成果的鲜明特色，积累了宝贵的经验，并呈现出许多深刻的规律性特征。

第三章

在优秀传统文化基础上开创和发展中国特色社会主义理论体系的经验与特色

中国共产党自从1921年成立以来，在马克思主义指导下分析和解决中国的实际问题、丰富和发展马克思主义亦即实现马克思主义中国化的伟大历程走过了90多个春秋。在这90余年中，马克思主义中国化实现了两次大的飞跃：第一次飞跃是在新民主主义革命时期，中国共产党人经过艰苦探索，在运用马克思主义理论解决中国革命问题的过程中，总结成功经验和失败教训，找到了一条有中国特色的革命道路，不断引导革命走向胜利，最终实现了中华民族的独立。第二次飞跃是在党的十一届三中全会以后，中国共产党人在总结中华人民共和国成立30多年来正反两方面经验的基础上，在研究国际形势和世界各国经验教训的基础上，运用马克思主义理论解决中国的新问题，找到了一条有中国特色的社会主义道路，开辟了社会主义建设的新阶段。这两次飞跃形成了两大理论成果——毛泽东思想和中国特色社会主义理论体系。毛泽东思想是把马克思主义与中国优秀传统文化相结合以实现马克思主义中国化的典范。中国特色社会主义理论体系则是在毛泽东思想的基础上继续坚持把马克思主义与中华优秀传统文化相结合，以进一步推动马克思主义中国化、建设中国特色社会主义的理论成果。相对于毛泽东思想，中国特色社会主义理论体系在把马克思主义与中华优秀传统文化相结合以推动马克思主义中国化的进程中积累了大量经验，形成了鲜明特色。

一、与时俱进，体现时代性

（一）全新的时代特征及中国特色社会主义理论体系的形成和发展

“文化大革命”结束后，党的十一届三中全会召开，马克思主义中国化的历程开始了一个新的历史时期，至今已经40年。这个40年是继新民主主义革命和社会主义革命成功之后进行社会主义建设的40年，是改革开放的40年，是思想解放、经济发展、政治昌明、教育勃兴、文艺繁荣、科学发展的40年，是中国自实现民族独立和人民解放之后走向富强、逐步走向中华民族伟大复兴的40年。这个新时期与改革开放前相比具有不同的时代特征；进入新时期以来，在不同的发展阶段也呈现出时代背景的差异。新时期的中国共产党人就是在新的时代背景下，不断与时俱进，运用中华传统文化的优秀资源开创并发展着中国特色社会主义理论体系。

1.1978～1992年：中国特色社会主义理论体系初步形成

1976年，“文化大革命”结束后，从国内情况看，尽管中国仍然是一个社会主义大国，但全国上下受极左思想影响，“以阶级斗争为纲”“两个凡是”的思想路线大行其道，经济倒退，文化凋零，百废待兴。从国际上看，经过两次世界大战，世界各国人民渴望和平，谋求发展，70年代初中美关系的缓和也让世界看到了和平的趋势，等等。总之，世界和平因素在增长。在这种国内国际背景之下，中国是继续坚持“文化大革命”时期的错误路线，还是冲破错误路线的牢笼，走出一条既顺应时代潮流又符合中国国情的新路，是摆在中国共产党人面前十分紧迫的问题。1978年底召开的党的十一届三中全会，在准确分析世界大战打不起来、有可能争取到一个较长和平时期的基础上，果断停止“以阶级斗争为纲”和“两个凡是”的错误路线，重新确立了党的思想路线（实事求是）、政治路线和组织路线，实现了指导思想上的拨乱反正，开始了建设社会主义的新探索，我国的社会主义建设进入了一个新的时期。在新的历史时期，邓小平敏锐地意识到，对什么是社会主义、如何建设社会主义，我们过去的认识不是完全清醒、不是完全清楚。因此，新时期一开始，中国共产党就坚持把马克思主义与中国实际相结合，紧紧围绕在中国这样的经济文化比较落后的国家如何建设社会主义的问题展开了深入的理论探索。1982年，邓小平在党

的十二大开幕词中明确提出“走自己的路，建设有中国特色社会主义”。这一重大论断，指明了新时期党的理论和实践探索的方向。①

邓小平领导中国共产党把马克思主义基本原理同中国具体实际和时代特征结合起来，汲取我国传统文化中关于社会建设的优秀文化资源和思想智慧，提出了一系列具有开创意义的思想和理论，初步形成了中国特色社会主义理论体系。

2. 党的十三届四中全会至十六大：中国特色社会主义理论体系丰富发展

在此期间，中国特色社会主义理论体系继续丰富和发展，产生了“三个代表”重要思想。“三个代表”重要思想，是根据当今国际国内形势的新变化，根据我国改革开放和现代化建设面临的新问题和新任务，根据党肩负的历史使命和党自身建设的实际提出来的。首先，经济全球化、世界多极化进一步发展，世界范围内的科技进步日新月异，各国在争取和平发展的同时，综合国力竞争日趋激烈，世界各种力量的组合和各种利益分配等正在发生新的深刻变化。在这种情况下，我国的发展既面临难得的机遇，又面临一系列复杂的挑战。其次，20 世纪世界社会主义既经历了举世瞩目的辉煌，又遭受了严重挫折，这方面的教训很值得总结和吸取，它向所有马克思主义者特别是向中国共产党人提出了一个重大的课题。第三，在新的世纪，党承担着领导全国人民实现中华民族伟大复兴和实现社会主义现代化的艰巨使命。随着改革开放的深入和社会主义市场经济的发展，在建设小康社会的进程中，社会经济成分、组织形式、就业方式、利益关系和分配方式日趋多样化，我们面临一系列前所未有的新情况、新问题。第四，中国共产党长期执政，新党员数量大幅度增加，干部队伍新老交替不断进行，加之党在思想、组织、作风方面存在着各种问题，对党的执政也形成了严峻的挑战和考验。

面对新形势、新任务和新情况、新问题，以江泽民为主要代表的中国共产党人，坚持实事求是的思想路线，从实际出发，不断解放思想，与时俱进，在坚持改革开放的进程中，带领全党、全国各族人民，经受住了国内外

---

① 参见秦宣：《中国特色社会主义理论体系的形成与发展》，载 2008 年 10 月 29 日《中国教育报》。

政治风波和经济风险等各种严峻考验，在深刻认识和准确把握世情、国情、党情发生新变化的基础上，围绕建设中国特色社会主义这个主题，回答了处在新的历史方位，建设什么样的党、怎样建设党的重大问题，汲取我国传统文化中的优秀治国理论（特别是执政者自身建设的有关思想理论），创立了"三个代表"重要思想，提出了党在新世纪加强自身建设的伟大纲领和行动指南，丰富和发展了中国特色社会主义理论体系。

3. 党的十六大至十八大：中国特色社会主义理论体系取得新发展

党的十七大对科学发展观形成的时代背景作了深刻的阐述："科学发展观，是立足社会主义初级阶段基本国情，总结我国发展实践，借鉴国外发展经验，适应新的发展要求提出来的。"①进入新世纪以来，特别是党的十六大以来，我国的总体发展也进入一个新的阶段，呈现出一系列新的特征。胡锦涛在党的十七大报告中对此作了深刻总结：从经济发展方面看，在实力显著增强的同时，还存在生产力水平总体上不高、自主创新能力不强、结构性矛盾和粗放型增长方式尚未根本改变、影响社会主义市场经济发展的体制机制障碍依然存在等问题；从民生方面看，尽管人民生活总体上已达到小康水平，但收入分配差距拉大、相当数量的城乡贫困人口和低收入人口的存在等，使统筹兼顾各方面利益的难度加大；从协调发展方面看，尽管取得显著成绩，但缩小城乡、区域发展差距和促进经济社会协调发展任务依然艰巨；从政治发展方面看，社会主义民主政治不断发展，但政治体制改革需要继续深化；从文化发展方面看，社会主义文化更加繁荣，但社会的综合发展对发展社会主义先进文化的要求更高；从社会发展方面看，社会活力显著增强，但社会建设和管理面临诸多新课题；从发展的国际环境方面看，对外开放日益扩大，但国际竞争日趋激烈，统筹国内发展和对外开放要求更高。我国在新世纪新阶段发展表现出的这些特征表明，我国在新中国成立以来特别是改革开放以来的发展成就是举世瞩目的，但存在的问题和面临的挑战也是前所未有的。在这一时代背景下，胡锦涛等中国共产党人运用马克思主义世界观和方法论全面而深刻分析了新形势、新问题和新任务，为了实现全面建设小康社会的历史任务、转变经济发展方式、提高党的执政能力，提出了科学发展的重大战略思想。

① 《胡锦涛文选》第2卷，人民出版社2016年版，第622页。

科学发展观认真总结了世界各国在发展问题上的经验教训，汲取我国传统文化中关于发展的优秀资源和智慧，系统回答了实现什么样的发展、怎样发展的问题。

4.党的十八大以来：中国特色社会主义理论体系实现新飞跃

党的十八大以来，随着我国经济社会的进一步发展和综合国力的不断增强，我国的改革开放和现代化建设进入整体转型升级的关键历史时期，世界形势在大发展大变革大调整的总体基调下也发生了新的变化。在以习近平为核心的党中央领导下，党和国家事业取得历史性成就、发生历史性变革，我国社会主要矛盾已经转化为人民日益增长的美好生活需要和不平衡不充分的发展之间的矛盾，中国特色社会主义进入了新时代，这是我国发展新的历史方位。

站在新的历史方位上，我们一方面充满信心，另一方面必须清醒地认识到，我们正处在实现第一个百年奋斗目标并向第二个百年奋斗目标迈进的关键节点，面临的矛盾问题和风险挑战也纷繁复杂。从国内看，民众诉求表达多样而强烈；改革攻坚任务更加艰巨；治理体系、治理能力现代化迫在眉睫、党的建设迫切需要实现全面从严管党治党，等等。从国际看，尽管和平与发展都取得一定的进展，但和平与发展仍然是世界的时代主题。恐怖主义、贸易保护主义、地区冲突、边境冲突、经济衰退等诸多难题亟待破解，随着中国经济的繁荣发展和国际地位的不断提升，世界期待听到中国声音、看到中国方案。

面对国内外各种复杂矛盾和问题，以习近平为核心的党中央，深刻思考并洞察人类前途命运，把握中国和世界发展大势，紧紧围绕实现“两个一百年”奋斗目标和实现中华民族伟大复兴中国梦，统筹国内国际两个大局，提出了一系列治国理政、政党治理以及全球治理的新理念、新思想、新战略。如实现中华民族伟大复兴中国梦、“五位一体”总体布局（经济建设、政治建设、文化建设、社会建设、生态文明建设）、“四个全面”战略布局（全面建成小康社会，全面深化改革，全面依法治国，全面从严治党）、五大发展理念（创新、协调、绿色、开放、共享）、全球治理理念（“人类命运共同体”）、“一带一路”倡仪，等等。这些新理念、新思想、新战略贯穿着马克思主义的立场、观点和方法，精准把握时代特征，密切联系发展实际，紧紧围绕时代任务，深刻总结发展规律，深深扎根民族文化沃土，形成了一个系

统完整、逻辑严密的科学理论体系——习近平新时代中国特色社会主义思想，是中国特色社会主义理论体系的最新成果，是马克思主义在当代中国的新发展，为坚持和发展中国特色社会主义、实现“两个一百年”奋斗目标和中华民族伟大复兴的中国梦提供了科学理论指导和行动指南。

（二）中国特色社会主义理论体系以传统文化为基础的时代性特征

中国特色社会主义理论体系与毛泽东思想一样，都是马克思主义中国化的产物，但是不同历史时期的产物。两者一脉相承，不仅继承马克思主义基本原理，而且继承中华民族优秀传统文化，但在发展马克思主义方面具有不同的时代特征，在继承和发展传统文化方面也具有不同的时代特征。

毛泽东思想以传统文化为基础的时代性特征是由中国近代以来民族民主革命实践的时代特征所决定的。毛泽东思想产生的时代背景是战争与革命，其历史任务是实现民族独立和人民解放。因此，毛泽东思想在利用传统文化基础实现马克思主义中国化的过程中更多的是服务于革命的需要。即使是在进入社会主义建设时期，世界呈现和平可能时，毛泽东等领导人也尚未改变对战争与革命的时代主题的判断，因此，毛泽东思想对传统文化的运用和发展带有革命文化的色彩。当然，这并不是说，毛泽东思想或毛泽东个人的思想中没有对传统文化中非革命因素的运用，而是说，无论是对传统文化中斗争、革命传统文化的继承和发展，还是对和合、统一文化的继承和发展（如在统一战线理论、祖国统一理论中对传统文化的继承和发展），都服从和服务于斗争和革命的需要。正因如此，毛泽东思想运用传统文化来发展自身的最为辉煌的理论是新民主主义革命理论，其次是社会主义改造理论，而在社会主义建设的探索过程中，尽管也取得了一定的初步成果，但由于更多地运用了传统斗争文化而逐步陷入僵局，甚至造成了重大的失误。因此，可以这样说，毛泽东思想在革命（包括社会主义革命）与斗争中对传统文化的继承和创新是符合实践要求的，是与时俱进的（在民族民主革命的实践中，使传统中国文化向现代转变，在革命传统文化的意义上实现了中华传统文化的现代转换），但在进入建设时期后，其时代性出现了较大偏差，特别是在“文化大革命”时期，不但没有将优秀传统文化的现代化坚持下去，反而使传统文化遭到严重破坏。

中国特色社会主义理论体系以传统文化为基础的时代性特征是由改

革开放以来中国大变革的时代特征所决定的。自实现民族独立和人民解放以后,中国的历史任务即向社会主义建设转变。邓小平敏锐而及时地作出了时代主题已转变为和平与发展的判断,从此以后,中国共产党人顺应和平发展的时代潮流,把握全球化的时代特征,紧跟时代步伐,在探索建设什么样的社会主义、怎样建设社会主义的进程中,不断开辟马克思主义与中国优秀传统文化相结合的新路,使优秀传统文化为社会主义建设服务,为中华民族的伟大复兴服务。改革开放后取得的马克思主义中国化的新成果——中国特色社会主义理论体系在推动传统中国向现代化中国飞跃的进程中,找到了实现中华民族伟大复兴的现实道路,即中国特色社会主义道路,这使传统中国的现代化、中华民族伟大复兴的目标不断现实化。中国特色社会主义理论体系对中华传统文化的运用,是与时俱进,以准确把握时代主题的变化、全球化的时代新特征、中国社会主义建设和新时期中华民族伟大复兴的历史任务等为前提的,呈现出建设性。当然,这也并不是说,中国特色社会主义理论体系的思想中没有对传统文化中革命因素的运用,而是说,无论是对传统文化中建设性思想的继承和发展,还是对革命、革新文化的继承和发展,都服从和服务于社会主义建设的需要。

综上所述,在坚持马克思主义与中国优秀传统文化相结合,坚持运用唯物辩证法来分析和运用优秀传统文化等问题上,中国特色社会主义理论体系和毛泽东思想是一致的,是一脉相承的,但在新的社会大变革时期,前者表现出了更加与时俱进的特征。

中国特色社会主义理论体系是一个历经创立又不断发展的体系,因此,其不同历史阶段的理论成果的传统文化基础也具有不同的时代特征。简要说来,邓小平理论处于开创阶段,是在中国社会主义探索出现严重失误、时代主题悄然发生变化的时代大背景下应运而生的。其时百废待兴,急需拨乱反正,急需把握新的时代主题,从根本上探索什么是社会主义、建设什么样的社会主义、怎样建设社会主义的问题。邓小平理论正是围绕这些根本问题进行了探索,为中国特色社会主义理论体系打下了坚实基础,创立了基本框架,指明了基本方向和前进道路。在这样的时代背景下,邓小平理论以传统文化为基础也表现出鲜明的时代特征,即主要表现在其开创性意义上。从思想内容上看,邓小平理论主要是从总体上、在根

本目标和方向上树立了古为今用的典范。如在总体思维方式上，不再以斗争思维为主，而以建设思维为主，在对传统文化因素的运用上也呈现出此种特征；在社会主义建设目标上，提出“小康”社会这一中国独有的概念，并赋予其新的时代内涵等。从重视程度上看，邓小平理论注意到社会主义建设和理论创新要以传统文化为基础，但综观《邓小平文选》涉及继承和弘扬传统文化的语言很少，虽讲到继承“传统”之处很多，但大多讲的是继承建党以来党的优良传统。这与“文化大革命”时期我党的优良传统受到破坏、党亟须恢复这些优良传统有关。同时，邓小平等中国共产党人在进行中国化马克思主义理论的创新过程中，非常重视纠正、改造、继承、创新中华传统文化，以做到古为今用，但在涉及的广度上还较小，尚未能够提倡全党、全国人民来弘扬祖国优秀传统文化。这固然有邓小平当时个人认识上的局限性，也有当时具体的历史局限性。在改革开放之初，亟须破除那些来自封建专制制度下产生的各种迷信、专制、守旧等糟粕的影响，在民众文化素质尚处于较低水平的条件下，也不宜大力提倡和宣传与封建糟粕纠缠在一起的中华传统文化。与此同时，理论界对传统文化优劣、地位与作用等问题也尚处在论争之中。因此，邓小平理论尽管也有关于批判继承祖国优秀文化遗产的倡议，但这些尚未引起足够的重视、产生较大的社会影响。

“三个代表”重要思想是在继续围绕建设什么样的社会主义、怎样建设社会主义的主题进行探索的进程中，在世情、国情、党情发生变化的条件下提出来的。在运用传统文化方面，则是在邓小平理论创立的框架基础上继续发展和创新。从内容上看，“三个代表”重要思想继续坚持在对立中把握统一的思维方式，整合社会上一切有利于社会主义建设的文化资源进行小康社会建设，使小康社会这一古已有之但从未实现的社会状态(经过邓小平理论的创新性设计)在20世纪末基本实现，并稳步前进；在世界多极化和全球化的时代背景下，进一步把“和而不同”的传统智慧运用于推动世界和平；抓住治国和党建的重要主题挖掘传统文化的当代价值，加强党的建设和国家治理。从程度上看，在中国进入快速建设社会主义的新时期，“三个代表”重要思想对继承和弘扬优秀传统文化的重要性有了进一步的认识，大力提倡弘扬祖国优秀传统文化，对在群众中进行弘扬优秀传统文化的教育非常重视，并且已经有了许多政策上的鼓励和

引导，在发挥优秀传统文化的基础作用方面无论从广度上还是深度上都前进了一大步。

科学发展观是在进入全面建设小康社会的新时期，国内国际形势发生新变化的时代背景下提出来的。这个新时期的主要特点是，中国特色社会主义建设取得了长足进展，同时各种新矛盾、新问题层出不穷，其中最为突出的是此前高速发展的同时也付出了许多代价，急需转变发展理念、发展方式。因此，新的发展观应运而生。新发展观是实践的产物，是在马克思主义指导下产生的，是借鉴世界先进发展理念和汲取国内国外发展教训的产物，同时又是立足中国、汲取民族传统智慧的结果。与科学发展观提出的文化大发展大繁荣的要求相适应，科学发展观在发挥优秀传统文化的基础性作用方面表现出大发展大繁荣的特征，无论是从内容上还是形式上、广度上还是深度上，都达到了前所未有的程度。

党的十八大以来，我国各项事业取得了更大发展。我们前所未有地靠近世界舞台中心，“比历史上任何时期都更接近实现中华民族伟大复兴的目标，比历史上任何时期都更有信心、更有能力实现这个目标”①，怎样发挥好日益靠近世界舞台中心的发展中大国的作用，怎样推动实现中华民族伟大复兴的目标，在不断深化改革、保持经济和社会良好发展的同时，需要我们具有更加强大的文化软实力。而在文化建设方面，我们面临的世纪难题是，虽然自20世纪80年代以来出现过“文化热”“国学热”“儒学热”，并且党的十六大以来掀起了文化大发展大繁荣的热潮，但对民族传统文化的两极态度(极端推崇和极端反对)一直在一定范围一定程度上存在。对民族传统文化的否定和淡漠，一方面受到近代以来由于落后挨打导致的对中华民族传统文化的怀疑和否定的思想的影响，另一方面由于“五四”以来长期对传统文化的隔膜，还有一个方面就是改革开放后西方价值观对人民信仰的冲击，这些都不同程度造成了中国社会当前面临的文化危机。中华民族正在不知不觉中丧失自己的民族文化身份。

习近平等中国共产党人身怀强烈的历史使命感和责任感，深刻认识到，不能使中国人成为文化的流浪儿、精神的迷失者，必须唤醒中国文化

---

① 中共中央文献研究室编：《十八大以来重要文献选编》(上)，中央文献出版社2014年版，第278页。

中的优秀传统文化基因，同时又赋予其现代化的灵魂。因此，习近平以战略家的勇气，大胆地将传统文化当作独特战略资源。“1949 年以来的中国政治家，像习近平这样将中华优秀传统文化置于人类共有精神财富的坐标系中，指出其具有世界普遍文化意义，‘智慧光芒穿透历史，思想价值跨越时空，历久弥新，成为人类共有的精神财富’，是不多见的。更重要的是，他并未止步于文化态度上的致敬，在其执政实践中更是自觉地把中华历史文化精华与中国特色社会主义紧密对接，在中国梦以及内政外交各个方面，都将中华优秀传统文化当作‘根’与‘魂’。”①

习近平对传统文化的重视，不仅是在理念上的致敬和提倡，更注重将传统文化进行现代化创造，使其焕发出强大能量，成为推动民族复兴的独特战略资源。

（三）正确处理文化的时代性与继承性的关系

时代性体现了理论发展的与时俱进，继承性则体现在两个方面：一是对马克思主义（包括马克思主义基本原理和此前的中国化马克思主义理论）的继承；二是对人类社会一切文明成果的继承（包括对中国优秀传统文化的继承）。马克思主义是革命的理论、发展的理论，因此，与时俱进是马克思主义的重要理论品质。马克思主义同时又是在继承前人成果的基础上产生和发展的，马克思主义从来不讳言对前人优秀成果的吸取和借鉴，因此继承性也是马克思主义的一个重要理论品质。而问题的关键在于怎样正确处理时代性与继承性的关系（本书仅就如何对待传统文化问题而言）。

毛泽东思想在其形成和发展的大部分时间里，正确处理了时代性与继承性的关系。如在新民主主义革命时期，提出建设新民主主义文化，这个新文化是不同于旧文化的（封建腐朽文化、军阀文化、帝国主义文化等），这是文化时代性的体现；而在继承的方面，明确提出“自孔夫子至孙中山”这样一份珍贵遗产都要继承，并且强调，既不全盘否定，又不能全盘接受，而是咀嚼一番，取其精华，弃其糟粕。应该说，毛泽东思想对待古代文化遗产的态度、原则、方针、政策等是正确的。但令人遗憾的是，这些正

---

① ［美］熊玠：《传统文化是独特战略资源——〈习近平时代〉》，载 2016 年 6 月 16 日《学习时报》。

确的态度和原则并没有能够始终坚持下来，特别是到“文化大革命”时期，古代文化除了少量斗争文化外，几乎都成了毒草。究其原因，其一是传统文化中那些封建流毒的影响根深蒂固，制约了人们正确区分古代遗产中的精华与糟粕；其二是毛泽东本人晚年在对待传统文化特别是孔子等传统文化代表人物方面的错误导向也起了很大作用；其三是制度的不健全，未能确保正确的思想和路线得以贯彻下去。

邓小平理论自创立之始就对这个问题进行了深刻反思。邓小平坚持古为今用方针的同时，特别强调要站在现代民主的立场上对传统文化进行分析，要剔除封建专制等传统的影响，确保已继承下来的是传统文化的精华成分，并且特别注重制度化建设，使我们党“古为今用”的方针能够贯彻下去。对于我们党在继承民族优秀文化传统基础上创立的革命文化传统，邓小平旗帜鲜明地提倡要坚持下去。需要说明的是，邓小平提倡坚持和发扬革命文化传统，并不是要继续走社会革命的道路，而是坚持和发扬革命文化传统的艰苦奋斗、集体主义精神、革新精神等，以鼓舞人们进行中国特色社会主义建设。继邓小平理论之后，“三个代表”重要思想和科学发展观继续坚持正确处理时代性与继承性的关系，既做到与时俱进，坚持时代性，又与毛泽东思想、邓小平理论一脉相承，并注重探究和尊重文化发展规律，做到时代性与继承性的有机统一。党的十八大以来，习近平等中国共产党人更加注重坚持时代性与继承性的辩证统一。2014 年 9 月 24 日，习近平在纪念孔子诞辰 2565 周年国际学术研讨会开幕会上的讲话中强调：“中国优秀传统文化的丰富哲学思想、人文精神、教化思想、道德理念等，可以为人们认识和改造世界提供有益启迪，可以为治国理政提供有益启示，也可以为道德建设提供有益启发。对传统文化中适合于调理社会关系和鼓励人们向上向善的内容，我们要结合时代条件加以继承和发扬，赋予其新的含义。”“不忘历史才能开辟未来，善于继承才能善于创新。……我们要善于把弘扬优秀传统文化和发展现实文化有机统一起来，紧密结合起来，在继承中发展，在发展中继承。”[①]习近平精辟地阐明了传承优秀传统文化进程中的继承性与时代性辩证统一的问题。

---

① 《习近平在纪念孔子诞辰 2565 周年国际学术研讨会暨国际儒学联合会第五届会员大会开幕会上的讲话》，载 2014 年 9 月 25 日《人民日报》。

二、自觉自信，彰显民族性

（一）增强中国特色社会主义文化的民族性是文化自觉、文化自信的表现

文化自觉是文化发展的内在动因。“一个民族的觉醒，首先是文化上的觉醒；一个政党的力量，很大程度上取决于文化自觉的程度。可以说，是否具有高度的文化自觉，不仅关系到文化自身的振兴和繁荣，而且决定着一个民族、一个政党的前途命运。”[①]文化自信是“一个国家、一个民族、一个政党对自身文化价值的充分肯定，对自身文化生命力的坚定信念”[②]。文化自信与文化自觉是相辅相成、互相促进的。文化自觉使一定文化主体增强对自身文化价值的认识，因此有利于提高文化自信；文化自信则会推动文化主体对文化规律的认识和把握，增强文化主体对发展文化历史责任的主动担当，从而达到更高程度的文化自觉。

中国共产党自诞生之日起就是一个具有高度文化自觉的政党，这种文化自觉随着中国共产党将马克思主义不断中国化的伟大历程而不断增强。李大钊、陈独秀等早期中国共产党人已经充分认识到改变旧中国的面貌必须从根本上改变旧文化。此后，中国共产党始终坚持高度的思想文化自觉，密切联系时代条件，准确把握时代主题和党的中心任务，据此提出并阐明党的奋斗目标和文化纲领以及切实有效的文化方针和政策，以指明文化发展的方向，凝聚全民族的奋斗力量，推动文化事业乃至全民族事业的发展。如果说在革命时期党的文化策略重在“破中立”，那么在社会主义建设时期则重在“立中破”。具体说来就是，前者的主要历史任务是破除封建文化、帝国主义文化、官僚资本主义文化等旧文化的障碍，建立新民主主义的新文化；后者的主要历史任务则是利用一切有利因素建立中国特色社会主义文化，并在与一切残留旧文化因素的斗争中不断实现文化的创新。

---

① 云杉：《文化自觉　文化自信　文化自强——对繁荣发展中国特色社会主义文化的思考》（上），载《红旗文稿》2010 年第 15 期。

② 云杉：《文化自觉　文化自信　文化自强——对繁荣发展中国特色社会主义文化的思考》（中），载《红旗文稿》2010 年第 16 期。

对文化的民族性的认识是衡量一个文化主体的文化自觉和文化自信的重要标尺。文化的民族性即一定文化与其他文化相区别的个性和特色，表现在文化的各个层面，其中最主要的是文化精神和文化传统（包括思维方式、思想观念、伦理道德等）。坚持本民族文化的民族性，充分认识和肯定自身文化的价值，首先是文化自信的表现，同时也体现了文化自觉。

中国特色社会主义理论体系自创立伊始就对社会主义文化的民族性有着清醒的认识。邓小平早在1979年召开的全国第四届文代会上就指出，我国历史悠久，地域辽阔，人口众多，有多样的生活习俗、文化传统和艺术爱好。我国古代文化的一切进步的和优秀的东西都应当借鉴和学习，文艺工作者要创造出具有民族风格的艺术形式。但由于改革开放之初我们党的工作重心是尽快实现经济的发展，我们的目标是实现现代化，而现代化是西方最先开始的，我们更加注重追赶西方；同时，民族文化虽在五四运动后受到动摇，但在现代化伊始尚未受到太大的破坏，因此我们对于保持本民族文化的个性尚未给予足够重视。在经济建设取得重大进步、人民逐渐富裕起来之后，文化建设和人的精神需求越来越成为社会发展的重要问题，我们党对于坚持文化民族性、发展社会主义文化有了新的认识。

江泽民多次高度赞扬中华民族5000多年来创造的民族文化及其为世界文明做出的巨大贡献，对本民族文化充满了民族自豪感。针对社会上物质生活水平提高、开放力度加大后出现的道德滑坡、崇洋媚外等思想倾向，江泽民强调，要认真思考邓小平所指出的“十年最大的失误是教育”的问题，对全国人民特别是青少年加强国情教育，特别是中华民族优秀传统的教育，以增强人们的民族自尊、民族自信和民族自强精神。江泽民指出，“我们党对中华民族的命运担负着崇高的历史责任”，我们的历史任务之一就是“在社会主义基础上实现中华民族伟大复兴”。① 在党的十五大报告中，江泽民明确提出了党在社会主义初级阶段的文化纲领：“建设有中国特色社会主义的文化，就是以马克思主义为指导，以培育有理想、有道德、有文化、有纪律的公民为目标，发展面向现代化、面向世界、面向未来的，民族的科学的大众的社会主义文化。”②他还特别强调，要建设立足

① 《江泽民文选》第2卷，人民出版社2006年版，第2、15页。

② 《江泽民文选》第2卷，人民出版社2006年版，第17～18页。

中国现实、继承历史文化优秀传统、吸收外国文化有益成果的社会主义精神文明。在庆祝建国50周年的讲话中，江泽民以高度的文化自觉、自信和自强意识指出："在新的千年中，中华民族必将以自己新的灿烂成就，为世界文明作出更大贡献。"①在新的时代条件下，江泽民提出，我们党"要始终代表中国先进文化的发展方向"，先进文化是人类文明进步的结晶、社会前进的精神动力，其中，贯穿于中华民族5000多年历史中的民族精神和民族优秀文化传统是先进文化的重要文化基础，必须"继承和发扬民族优秀文化传统而又充分体现社会主义时代精神，立足本国而又充分吸收世界文化优秀成果，不允许搞民族虚无主义和全盘西化"②。这些思想理论、纲领、政策、措施对于社会主义文化事业的发展具有重要意义，也为社会主义建设事业的顺利推进起到了重要作用。

党的十六大以来，以胡锦涛为总书记的党中央顺应综合国力竞争的新形势和人民群众的新期待，把文化建设作为现代化建设总体布局的重要组成部分，摆上更加突出的位置，强调发展社会主义先进文化是提高党的执政能力的重要方面，建设和谐文化是构建社会主义和谐社会的重要任务。党的十七大旗帜鲜明地提出，中华民族伟大复兴必然伴随着中华文化繁荣兴盛，要更加自觉、更加主动地推动文化大发展大繁荣，并就提高国家文化软实力、兴起文化建设新高潮作出一系列重大战略部署，进一步加快文化改革发展的步伐，为中国特色社会主义事业的发展提供了强有力的思想保证、舆论支持、精神动力和文化条件。党的十七届六中全会通过的《中共中央关于深化文化体制改革推动社会主义文化大发展大繁荣若干重大问题的决定》重申："中国共产党从成立之日起，就既是中华优秀传统文化的忠实传承者和弘扬者，又是中国先进文化的积极倡导者和发展者。"《决定》还发出了"培养高度的文化自觉和文化自信，提高全民族文明素质，增强国家文化软实力，弘扬中华文化，努力建设社会主义文化强国"的号召③，并就如何在优秀传统文化的深厚基础上建设社会主义先

---

① 《江泽民文选》第2卷，人民出版社2006年版，第419页。

② 《江泽民文选》第1卷，人民出版社2006年版，第158页。

③ 《中共中央关于深化文化体制改革推动社会主义文化大发展大繁荣若干重大问题的决定》，载2011年10月26日《人民日报》。

进文化、建设中华文化、增强国家文化软实力、建设社会主义文化强国等作出了全面部署。《决定》是指导我国当前和今后一个时期文化发展的、具有战略意义的纲领性文件。2012 年 2 月印发的《国家"十二五"时期文化改革发展规划纲要》则就"大力弘扬中华民族优秀传统文化","形成以民族文化为主体、吸收外来有益文化、推动中华文化走向世界的文化开放格局"等重大问题作了规划,如加大对弘扬民族优秀文化的产业支持力度、推动优秀传统文化瑰宝网络传播、广泛开展优秀传统文化教育普及活动等。

党的十八大以来,以习近平为核心的党中央站在新的历史起点上,以更加高度的文化自觉和文化自信,更加深入研究文化发展规律,总结以往的文化发展经验和教训,将文化建设作为"五位一体"总体布局的重要组成部分,将发展中华文化、传播中华文化上升到战略高度,前所未有地重视中华文化特别是中华优秀传统文化的地位和作用。

习近平堪称中华优秀传统文化的"代言人"。2014 年 2 月 24 日,他在中共中央政治局第 13 次集体学习时的讲话中指出:"抛弃传统、丢掉根本,就等于割断了自己的精神命脉。博大精深的中华优秀传统文化是我们在世界文化激荡中站稳脚跟的根基。"2014 年 10 月 13 日,他在中共中央政治局第 18 次集体学习时的讲话中指出:"中华优秀传统文化是我们最深厚的文化软实力,也是中国特色社会主义植根的文化沃土。"2014 年 10 月 15 日,他在文艺工作座谈会上的讲话中指出:"中华优秀传统文化是中华民族的精神命脉,是涵养社会主义核心价值观的重要源泉,也是我们在世界文化激荡中站稳脚跟的坚实根基。增强文化自觉和文化自信,是坚定道路自信、理论自信、制度自信的题中应有之义。"在庆祝中国共产党成立 95 周年讲话中,习近平明确提出要坚持和坚定"四个自信",并阐明,由在 5000 多年文明发展中孕育的中华优秀传统文化、在党和人民伟大斗争中孕育的革命文化和社会主义先进文化构成的中华文化,积淀着中华民族最深层的精神追求,代表着中华民族独特的精神标识。因此,文化自信是更基础、更广泛、更深厚的自信。

正是由于具有高度的文化自觉和强大的文化自信,习近平在各种场合的讲话中时常表达对中华民族文化的深切自豪。在十九大报告中,他又一次自豪地说:"站立在九百六十多万平方公里的广袤土地上,吸吮着五千多年中华民族漫长奋斗积累的文化养分,拥有十三亿多中国人民聚

合的磅礴之力，我们走中国特色社会主义道路，具有无比广阔的时代舞台，具有无比深厚的历史底蕴，具有无比强大的前进定力。”①这种对中华民族文化的深厚的热爱和由衷的自豪，具有强大的感染力和号召力，引领着全党全国各族人民为实现中华民族伟大复兴中国梦和实现人民对美好生活的向往而努力奋斗。

综观党的发展历程及其理论创新的历程，特别是中国特色社会主义理论体系的创立和发展的历程，党对文化在社会主义建设中的地位和作用越来越重视，对文化发展规律的把握越来越自觉，在文化责任担当上的意识也越来越自觉。文化自觉成为党的鲜明特征和显著优势。正是有了高度的文化自觉，以及在此基础上的文化自信和文化自强意识，中国共产党才能够始终保持先进性和生机活力，始终走在时代前列，成为中华民族伟大复兴的领导力量和核心力量。

（二）正确处理文化的民族性与世界性的关系

文化的民族性与文化的世界性是密切联系的。文化是人类社会的产物，一定民族或地域的社会产生一定的文化样态。因此，一定民族或地域的文化既具有民族特性，又具有一切文化所具有的共性，从这个角度来说，文化的民族性与世界性是个性与共性的关系。民族文化或地域文化遵循一切文化发展的共同规律，如本书第一章所论述的文化产生和发展过程中表现出的诸多规律；同时，具体的文化样态虽受文化世界性的制约和统摄，但每个民族性的文化样态都具有自身的特点，这又是文化的世界性所包含不了的。文化的世界性不能脱离民族性而存在，世界性寓于民族性之中，没有民族性就没有世界性。民族性与世界性的界限具有相对性，它们在一定条件下相互转化。因此，正确认识文化的民族性与世界性的关系，关键在于：一是重视文化的民族性，这是民族文化得以存在和发展的前提；二是又必须遵循文化发展的一般规律，在与世界其他文化的交流、交融和交锋中获得进步。也就是说，文化的民族性是在世界性背景下的民族性，文化的民族性应是一个开放的、发展的动态概念。一定的保持着自身民族性的文化总是在自立于世界文化之林的进程中不断吸收其他

---

① 中共中央文献研究室编：《中国共产党第十九次全国代表大会文件汇编》，人民出版社2017年版，第56页。

民族文化的精华，以融入自身文化系统，从而不断更新和发展自身。

中国共产党是中华民族的杰出代表，坚持文化的民族性是中国共产党和马克思主义理论的显著特征。同时，中国共产党又是开放的具有世界眼光的政党，对文化世界性的认识也早在共产党的视野之内。在中国近代史上，面对外来文化的涌入，既有夜郎自大式的排外主义以及与之有千丝万缕联系的种种复古思潮，又有因盲目崇拜西方文化而对本民族文化采取虚无主义的另一偏向。针对这些错误倾向，毛泽东提出了“洋为中用”的方针，即立足本民族的实际需要，借鉴和吸取世界文化有益成果以丰富和发展中国文化，创造博采众长又具有中国气派中国风格的新文化。但是，由于冷战时期两大阵营对立，帝国主义妄图把社会主义中国消灭于萌芽状态，我党自身认识上的不足等各种历史原因，在借鉴和吸收世界文化优秀成果方面取得的成效甚微。

改革开放以来，我们党对文化的民族性与世界性的认识经历了一个不断深化的过程。邓小平以深邃的眼光，洞察到了全球化的趋势。全球化首先表现在经济领域，随后文化领域也呈现端倪。邓小平在分析了世界发展形势后指出：“我们坚持反对帝国主义、霸权主义、殖民主义和种族主义，维护世界和平，在和平共处五项原则的基础上，积极发展同世界各国的关系和经济文化往来。”[①]在确定了经济上对外开放的方针后，邓小平指出：“经济上实行对外开放的方针，是正确的，要长期坚持。对外文化交流也要长期发展。”当然，前提是“属于文化领域的东西，一定要用马克思主义对它们的思想内容和表现方法进行分析、鉴别和批判”[②]。邓小平对于文化民族性与世界性的认识是以民族文化自尊和自信为基础的。邓小平提出的对外文化交流主要指引进外国文化，对于输出本国文化尚未提到日程上来。

随着国际上全球化的不断加深和国内改革开放事业的不断推进，文化在世界范围内的交流也不断加强。江泽民立足中华民族的伟大复兴，对文化的民族性与世界性的关系有了更加深刻的认识，并在此基础上提出了新的举措。对于文化的民族性，江泽民特别强调了培育和弘扬民族

---

① 《邓小平文选》第2卷，人民出版社1994年版，第127页。

② 《邓小平文选》第3卷，人民出版社1993年版，第43、44页。

精神的重要性，认为这是中华民族得以自立于世界先进民族之林的基石。诚然，文化既是民族的也是世界的，越是民族的也越是世界的。在文化全球化的今天，体现民族特色的文化是一个民族赖以存在的根本，失去了民族特色的文化也就失去了民族之根，而失去民族之根的民族是没有文化身份证的民族，要想在世界文化之林占有一席之地是不可能的。只有保留并不断发展自身民族性的文化，才能在与世界各民族文化的交流和共处中互通有无，取长补短，相互借鉴，共同发展。而保留并不断发展自身民族性的文化，能够增强国民对自身所属文化的自豪感，从而增强民族文化认同，并从中感受到强大的精神力量，进而充分激发民族的向心力、凝聚力和创造力。同时，江泽民特别强调，我们要建设的中国特色社会主义文化是先进文化，中国的先进文化不仅应继承和发扬本民族的优秀传统，也应在与世界文化的广泛和深入的交流中丰富和发展自身。尤为可贵的是，在与世界文化交流的问题上，江泽民十分重视"引进来"和"走出去"相结合。"引进来"即江泽民一贯强调的"积极吸取世界其他民族的优秀文化成果"①，"走出去"即推动中国文化走向世界。当前，全球化进程不断加快，文化资本的跨国流动成为新的潮流，文化软实力在综合国力的竞争中越来越占有重要的地位。因此，推动民族文化走出去，就是要世界了解中国，了解独具特色的中国文化和中国智慧，特别是优秀的中华传统文化，扩大中国文化在世界上的影响力和辐射力，从而提升我们的综合国力。由于中国文化继承了和谐、和平等传统，其影响在世界上的扩大将有利于世界的和平与发展，并且，中国文化也需要在世界舞台上得到历练，从而激发出更多创新和活力。"引进来"和"走出去"相结合，有助于世界文化取长补短，从而有可能在相互接触、相互融合中"出现一个具有共同认可前提的基本秩序，形成一套各种文化和平共处、各抒所长、联手发展的共同守则"②。

进入21世纪，世界大发展大变革大调整方兴未艾，中国在新的历史起点上向新的目标迈进。文化在综合国力竞争中的地位日益凸显，对经济社会发展的作用不断扩大，其影响比以往任何时候都更加广泛而深刻。

---

① 《江泽民文选》第3卷，人民出版社2006年版，第400页。

② 费孝通：《中华文化在新世纪面临的挑战》，载《炎黄春秋》1999年第3期。

我国对外开放在更大范围展开，外来文化大量涌入，冲击着我们的传统价值观和思想文化。在这种情况下，中国共产党更加自觉地承担起民族优秀文化的传承者和弘扬者的责任，更好地利用优秀传统文化滋养民族生命力、激发民族创造力、铸造民族凝聚力，建设中华民族的共有精神家园，强调对人类社会创造的一切文明成果包括政治文明的有益成果我们都要积极借鉴。党的十七大报告特别强调要加强对外文化交流，增强中华文化国际影响力，并提出了相应的政策和措施。胡锦涛在庆祝建党 90 周年的讲话中进一步提出，“我们必须以高度的文化自觉和文化自信”，以更大力度推进文化改革发展，进行文化创造，让人民共享文化发展成果，建设中华民族共有精神家园。同时进一步强调，要推动中华文化走向世界，形成与我国国际地位相对称的文化软实力，提高中华文化国际影响力。①

党的十八大以来，中国已经逐步走到世界舞台的中心，在世界上的政治博弈和话语能力显著提高。但我们也清醒地看到，与经济硬实力相比，我们的文化软实力还很滞后，在国际上还未能得到充分展示，我们的话语能力还有待大大提高。党中央在深刻认识、高度重视中华文化的民族性的同时，更加重视让中华文化走向世界。2014 年 10 月 23 日，习近平在党的十八届四中全会第二次全体会议上的讲话中就针对思想舆论工作的状况及存在的问题提出要求，“做好思想舆论工作是全党的事情”，要“到国外去做思想政治工作”。“我们现在有底气、也有必要讲好中国故事”。要动员各方面，整合各类资源，“把中国故事讲得愈来愈精彩，让中国声音愈来愈洪亮”。② 习近平身体力行，每次出访，在会谈、交流和演讲中都努力讲好中国故事，传播好中国声音，阐释好中国特色。党的十八大以来，构建对外话语体系已成为当下中国文化建设的一项重要战略任务。构建对外话语体系，传播好中华文化，必须处理好民族传统文化与现代文化的关系、本民族文化与外来文化的关系。2013 年 12 月 30 日，习近平在中共中央政治局第 12 次集体学习时的讲话中提出：“要使中华民族最基本的文化基因与当代文化相适应、与现代社会相协调，以人们喜闻乐见、具

---

① 《胡锦涛文选》第 3 卷，人民出版社 2016 年版，第 539～540 页。

② 中共中央文献研究室编：《习近平总书记重要讲话文章选编》，中央文献出版社、党建读物出版社 2016 年版，第 229、228、226、229 页。

有广泛参与性的方式推广开来，把跨越时空、超越国度、富有永恒魅力、具有当代价值的文化精神弘扬起来，把继承传统优秀文化又弘扬时代精神、立足本国又面向世界的当代中国文化创新成果传播出去。”①

总之，中国共产党对文化民族性与世界性关系的认识不断深入，相应的政策措施也逐步完善，我国的文化软实力不断增强，中华文化在国际上的影响力也日益扩大。

三、海纳百川，更具开放性

（一）海纳百川、开放包容是中国特色社会主义理论体系的鲜明理论品格

与时俱进是中国特色社会主义理论体系的鲜明理论品格，开放包容则是它的又一鲜明理论品格。中国特色社会主义理论体系的开放包容源于中华传统文化海纳百川的文化品格，同时又是在马克思主义基本原理指导下在新时期文化发展战略上的具体运用。

中华文化之所以能够历经数千年而绵延不断，具有“海纳百川”的文化品格是重要原因之一。中华文化的形成过程，就是一个以海纳百川的文化胸襟不断吸纳异质文化从而丰富和发展自身的过程。不论是民族文化内部不同文化形态之间的文化交融，还是民族文化与外来文化（如佛教东来，西学东渐）之间的交流与融合，都体现了中华文化强大的吸纳力，而强大吸纳力的背后就是海纳百川、开放包容的文化品格。

马克思主义是在人类文明成果的基础上产生的，马克思主义也要求我们，在建立起社会主义制度之后，必须吸收和借鉴此前的人类文明（包括资本主义文明）的一切有益成果来建设自身。毛泽东在领导中国人民进行新民主主义文化、社会主义文化建设的探索中，提出了“古为今用，洋为中用”“百花齐放，百家争鸣”等方针，同时毛泽东还提出了文艺“为人民服务，为社会主义服务”的“二为”方针。这些方针既指明了文化建设的为人民、为社会主义服务的性质和目的，又指明了达到目的的途径和方针。

---

① 习近平：《建设社会主义文化强国，着力提高国家文化软实力》，载2014年1月1日《人民日报》。

应该说，这些方针既体现了马克思主义的根本要求，又体现了中华传统文化海纳百川的文化品格。这在当时是难能可贵的、是正确的，也是非常重要的。当然，由于时代和历史的局限，这些方针不论是从理论本身还是在实践中，其开放性和包容性与今天相比，还是有一定差距的。从客观环境看，由于受帝国主义的包围和封锁，对外国文化有益成果的认识上很难形成心平气和的吸纳态度，充其量是少数带有革命色彩的作品受到我们的重视。从主观方面看，对反帝反封建的正确纲领的思维定式般的认识根深蒂固，这本身是件好事，但由于人们的文化素质和理论水平不高，对马克思主义辩证法的理解不够透彻等，对资本主义世界和我国封建时代创造的文化成果一度一概排斥，致使在文化建设上，虽然有正确的指导方针，也难以真正做到"古为今用"和"洋为中用"。中国特色社会主义理论体系是新时期的产物，它顺应和平发展的时代潮流和全球化的时代特征，紧跟时代步伐，在以中华优秀传统文化为基础创新马克思主义的新进程中使其开放包容性达到了新的高度。

一定文化主体的开放包容，不但体现在对待外来文化的认识上，也体现在对本国文化的认识上。正如邓小平所说，开放有对外开放和对内开放，改革也是开放，是对内开放。中国特色社会主义理论体系在文化的开放包容方面也是如此。对外开放，表现为向世界开放，具体说来就是前面提到的"引进来"和"走出去"，一方面要自觉吸收和借鉴人类社会创造的一切文明的有益成果，另一方面要自信地将中华文化中有益于人类文明发展的精华推向世界。这样做的结果不仅是丰富和发展中华文化自身，也使中华文化的精华对世界文化的发展和进步做出贡献。对内开放也表现为两个层面：一是中华文化内部不同民族文化之间的相互开放包容和发展，也就是要以开放包容的胸襟对待中华文化内部不同民族的文化。二是不同时代文化之间的开放包容和发展，也就是说，要以开放包容的胸襟对待我们的传统文化。新时期我们党坚持毛泽东提出的"古为今用，洋为中用""百花齐放，百家争鸣"以及"二为"等正确方针，在文化传承和发展方面奉行开放包容的政策。特别是党的十八大以来，新时代中国共产党人把握和顺应新的时代特点，使文化开放包容达到了前所未有的高度。习近平早在上海主政时期就提炼总结出了"海纳百川，追求卓越，开明睿智，大气谦和"的上海城市精神，引领着城市的发展和进步。任党的总书

记以来，更是将“海纳百川，开放包容”的精神融入当代中国的发展进步之中。2013年，习近平在博鳌亚洲论坛年会开幕式上的主旨演讲中就以“共同创造亚洲和世界的美好未来”为主题，直接引用中华传统文化中的“海纳百川，有容乃大”，作出了中国坚持开放包容、为促进各国共同发展提供广阔空间的庄严承诺。中国提出的“一带一路”倡议旨在促进各国的和平合作和互利共赢。习近平提炼总结出了以“和平合作，开放包容，互学互鉴，互利共赢”为核心的丝路精神，其中开放包容精神起着枢纽的作用。只有坚持“开放包容”，才能做到“和平合作”和“互学互鉴”。只有“和平合作”和“互学互鉴”，才能真正实现“互利共赢”。2017年5月14日，在“一带一路”国际合作高峰论坛上的主旨演讲中，习近平进一步强调了古丝绸之路积淀形成的“丝路精神”是人类文明的宝贵遗产，阐释了“文明在开放中发展，民族在融合中共存”的真谛。在新的历史起点上，以习近平为核心的党中央领导中国以更加开放的胸襟、更加包容的心态、更加宽广的视角，在同世界文化的交流互鉴中，为推动人类文明进步做出重大的贡献。

（二）正确处理开放包容与独立自主的关系

经济上的对外开放要处理好开放与独立自主的关系，做到对外开放是独立自主前提下的开放，文化上的开放包容也是如此。

独立自主是中国共产党人在革命和建设的实践中总结出的重要经验。它源于对中华传统文化中自强不息精神的解读。深受传统文化影响的毛泽东，在中国革命和建设的伟大历程中，带领中国共产党人，面对异常强大的敌人，不气馁，不妥协，始终以坚忍不拔的意志，在马克思主义指导下，发动起广大人民群众，一步步从新民主主义革命的胜利到建立起社会主义国家，为中华民族的伟大复兴奠定了坚实的基础。毛泽东首创了“独立自主，自力更生”的理论。独立自主成为毛泽东思想活的灵魂的三个基本点之一，它同实事求是、群众路线一起构成中国共产党独特的立场、观点和方法，有效地指导了中国的革命和建设。

大革命失败后，我们党自主开创了农村包围城市、武装夺取政权的革命道路；抗日战争时期，克服了“一切经过统一战线”的新投降主义，抵制了苏联民族利己主义，使中国共产党成为抗日战争的中流砥柱；抗战胜利后，顶住苏联的压力，将革命进行到底，解放了全中国；新中国成立后，开

创了中国特色的社会主义改造道路，成功实现了由新民主主义社会向社会主义社会的转变；在社会主义建设问题上，依靠自己的力量走中国工业化道路，自力更生为主，争取外援为辅；在国际共产主义运动中，正确处理党与党之间的关系，主要依靠自己的力量，走自己独立的道路①；在对外关系中，始终把独立自主原则作为一项基本国策，坚持独立自主前提下的对外开放等。

"独立自主，自力更生"理论在新的时代条件下又有了新的发展。

邓小平在新的实践中继承并发展了"独立自主，自力更生"的思想。邓小平坚持独立自主地探索有中国特色的社会主义道路。他认为，只有走出一条有中国特色的社会主义道路，才能够坚持独立自主。邓小平强调必须正确对待马克思主义理论和外国经验，不能从本本出发，而要从自己国家的情况出发，独立思考。在此基础上，邓小平提出坚持新的历史条件下对外政策的独立自主，奉行独立自主的和平外交政策和真正的不结盟。邓小平还发展了毛泽东关于独立自主条件下对外开放的思想，把新的时代条件下的对外开放提到了前所未有的高度，全面阐述了对外开放的理论。

党的十四届三中全会以后，以江泽民为主要代表的中国共产党人，在经济全球化、世界多极化向前发展的新形势下，高举邓小平理论伟大旗帜，继续坚定不移地坚持独立自主，推进改革开放，维护了国家的主权和尊严，使国民经济快速发展，并开创了我国外交新局面，为国内的现代化建设创造了良好的国际环境。

进入21世纪，以胡锦涛为主要代表的中国共产党人结合新的时代条件，坚持并发展了党的独立自主理论。胡锦涛在纪念党的十一届三中全会召开30周年大会上的讲话中强调，必须"把坚持独立自主同参与经济全球化结合起来，统筹好国内国际两个大局……坚持独立自主的和平外交政策，坚持和平发展道路，坚持互利共赢的开放战略，推动建设持久和平、共同繁荣的和谐世界，为我国发展争取良好国际环境，也为世界和平与发展作出重要贡献"②。

---

① 参见明成满：《近年来国内毛泽东独立自主思想研究综述》，载《党的文献》2010年第2期。

② 《胡锦涛文选》第3卷，人民出版社2016年版，第166页。

党的十八大以来，以习近平总书记为核心的党中央继续坚持独立自主政策，并结合新的时代条件，提出了新时期的独立自主理论。习近平在庆祝建党95周年的讲话中重申了我们党一贯的独立自主主张，强调中国坚持独立自主的和平外交政策，在和平共处五项原则的基础上同所有国家发展友好合作。强调任何外国不要指望我们会拿自己的核心利益做交易，不要指望我们会吞下损害我国主权、安全、发展利益的苦果。同时，习近平提出，中国发展得益于国际社会，愿意以自己的发展为国际发展做出贡献。中国将积极参与全球治理体系建设，努力为完善全球治理贡献中国智慧。中国坚定不移实行对外开放的基本国策，坚持打开国门搞建设，在“一带一路”等重大国际合作项目中创造更全面、更深入、更多元的对外开放格局。习近平提出的尊重世界文化多样性四项原则是中国共产党新时期文化包容开放理念的具体阐释。这四项原则即习近平在纪念孔子诞辰2565周年国际学术研讨会上的讲话中提出的维护世界文明多样性、尊重各国各民族文明、正确进行文明学习借鉴和科学对待文化传统的基本原则。这四项原则准确表达了中国共产党在文化领域坚持独立自主与开放包容辩证统一的理念。习近平还创造性地提出了精神独立性的问题。2014年2月17日，他在省部级主要领导干部学习贯彻十八届三中全会精神全面深化改革专题研讨班上的讲话中提出，如果我们的人民不能坚持在我国大地上形成和发展起来的道德价值，而不加区分、盲目地成为西方道德价值的应声虫，那就真正要提出我们的国家和民族会不会失去自己的精神独立性的问题了。如果没有自己的精神独立性，那政治、思想、文化、制度等方面的独立性就会被釜底抽薪。精神上的独立自主是一个民族、一个国家独立自主的根本所在，必须高度重视并坚持精神独立性的问题，才能真正做到一个民族、一个国家的独立自主。

坚持独立自主并非是孤立起来，而是以独立自主为基本立足点，在此基础上融入世界发展的潮流中。独立自主和开放包容是相辅相成的关系。不坚持独立自主，开放包容就失去了目的和意义；不能够开放包容，独立自主或者变成孤立无援，或者因过于孤立而失去独立自主的基础。因此，开放包容是为了更好地坚持独立自主，实现中华民族的伟大复兴；坚持独立自主才能更好地做到开放包容，使中华文化不断发扬光大。

与毛泽东思想所处的时代相比，中国特色社会主义理论体系在坚持

独立自主与开放包容方面具有更多的优势。从客观条件看，世界多极化和全球化发展的新趋势使中国的发展离不开世界，世界的发展也离不开中国，世界孤立中国或中国自我封闭起来都已经成为不可能，这为中国坚持独立自主基础上的开放包容提供了新的契机。特别是改革开放以来取得的巨大成就更使中国具备了坚持独立自主基础上的开放包容的强大基础和条件。从主观条件看，改革开放以来，我们党在同世界各国的交流沟通中获得了宝贵的经验，也更加具有世界眼光，因此，能够更好地处理独立自主与开放包容的关系，使中国特色社会主义理论体系成为既是当代中国的、马克思主义的，又是海纳百川、开放包容的先进理论。

（三）正确处理文化的一元性与多样化的关系

文化的一元性指的是文化发展指导思想的一元性，文化的多样化指的是文化具体表现形态的多样化。一元性与多样化的关系体现的是一般与个别的关系。一般指的是抽象原则，个别是一般的具体化。一般统摄具体和个别，个别是丰富多彩的，但必须是受一般制约和统摄的个别。毛泽东提出的“二为”方向和“双百”方针就是针对文化发展的指导思想与文化具体形态多样化之间的关系而言的。“二为”方向指明的是文化指导思想的一元性，也就是说，社会主义文化必须以马克思主义为指导，体现为人民服务的宗旨。“双百”方针说明的是进行文化创作时，在坚持“二为”方向的前提下，运用丰富多彩的内容和形式来繁荣和发展社会主义文化。如能做到两者的统一，社会主义文化必定会既坚持正确的路线，又欣欣向荣。我们党在领导新民主主义革命和社会主义建设初期的很长一段时间内，在处理两者关系的问题上是做得比较好的。但进入社会主义建设探索时期，我们党在一段时间内没有处理好两者的关系。为了坚持指导思想的一元性而忽视了文化发展的多样化，即便是对一元性的坚持，也因对马克思主义、社会主义文化本质的片面理解而导致一些偏差。

改革开放以来，我们党在这个问题上的认识不断提高，提出了“弘扬主旋律与提倡多样化”相统一的方针，使“二为”方向和“双百”方针进一步具体化，并继续丰富和发展。

1979 年，邓小平在全国第四次文代会上提出，我们要在建设高度物质文明的同时，提高全民族的科学文化水平，发展高尚的丰富多彩的文化

生活，建设高度的社会主义精神文明。邓小平强调，要“继续坚持毛泽东同志提出的文艺为最广大的人民群众、首先为工农兵服务的方向，坚持百花齐放、推陈出新、洋为中用、古为今用的方针”①。同时他还强调，在内容上提倡各族人民的生活习俗、文化传统和艺术爱好等，只要能够使人们得到教育和启发，得到娱乐和美的享受，都应当在我们的文艺园地里占有自己的位置；英雄人物和普通民众、现代人和古代人的生活，都应当在文艺中得到反映。我国古代的和外国的文艺作品、表演艺术中一切进步的和优秀的东西，都应当借鉴和学习；在形式上，提倡不同形式和风格的自由发展。总的说来，就是要在正确的创作思想的指导下，使文艺题材和表现手法日益丰富多彩，敢于创新。邓小平在第四次文代会上的讲话是“文化大革命”之后文化艺术界的一次“全面解冻”，从此我们党在处理文化的一元性与多样化的问题上又走上了正确的轨道。

1994年，江泽民在全国宣传思想工作会议上提出“弘扬主旋律”的口号。他指出：“弘扬主旋律，就是要在建设有中国特色社会主义的理论和党的基本路线指导下，大力倡导一切有利于发扬爱国主义、集体主义、社会主义的思想和精神，大力倡导一切有利于改革开放和现代化建设的思想和精神，大力倡导一切有利于民族团结、社会进步、人民幸福的思想和精神，大力倡导一切用诚实劳动争取美好生活的思想和精神。”②这段论述阐明，弘扬主旋律是为了确保我们的精神产品符合人民的利益，符合社会进步的要求，确保能够不断满足人民群众的精神文化需求，这是我们发展文化事业、繁荣社会主义文化市场的主题。同时，江泽民强调，要坚持解放思想、实事求是，坚持“双百”方针，努力形成一种鼓励探索和创造的良好环境和气氛。在学术研究上提倡不同观点和学派的自由讨论，在艺术创作上提倡不同形式和风格的自由发展，使我们的文化事业更加蓬勃繁荣、万紫千红。这一后来被称为“弘扬主旋律，提倡多样化”的指导思想，成为处理好思想导向和尊重文化规律关系的基本原则。江泽民还提出必须“以科学的理论武装人，以正确的舆论引导人，以高尚的精神塑造

① 《邓小平文选》第2卷，人民出版社1994年版，第210页。

② 江泽民：《论党的建设》，中央文献出版社2001年版，第134页。

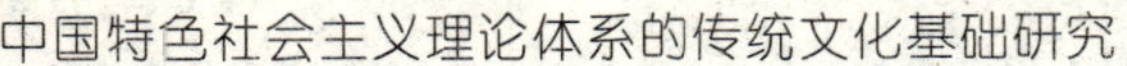

人，以优秀的作品鼓舞人"[1]，以及"大力发展先进文化，支持健康有益文化，努力改造落后文化，坚决抵制腐朽文化"[2]等重要文化方针。

党的十六大以后，以胡锦涛为总书记的党中央结合新形势下文化发展的要求，提出中华民族的伟大复兴必然伴随着中华民族文化的伟大复兴。在中国文联第八次全国代表大会和中国作协第七次全国代表大会上的讲话中，胡锦涛指出："繁荣社会主义先进文化，建设和谐文化，为构建社会主义和谐社会作出贡献，是现阶段我国文化工作的主题。"[3]《中共中央关于构建社会主义和谐社会若干重大问题的决定》明确指出，社会主义核心价值体系是建设和谐文化的根本。社会主义核心价值体系包括马克思主义指导思想、中国特色社会主义共同理想、以爱国主义为核心的民族精神和以改革创新为核心的时代精神，以及以"八荣八耻"为主要内容的社会主义荣辱观等四个相互联系、有机统一的方面，为弘扬主旋律指明了具体的方向。胡锦涛在中国文联第八次全国代表大会和中国作协第七次全国代表大会上的讲话中重申："要坚持为人民服务、为社会主义服务的方向和百花齐放、百家争鸣的方针，弘扬主旋律、提倡多样化，大力发展先进文化，支持健康有益文化，努力改造落后文化，坚决抵制腐朽文化，促进全社会形成积极向上的共同精神追求。"[4]强调要坚持社会责任和创作自由的统一、弘扬主旋律和提倡多样化的统一。这都是要求文化艺术创作要以社会主义核心价值体系引领文化发展方向，同时要密切同人民群众的血肉联系，积极反映人民心声，创造出各种具有中国特色、中国气派的具有感染力的作品，以丰富人民群众的精神生活、提高人民群众的精神境界，从而推动社会主义文化大发展大繁荣。

党的十八大以来，以习近平为核心的党中央根据新的形势和时代要求，逐步形成了培育社会主义核心价值观、弘扬中华优秀传统文化、重视意识形态工作、提升国家文化软实力、建设社会主义文化强国的文化战略思想。其中，培育社会主义核心价值观是新文化战略的灵魂。党的十八

---

① 江泽民：《论党的建设》，中央文献出版社 2001 年版，第 125 页。

② 《江泽民文选》第 3 卷，人民出版社 2006 年版，第 559 页。

③ 《胡锦涛文选》第 2 卷，人民出版社 2016 年版，第 540 页。

④ 《胡锦涛文选》第 2 卷，人民出版社 2016 年版，第 540 页。

大提出的二十四字社会主义核心价值观，“把涉及国家、社会、公民的价值要求融为一体，既体现了社会主义本质要求，继承了中华优秀传统文化，也吸收了世界文明有益成果，体现了时代精神”①。习近平将社会主义核心价值观喻为反映全国各族人民共同认同的价值观“最大公约数”，强调：“核心价值观是一个民族赖以维系的精神纽带，是一个国家共同的思想道德基础。如果没有共同的核心价值观，一个民族、一个国家就会魂无定所、行无依归。”②确立社会主义核心价值观，使全体人民同心同德、团结奋进，关乎国家前途命运，关乎人民幸福安康。在如何弘扬中华优秀传统文化的问题上，弘扬主旋律就是要在社会主义核心价值观的引领下传播正能量。针对这个问题，习近平提出了“创造性转化，创新性发展”的“两创”方针。“两创”方针强调尊重中华文化优秀传统、古为今用和推陈出新，不仅是传承和发展中华优秀传统文化的基本方针，也是建设社会主义文化强国的重要方针。“两创”方针是在新的历史条件下，在“双百”和“二为”方针的基础上作出的新概括，充分反映了党中央高度的文化自觉、文化自信和文化担当。“两创”方针作为传承中华优秀传统文化的纲领和推动文化繁荣发展的指南，必将同“双百”和“二为”一起，在中华文化发展史上产生重大而深远的影响。③

提倡多样化是改革开放以来中国共产党文化对内开放的表现，而坚持弘扬主旋律和提倡多样化的辩证统一则是文化发展和繁荣沿着正确方向前进的重要保障。主旋律不是概念化、抽象化、单一化的主旋律，而是蕴含在丰富多彩的题材、体裁中的主旋律；多样化不是毫无原则的失去方向的“自由化”，而是指艺术作品数量的充足和艺术类型、品种、风格、内容、形式的多样性，更是指主旋律嘹亮高亢，艺术精品充裕丰富，是确保先进文化前进方向原则下的多样化，是社会主义核心价值观引领下的多样化。只有真正做到指导思想的一元化与文化发展的多样化的有机统一，

① 习近平：《青年要自觉践行社会主义核心价值观》，载2014年5月5日《人民日报》。

② 中共中央文献研究室编：《习近平总书记重要讲话文章选编》，中央文献出版社、党建读物出版社2016年版，第198页。

③ 参见李军《“两创”：建设社会主义文化强国的重要方针》，载2017年9月5日《人民日报》。

才能真正促进文化艺术在正确的轨道上大发展大繁荣，也才能真正实现社会主义文化强国的宏伟目标。

四、求真务实，注重科学性

胡锦涛指出："求真务实，是辩证唯物主义和历史唯物主义一以贯之的科学精神，是我们党的思想路线的核心内容，也是党的优良传统和共产党人应该具备的政治品格。"[①]这个重要判断表明，求真务实是共产党人政治品格的体现，因此也是中国化马克思主义理论的重要理论品格；求真务实是马克思主义科学精神的体现，以求真务实为党的思想路线的核心内容，也就意味着我们党的理论创新与实践创新更加注重科学性。

求真务实的直接理论来源是毛泽东提出的"实事求是"思想。延安时期，毛泽东借用中华传统文化中"实事求是"的典故，对其进行马克思主义的改造，形成了我们党的思想路线，其根本要求是从实际出发，来求得对事物发展规律的科学认识，以指导实践。改革开放新时期之初，邓小平总结新中国成立以来我们党的成败得失，面对"两个凡是"的错误主张，提出了"解放思想，开动脑筋，实事求是，团结一致向前看"的口号，丰富了"实事求是"思想路线的内涵。进入新世纪，针对世情、国情、党情的深刻变化，江泽民指出，马克思主义具有与时俱进的理论品质，要求"全党同志要坚持马克思主义的科学原理和科学精神，善于把握客观情况的变化，善于总结人民群众在实践中创造的新鲜经验，不断丰富和发展马克思主义理论"[②]。"解放思想，实事求是，与时俱进，开拓创新"又进一步丰富了党的思想路线内涵。党的十六大以后，针对新情况和新问题，胡锦涛在"解放思想，实事求是，与时俱进"的基础上提出了"求真务实"的要求。求真务实就是要"求我国社会主义初级阶段基本国情之真，务坚持长期艰苦奋斗之实；求社会主义建设规律和人类社会发展规律之真，务抓好发展这个党执政兴国的第一要务之实；求人民群众的历史地位和作用之真，务发展最广大人民根本利益之实；求共产党执政规律之真，务全面加强和改进党的

---

① 中共中央文献研究室编：《十六大以来重要文献选编》(上)，中央文献出版社2005年版，第724页。

② 《江泽民文选》第3卷，人民出版社2006年版，第283页。

建设之实”①。党的十八大以来,更加切实有效地做到“求真务实”成为党的新一届领导集体治国理政的鲜明特征。在2012年中央党校春季学期第二批入学学员开学典礼上的讲话中,习近平强调,我们党是靠实事求是起家和兴旺发展起来的,坚持实事求是就能兴党兴国,违背实事求是就会误党误国。习近平系列重要讲话的一个鲜明特点就是求真务实。他在讲话中提出或强调的“空谈误国,实干兴邦”“发扬钉钉子精神”“以抓铁有痕、踏石留印的韧劲抓落实”等,生动形象,作风鲜明。党的十八大以来,党和国家各项事业之所以能树新风、开新局,各方面工作之所以有那么大的成就,与党中央求真务实、狠抓落实密切相关。

求真务实与科学性要求是一致的,都是要求从实际出发,按规律办事,理论与实践相结合。这些要求在以传统文化为基础进行中国特色社会主义理论体系的创新过程中具体表现为以下几方面:

(一)思维方式更具辩证性

毛泽东思想是一个具有丰富辩证法思想的体系,其辩证法思想是把马克思主义辩证法与中国传统辩证思想相结合的典范,是马克思主义辩证法中国化的成功范例。这已经是我们的共识。但在社会主义建设探索初期,中国共产党虽然已经成为执政党,在思维方式上却尚未从革命思维中完全转变过来,加之两大阵营的对立、帝国主义的封锁、国内反封建思想残余的任务繁重等各种历史原因,党在思维方式上更多延续了两极对立的思维惯性,或者说是更多注重对立统一中对立的一面。

改革开放以来,我们党深刻认识到,党已经由革命党转变为执政党,在执政的过程中,必须转变思维方式。邓小平提出的“解放思想”,其中就包括要突破两极思维,转变为真正的辩证思维。辩证思维要求我们用全面系统发展的眼光看问题,在新的历史条件下,既要看到事物的对立,更要注重在对立中寻求统一。这主要表现为:不再把社会事务中矛盾的斗争性作为重点,而是在坚持矛盾具有斗争性的基础上,适度地把矛盾的同一性作为重点,在对立中把握统一,停止“以阶级斗争为纲”,强调“团结一致向前看”,稳定压倒一切,一门心思搞建设;在国际事务中,把握和平与

① 中共中央文献研究室编:《十六大以来重要文献选编》(上),中央文献出版社2005年版,第728~729页。

发展成为可能的大势，主张求大同存小异，推动世界和平与发展，为国内建设争取和平的环境；不再以对抗思维对待台湾等事关祖国统一的问题，而是提出“一国两制”，这些都体现了邓小平异中求同、同中求发展处理问题的新思维。① 新思维带来了文化发展观特别是传统文化观的转变：不再仅仅把社会主义文化与资本主义文化看作针锋相对的两种文化，而是主张在分清腐朽与精华、反对资产阶级自由化的前提下大胆引进西方文明成果；不再仅仅把中华传统文化看作是封建腐朽文化，而是提倡在分清精华与糟粕的前提下大胆继承祖国优秀传统文化；不再离开经济基础搞文化的革命，而是提出“两手抓，两手都要硬”，“以经济建设为中心”，打好基础，同时抓精神文明建设等。新思维为社会主义理论体系的创立和发展打下了坚实的基础。此后，在发展和创新中国特色社会主义理论体系的进程中，我们党继续坚持全面、系统、发展、辩证的思维方式。党的十八大以来，我们党继续坚持全面、系统、发展、辩证的思维方式，将辩证思维运用到治国理政的方方面面，如逐步形成“两个一百年”奋斗目标、“五大发展”理念、“五位一体”总体布局、“四个全面”战略布局、“三大治理”（国家治理、政党治理、全球治理）理念、“四个自信”（道路自信、制度自信、理论自信、文化自信）思想等治国理政新理念新思想新战略。这些内容总体协同，服务于实现“两个一百年”奋斗目标、最终实现中华民族伟大复兴中国梦的要求，每个理念或战略又自成辩证体系，体现出思维方式上的辩证特征。

（二）文化发展观更加科学

文化发展观简称“文化观”，是关于文化发展问题的基本观点和原则看法。我们党对文化发展一向非常重视，形成了不同时期的文化观。而在新时期，我们党的文化观不断趋于科学和完善，对于文化发展乃至整个社会的发展发挥了尤其重要的作用。

毛泽东的文化观为中国共产党的文化观奠定了坚实的基础。关于文化的性质、作用及其与经济、政治的关系问题，毛泽东在《新民主主义论》中指出：“一定的文化（当作观念形态的文化）是一定社会的政治和经济的反映，又给予伟大影响和作用于一定社会的政治和经济；而经济是基础，

① 参见裴传永等：《邓小平理论与中华传统文化》，中共中央党校出版社 2003 年版，第 25 页。

政治则是经济的集中的表现。这是我们对于文化和政治、经济的关系及政治和经济的关系的基本观点。”[①]关于新民主主义的文化纲领，毛泽东明确指出：新民主主义文化“就是无产阶级领导的人民大众的反帝反封建的文化”[②]。新民主主义文化纲领阐明了新民主主义文化的马克思主义本质以及民族性、科学性和大众性等特征。在社会主义文化发展方针上，毛泽东提出了“双百”“两用”“二为”等方针。毛泽东的文化发展观对于新民主主义文化的建设乃至新民主主义革命的胜利起到了至关重要的作用，为社会主义文化建设打下了坚实的基础。同时，由于时代局限等原因，进入社会主义建设时期，这些正确的文化观未能坚持下来，更谈不上在新的时代条件下向前发展，这与毛泽东文化观的历史局限性有着一定的联系。毛泽东对文化发展问题的正确观点为社会主义文化建设提供了基本的原则和框架，其局限和失误则为后来的社会主义文化建设提供了重要借鉴，使我们党从正反两个方面总结经验和教训，从而更加科学地看待文化发展问题。

邓小平深刻总结了党在文化发展和文化建设问题上正反两方面的经验与教训，在新的历史条件下提出了既以马克思主义基本原理为指导、继承毛泽东文化观的正确内容，又从社会主义初级阶段的实际出发、适应新时期政治与经济发展要求的有中国特色的社会主义文化观。

关于社会主义文化建设的地位和作用，邓小平高度重视中国特色社会主义文化的战略地位和重要作用，确定了我国“富强、民主、文明”的社会主义现代化目标，把社会主义精神文明作为社会主义现代化建设的一项基本内容；提出要在建设社会主义物质文明的同时，建设高度的社会主义精神文明；认为建设中国特色的社会主义文化，根本目的就是为了培养有理想、有道德、有文化、有纪律的“四有”新人，提高整个民族的思想道德素质和科学文化素质，“从长远来看，这个问题关系到我们的事业将由什么样的一代人来接班，关系到党和国家的命运和前途”[③]。

关于社会主义文化建设的方针，邓小平继承和发展了毛泽东提出的

---

① 《毛泽东选集》第2卷，人民出版社1991年版，第663～664页。

② 《毛泽东选集》第2卷，人民出版社1991年版，第698页。

③ 《邓小平文选》第3卷，人民出版社1993年版，第45页。

"二为""双百""两用"等正确方针。在中国特色社会主义文化的性质问题上，邓小平强调要坚持马列主义、毛泽东思想的指导，明确提出文艺"为人民服务"和"为社会主义服务"相统一的社会主义文化建设总方针；为保证学术讨论的科学性、民主性和开放性，邓小平从根本上恢复了"双百"方针，并提出了确保该方针得以贯彻的不抓辫子、不戴帽子、不打棍子的"三不主义"，要求做到"解放思想、破除迷信，一切从实际出发"①；从根本上恢复了毛泽东提出的"古为今用，洋为中用"的方针，强调要与中国实际相结合，根据中国特色社会主义文化发展的客观需要和内在要求，在坚持马列主义、毛泽东思想的前提下，以更加开放的心态对待古今中外的文明成果，对其进行分析、鉴别和批判，加强中外文化交流，科学地继承和发展自己的民族文化；根据文化与经济、政治的关系的原理强调"以经济建设为中心"，实现了文化由为政治服务向为经济服务的历史性转变，使文化建设、经济建设、政治建设的关系得以理顺，从而真正符合马克思主义所揭示的生产力与生产关系、经济基础与上层建筑之间相互关系的规律，既大大解放和发展了生产力，又大大解放和发展了社会主义文化；从我国社会主义初级阶段的实际出发，深刻认识到文化建设的长期性和阶段性，强调社会主义文化要培养的是具有远大理想又立足当代的"四有"新人，从而纠正了超越历史阶段、脱离现实的思想道德建设思路；充分认识到教育在社会主义文化建设乃至整个现代化建设中的重要作用，提出教育要"面向现代化、面向世界、面向未来"，要像抓经济工作那样抓教育，从根本上扭转了"文化大革命"时期忽视教育的错误做法，在全社会形成了重视教育、尊重知识、尊重人才的良好风气，指明了社会主义文化建设的基本途径，对于文化的传承与发展、社会主义现代化建设具有至关重要的意义。

20 世纪 90 年代以来，综观国内外大势，江泽民在继承党的正确文化观的基础上，继续坚持马克思主义基本原理，密切联系实际，开创性地发展了党的文化发展观。在关于社会主义文化建设的地位和作用方面，江泽民在党的十五大报告中提出了"有中国特色社会主义的文化，是凝聚和激励全国各族人民的重要力量，是综合国力的重要标志"②的科学论断。

① 《邓小平文选》第 2 卷，人民出版社 1994 年版，第 183 页。

② 《江泽民文选》第 2 卷，人民出版社 2006 年版，第 33 页。

这一新论断，突破了“一个中心”指导下人们对文化建设仅仅是服务于经济建设的传统认识，标志着我们党对中国特色社会主义文化的战略地位的认识达到了一个新的高度。在党的十六大报告中，江泽民指出：“当今世界，文化与经济和政治相互交融，在综合国力竞争中的地位和作用越来越突出。文化的力量，深深熔铸在民族的生命力、创造力和凝聚力之中。全党同志要深刻认识文化建设的战略意义，推动社会主义文化的发展繁荣。”①江泽民作出的“文化与经济和政治相互交融”的论断，准确把握新的时代背景下文化与社会发展其他方面的密切关联，深刻阐明了文化在当今世界综合国力竞争中继政治、经济的重要性之后所逐渐显现出来的重要战略意义。不仅如此，在江泽民提出的“三个代表”重要思想中，始终“代表中国先进文化的前进方向”具有与始终“代表中国先进生产力的发展要求”、始终“代表最广大人民的根本利益”同等重要的地位，这是对国际范围内继军事力量竞争、经济力量竞争之后的文化力量竞争的时代特征的自觉认识和把握，体现了党在新的历史条件下对社会发展规律的认识进一步深化，文化自觉意识进一步提高，执政、治党思想更加成熟。在文化发展方针方面，江泽民在重申“二为”“两用”“双百”等方针的基础上，特别强调文化创新。江泽民提出：“创新是一个民族进步的灵魂，是一个国家兴旺发达的不竭动力，也是一个政党永葆生机的源泉。……创新，包括理论创新、体制创新、科技创新及其他创新。”②这里的“其他创新”就包括文化创新。在庆祝中国共产党成立 80 周年大会上的讲话中，江泽民强调：“必须结合新的实践和时代的要求，结合人民群众精神文化生活的需要，积极进行文化创新。”③在当代中国，先进文化即中国特色社会主义文化。1991 年，江泽民在纪念建党 70 周年讲话中提出了“有中国特色社会主义文化”的概念。在党的十六大报告中，江泽民指出，在当代中国，发展先进文化，就是发展面向现代化、面向世界、面向未来的，民族的科学的大众的社会主义文化，中国特色社会主义文化必须坚持马克思主义，坚持“二为”“双百”方针，弘扬主旋律，提倡多样化，发扬民族文化的优秀传统，

---

① 《江泽民文选》第 3 卷，人民出版社 2006 年版，第 558～559 页。

② 《江泽民文选》第 3 卷，人民出版社 2006 年版，第 64 页。

③ 《江泽民文选》第 3 卷，人民出版社 2006 年版，第 278 页。

汲取世界各民族的长处,在内容和形式上积极创新,不断增强中国特色社会主义文化的吸引力和感召力。在文化建设理论与实践结合方面,江泽民特别强调社会主义精神文明重在建设,坚持和弘扬民族精神,切实加强思想道德建设,依法治国和以德治国相辅相成,大力发展教育和科学事业,深化文化体制改革,积极发展文化事业和文化产业。总之,江泽民的文化观在新的时代条件下,更加具有自觉性、民族性、开放性、建设性、创新性和时代性。

进入21世纪,在国际国内形势发生了深刻变化、世界文化发展呈现全球化态势、我国在总体上进入小康社会之后全面建设小康社会任重而道远、中华民族伟大复兴步伐加快的新形势下,党中央加深了对中国特色社会主义文化建设的规律性认识,提出了更加科学的新的文化发展观。2006年,《国家"十一五"时期文化发展规划纲要》提出,要"坚持树立新的文化发展观,不断深化对文化发展的地位、方向、动力、思路、格局和目的的认识,冲破一切束缚文化发展的思想观念、做法、规定和体制机制性障碍,不断解放和发展文化生产力,促进文化与经济、政治、社会协调发展"①。"十一五"是我国文化发展的一个创新期,经过这一时期的大力发展,我国文化建设跨上了一个大的台阶,至2012年《国家"十二五"时期文化发展规划纲要》推出之际,我国已经迎来了文化大发展大繁荣的建设高潮,文化发展观也愈加完善。

新的文化发展观是科学发展观在文化领域的具体体现。第一,新的文化发展观对文化发展的重要性和紧迫性有了更加深刻的认识。党的十七届六中全会通过的《中共中央关于深化文化体制改革推动社会主义文化大发展大繁荣若干重大问题的决定》中指出:"文化是民族的血脉,是人民的精神家园。……文化在综合国力竞争中的地位和作用更加凸显,维护国家文化安全任务更加艰巨,增强国家文化软实力、中华文化国际影响力要求更加紧迫。"②这就在充分认识文化软实力的基础上更加突出了文化对于延续民族血脉、为人民提供精神家园等方面所具有的长远意义。

---

① 《国家"十一五"时期文化发展规划纲要》,载2006年9月14日《人民日报》。

② 《中共中央关于深化文化体制改革推动社会主义文化大发展大繁荣若干重大问题的决定》,载2011年10月26日《人民日报》。

第二,新的文化发展观以社会主义核心价值体系引领文化的发展,坚持社会主义先进文化的前进方向,在此基础上,充分发扬大众的创造精神,推动文化的多样化发展。第三,新的文化发展观注重在坚持中国特色社会主义文化发展道路的前提下,以文化体制改革为动力,解放和发展文化生产力,推动社会主义文化大发展大繁荣。第四,新的文化发展观在坚持发展公益性文化事业的同时,注重大力发展文化产业,提出推动文化产业成为国民经济支柱性产业。第五,新的文化发展观要求形成并完善以民族文化为主体、吸收外来有益文化、推动中华文化走向世界的文化开放格局,以坚持并发展中华文化的民族性、世界性和国际影响力,建设社会主义文化强国,切实维护国家战略利益和文化安全。第六,新的文化发展观积极回应人民群众丰富精神文化生活的热切愿望,要求以人为本,创造又多又好的精神文化产品,以促进人的全面发展。第七,新的文化发展观特别重视优秀传统文化在社会主义先进文化建设、建设人民精神家园、坚持和发展中国特色社会主义、实现中华民族伟大复兴等方面的重要性,第一次提出"建设优秀传统文化传承体系",对于拯救、继承、弘扬和创新优秀传统文化具有划时代的重要意义。新的文化发展观反映了我们党对文化发展规律的新认识,是我们确保社会主义文化建设沿着正确方向前进的思想前提,也是我们能够坚持继承和弘扬优秀传统文化的思想前提。

党的十八大以来,我国已经处于实现第一个百年奋斗目标并向第二个百年奋斗目标迈进的关键节点。无论是国内建设还是国际竞争,文化的战略意义越来越凸显,并日益走进国家政策和发展战略的中心。以习近平总书记为核心的党中央深刻洞察中国和世界发展大势,统筹国内国际两个大局,统筹中国特色社会主义建设的方方面面,形成了新时期的文化发展观。第一,对文化地位高度重视。2014 年 10 月 15 日,习近平总书记在文化工作座谈会上的讲话中指出:"文化是民族生存和发展的重要力量","没有中华文化繁荣兴盛,就没有中华民族伟大复兴。"①在庆祝中国共产党成立 95 周年讲话中指出,在"四个自信"中,文化自信是更基础、更广泛、更深厚的自信。第二,形成并积极推进"五位一体"的总体布局,

① 中共中央文献研究室编:《习近平总书记重要讲话文章选编》,中央文献出版社、党建读物出版社 2016 年版,第 182、184 页。

其中文化建设处于重要地位。习近平在党的十九大报告中强调:“文化是一个国家、一个民族的灵魂。文化兴国运兴,文化强民族强。”①文化建设从更根本的意义上关乎国家民族的命运,是推进中国特色社会主义事业的极其重要的力量。第三,提出了“培育社会主义核心价值观,弘扬中华优秀传统文化,重视意识形态工作,提升国家文化软实力,建设社会主义文化强国”的文化战略。党中央的文化战略紧紧扭住“培育社会主义核心价值观,弘扬中华优秀传统文化”这个重要任务,突出强调体现社会主义本质要求、继承中华优秀传统文化、吸收世界文明有益成果、体现时代精神的社会主义核心价值观对于当代中国的重要意义。第四,在党的历史上前所未有地高度重视中华优秀传统文化的传承发展,将传承发展中华优秀传统文化提高到战略资源的高度,并提出“两创”的方针。《关于实施中华优秀传统文化传承发展工程的意见》对中华优秀传统文化进行了新的定位:中华优秀传统文化积淀着中华民族最深沉的精神追求,代表着中华民族独特的精神标识,是中华民族生生不息、发展壮大的丰厚滋养,是中国特色社会主义植根的文化沃土,是当代中国发展的突出优势,对延续和发展中华文明、促进人类文明进步,发挥着重要作用。党中央对中华优秀传统文化的新定位表明,古老而历久弥新的中华优秀传统文化,经过创新发展,不仅能够成为实现中华民族伟大复兴、延续和发展中华文明的重要力量,还能够为世界提供中国智慧,促进人类的文明进步。

在更加科学、不断完善的文化观的指导下,我们党对传统文化在当今社会主义建设中的地位和作用的认识也越来越科学,以中华优秀传统文化为基础进行理论创新和社会建设成为新时期我们党的文化自觉,它使党的理论创新和实践创新植根于深厚的民族优秀文化的沃土,因而表现出更强的文化自信,并推动中华文化不断走向文化自强。

(三)更加注重总结经验和规律

中国共产党在领导新民主主义革命、社会主义革命和社会主义建设的过程中,既有成功的经验,也有失误和教训。党正是在不断总结经验和教训的过程中不断加深对中国革命和建设规律的认识,从而不断推进马

① 中共中央文献研究室编:《中国共产党第十九次全国代表大会文件汇编》,人民出版社 2017 年版,第 33 页。

克思主义中国化的历史进程。在建设中国特色社会主义的伟大历程中，我们党更加注重及时总结经验和教训，加强规律性认识，使党和人民的事业少走或不走弯路。

中国共产党是十分重视并善于总结历史经验的政党。这既是党的优良传统，也是党的政治优势。邓小平是科学总结历史经验的典范。他曾说："历史上成功的经验是宝贵财富，错误的经验、失败的经验也是宝贵财富。这样来制定方针政策，就能统一全党思想，达到新的团结。这样的基础是最可靠的。"[①]1981年6月，党的十一届六中全会通过的《关于建国以来党的若干历史问题的决议》标志着我们党胜利地完成了指导思想上的拨乱反正，逐步确立了党的十一届三中全会开辟的适合中国国情的社会主义现代化建设的正确道路。《决议》深刻总结了新中国成立以来正反两方面的经验教训，特别是"文化大革命"的教训，把十一届三中全会以来我们党领导社会主义现代化建设的伟大实践总结为10条经验。其中，社会主义改造基本完成以后我国的主要矛盾是"人民日益增长的物质文化需要同落后的社会生产之间的矛盾"[②]的论断，要求将党和国家工作的重点转移到以经济建设为中心的社会主义现代化建设上来，大力发展社会生产力，并在这个基础上逐步改善人民的物质文化生活。特别是"社会主义必须有高度的精神文明。要坚决扫除长期间存在而在'文化大革命'期间登峰造极的那种轻视教育科学文化和歧视知识分子的完全错误的观念，努力提高教育科学文化在现代化建设中的地位和作用，明确肯定知识分子同工人、农民一样是社会主义事业的依靠力量，没有文化和知识分子是不可能建设社会主义的"[③]这一经验总结，前瞻性地看到了社会主义精神文明建设的重要性以及文化建设的紧迫性和艰巨性。这些经验总结和规律性认识对于正确认识文化建设的长期性和艰巨性具有重要的指导意义，对于文化发展包括优秀传统文化的发展来说无疑是春天的到来。从

---

① 《邓小平文选》第3卷，人民出版社1993年版，第234页。

② 中共中央文献研究室编：《三中全会以来重要文献选编》(下)，中央文献出版社2011年版，第168页。

③ 中共中央文献研究室编：《三中全会以来重要文献选编》(下)，中央文献出版社2011年版，第170页。

此,我国的文化事业开始逐步复苏并走向繁荣。

在总结和借鉴国内外历史经验的基础上,邓小平提出了改革开放的重大决策。改革和开放不仅是经济上的改革和开放,也是政治、文化和社会的改革和开放。其中,文化战线上的改革和开放直接推动了文化的复苏和发展。改革开放后,中国人民的精神面貌发生了根本转变,全国上下解放思想,文化战线也呈现出欣欣向荣的景象。

党在40年改革开放的进程中不断总结各个历史时期的经验和教训,在社会主义文化建设上,一方面在好的经验基础上不断扩大试点,渐次推广;另一方面,及时纠正偏差与失误。如江泽民在庆祝中国共产党成立80周年大会上的讲话中总结了国际国内建设的经验特别是中国共产党建党以来80年的经验:“必须始终坚持马克思主义基本原理同中国具体实际相结合,坚持科学理论的指导,坚定不移地走自己的路”,“必须始终紧紧依靠人民群众,诚心诚意为人民谋利益,从人民群众中汲取前进的不竭力量”,“必须始终自觉地加强和改进党的建设”等①,并强调一定要善于总结经验,坚持真理,纠正错误,谦虚谨慎。党的十七大报告深刻总结了改革开放以来“十个结合”的宝贵经验。胡锦涛在纪念党的十一届三中全会召开30周年大会上的讲话中指出,召开会议的目的“就是要充分认识改革开放的重大意义和伟大成就,深刻总结改革开放的伟大历程和宝贵经验”②,并在此基础上继往开来,继续把改革开放伟大事业推向前进。会议进一步阐释了“十个结合”的历史经验,在阐明“把发展社会生产力同提高全民族文明素质结合起来”③的重要经验时提出,物质贫乏不是社会主义,精神空虚也不是社会主义,要推动物质文明和精神文明协调发展,更加自觉、更加主动地推动文化大发展大繁荣,要把社会主义核心价值体系建设作为主线,贯穿到国民教育和精神文明建设全过程,兴起社会主义文化建设新高潮。

党的十八大以来,随着时代的发展和各项事业的推进,党面临的国内外局势更加复杂,治国理政的任务也更加艰巨,党中央更加注重对历史经

---

① 《江泽民文选》第3卷,人民出版社2006年版,第270、271、271页。

② 《胡锦涛文选》第3卷,人民出版社2016年版,第148页。

③ 《胡锦涛文选》第3卷,人民出版社2016年版,第163页。

验和规律的总结。习近平在庆祝建党95周年讲话中强调:“明镜所以照形,古事所以知今。”今天,我们回顾历史,不是为了从成功中寻求慰藉,更不是为了躺在功劳簿上、为回避今天面临的困难和问题寻找借口,而是为了总结历史经验、把握历史规律,增强开拓前进的勇气和力量。习近平通过对历史经验和规律的总结,得出了一系列重要结论,如必须有先进理论和先进政党的领导,必须坚定理想信念,必须坚持和坚定“四个自信”,必须勇于全面深化改革和开放,必须坚定人民立场,必须坚持走和平发展道路、奉行互利共赢的开放战略,必须从严治党,等等。又如,在文艺工作座谈会上的讲话中,习近平在深刻总结中华民族自古以来发展的经验和规律的基础上指出,中华民族之所以在世界有地位、有影响,靠的不是武力和扩张,而是靠中华文化的强大感召力和吸引力,以德服人、以文化人。这些规律性认识为我国加强文化建设、制定文化发展战略提供了重要遵循。

五、积极探索,加强实践性

实践需要正确理论的指导,理论需要在实践中创新。理论和实践相结合是我们党的优良传统,它保证了党在新民主主义革命时期、社会主义革命时期和社会主义建设探索初期政策的正确和实践的胜利推进。而后来特别是“文化大革命”时期之所以会出现对传统文化持全盘否定态度并在实践中否定传统文化,最终造成传统文化的断裂,理论与实践脱节是其中一个重要的原因。

改革开放以来,随着“文化热”“国学热”的兴起,传统文化对于社会主义建设的当代价值越来越受到人们的重视,中国共产党顺应历史潮流和人民群众的精神文化需求,大力提倡继承祖国优秀传统文化,并在文化继承和文化创新方面积极进行机制和体制建设的探索,提出了一系列政策措施,加快进行制度化建设,使正确的理论和政策能够在实践中得到贯彻并在实践中不断得到发展。

(一)教育事业蓬勃发展为优秀传统文化的传承和发展提供了主渠道

党的十一届三中全会后,教育这一振兴民族最根本的事业,在中国特色社会主义理论的指引下,焕发出旺盛的生机与活力,取得了举世瞩目的

辉煌成就，实现了跨越式的发展，为中国特色社会主义建设做出了不可磨灭的历史贡献。

在邓小平理论指引下，我国教育率先冲破“两个凡是”的桎梏，从恢复高考到大规模派遣留学生，迎来了发展的春天，教育优先发展战略地位得到确立，尊重知识、尊重人才成为时代强音。1985 年 5 月，党中央、国务院召开了改革开放以来的第一次全国教育工作会议，颁布了《中共中央关于教育体制改革的决定》，教育改革发展全面展开。

随着我国经济社会的发展，1995 年 5 月，江泽民在全国科技大会上的讲话中提出了实施科教兴国战略。2001 年发布的《国民经济和社会发展第十个五年计划纲要》首次将人才战略确立为国家战略，将其纳入经济社会发展总体规划和布局之中。科教兴国战略和人才强国战略的提出和实施，进一步确立了教育在社会主义现代化建设中的基础性、先导性、全局性地位。1993 年 3 月，中共中央、国务院颁布并实施了《中国教育改革和发展纲要》。1999 年 6 月，中共中央、国务院颁布《关于深化教育改革，全面推进素质教育的决定》，加快了教育现代化建设的步伐。

21 世纪初，党中央以科学发展观统领经济社会发展全局，作出优先发展教育、办好人民满意的教育、建设人力资源强国的重大战略部署，对加强和改进未成年人思想道德建设和大学生思想政治教育、加强农村义务教育、发展职业教育、提高高等教育质量、促进教育公平等作出了部署安排，推动我国教育优先发展、科学发展。

党的十八大以来，党中央坚持把教育摆在优先发展战略地位，强调扎根中国、融通中外、立足时代、面向未来，对教育工作作出一系列重大决策部署，有力推动了教育事业的发展，使我国教育事业总体发展水平进入世界中上行列，教育质量全面提升，教育公平持续推进，教育国际竞争力日益增强，13 亿人民享有更好更公平的教育梦正逐步成为现实。纳入国家教育体系的不同层次的教育（基础教育、普通高等教育、中等职业技术教育、成人教育等）的发展为不同层次的人群了解、学习、传承和发展优秀传统文化提供了必要的条件，促进了不同人群文化素质的提高，同时也促进了人们对本民族优秀传统文化的认知、认同和文化自信，从而产生出传承和发展民族优秀传统文化以建设中国特色社会主义文化的文化自觉和文化自强意识。党中央着力推进加强中华优秀文化传统教育，广泛开展民

族精神教育，广泛开展优秀传统文化教育普及活动，在《关于实施中华优秀传统文化传承发展工程的意见》中将传承发展中华优秀传统文化“贯穿国民教育始终”列入实施中华优秀传统文化传承发展工程的重点任务等，在实践层面大力推进优秀传统文化的传承发展和弘扬。

(二)文化体制改革为优秀传统文化的传承和发展注入了新动力

“体制”，根据《辞海》的解释，指的是国家机关、企业事业单位在机构设置、领导隶属关系和管理权限划分等方面的体系、制度、方法、形式等的总称。“文化体制”即与文化发展有关的体制。本书所说的“文化体制改革”则是特指改革开放以来我国在文化领域进行的体制改革和建设。

党的十一届三中全会以来，我国的文化体制改革大致经历了四个阶段。

第一阶段是从十一届三中全会之后到党的十四大召开之前，是文化体制改革的酝酿和初步发展阶段。十一届三中全会的召开，使我国的社会主义建设实现了各个领域的拨乱反正以及由“以阶级斗争为纲”到“以经济建设为中心”的转变，在文化体制方面主要表现为恢复了“文化大革命”以前的计划经济条件下的文化体制，使文化事业走上正轨，出现了迅速复苏和空前繁荣。伴随着经济体制改革和政治体制改革，经过一段时间的发展，计划经济体制基础上的文化体制弊端越来越束缚着文化的发展，因此迫切需要进行文化体制改革。1980 年，全国文化局长会议提出，要坚决地、有步骤地改革文化事业体制，改革经营管理制度。1987 年，邓小平提出：“改革是全面的改革，包括经济体制改革、政治体制改革和相应的其他各个领域的改革。”[①]这就把文化体制改革也提到了日程上来。

第二阶段是从党的十四大召开到党的十六大召开之前，是文化体制改革的稳步推进阶段。党的十四大报告明确提出：“积极推进文化体制改革，完善文化事业的有关经济政策，繁荣社会主义文化。”[②]十四届六中全会通过的《中共中央关于加强社会主义精神文明建设若干重要问题的决议》指出，“改革文化体制是文化事业繁荣和发展的根本出路”，并明确提出了文化体制改革的任务和一系列方针。在十五届五中全会通过的《中

① 《邓小平文选》第 3 卷，人民出版社 1993 年版，第 237 页。

② 《江泽民文选》第 1 卷，人民出版社 2006 年版，第 238 页。

共中央关于制定国民经济和社会发展第十个五年计划的建议》中，第一次正式提出了“文化产业”的概念，标志着我国对于文化产业的承认，这对于文化体制改革具有决定性的作用。2001年，中共中央批转了《关于深化新闻出版广播影视业改革的若干意见》，提出文化体制改革要以发展为主题，以结构调整为主线，以集团化建设为重点和突破口，着重在宏观管理体制、微观运行机制、政策法律体系、市场环境、开放格局等五个方面进行探索创新。这一时期的突出特点是，对文化体制改革的重要性和必要性的认识、对文化发展内在规律的认识进一步提高，文化体制改革的内容更加丰富，文化体制改革的方向和目标逐步明确，在文化建设上高度重视法治建设，大力推进依法管理。文化体制改革的稳步推进大大增强了文化事业的活力，调动了文化工作者的积极性。①

第三阶段是从党的十六大至党的十八大召开，我国的文化体制改革进入提速发展阶段。党的十六大报告提出了“推进文化体制改革。抓紧制定文化体制改革的总体方案。……理顺政府和文化企事业单位的关系，加强文化法制建设，加强宏观管理，深化文化企事业单位内部改革，逐步建立有利于调动文化工作者积极性，推动文化创新，多出精品、多出人才的文化管理体制和运行机制”②的要求，第一次将文化分成文化事业和文化产业，进一步明确了文化体制改革的目标和方向。2003年，胡锦涛在全国宣传思想工作会议上的讲话中提出，要深化文化体制改革，“推动我国文化产业实现跨越式发展”的目标。③ 十六届三中全会通过的《关于完善社会主义市场经济体制若干问题的决定》又进一步深化和明确了文化体制改革的目标，第一次明确提出要形成一批大型文化企业集团。十六届四中全会通过的《中共中央关于加强党的执政能力建设的决定》第一次正式提出“深化文化体制改革，解放和发展文化生产力”④的命题，并提

---

① 参见陈劲松：《社会主义新时期我国文化体制改革的历程》，载《江淮文史》2008年第5期。

② 《江泽民文选》第3卷，人民出版社2006年版，第561～562页。

③ 中共中央宣传部、中共中央文献研究室编：《论文化建设——重要论述摘编》（六），载2012年2月27日《人民日报》。

④ 《中共中央关于加强党的执政能力建设的决定》，载2004年9月27日《人民日报》。

出了加强文化发展战略研究，抓紧制定文化发展纲要等要求。2005年，《中共中央国务院关于深化文化体制改革的若干意见》强调了文化体制改革的目标和任务，提出形成“以公有制为主体、多种所有制共同发展的文化产业格局”和“统一、开放、竞争、有序的现代文化市场体系”；要形成“完善的文化创新体系”，形成“以民族文化为主体、吸收外来有益文化，推动中华文化走向世界的文化开放格局”①。2010年，胡锦涛在中央政治局第22次集体学习时强调，深入推进文化体制改革，促进文化事业全面繁荣和文化产业快速发展，关系全面建设小康社会奋斗目标的实现，关系中国特色社会主义事业总体布局，关系中华民族伟大复兴。我们一定要从战略高度深刻认识文化的重要地位和作用，以高度的责任感和紧迫感，顺应时代发展要求，深入推进文化体制改革，推动社会主义文化大发展大繁荣。2011年2月，《中华人民共和国非物质文化遗产法》颁布，旨在加强非物质文化遗产保护、保存工作，以继承和弘扬中华民族优秀传统文化，促进社会主义精神文明建设。2011年10月，《中共中央关于深化文化体制改革推动社会主义文化大发展大繁荣若干重大问题的决定》在总结我国文化改革发展的实践和经验的基础上，就深化文化体制改革、推动社会主义文化大发展大繁荣，进一步兴起社会主义文化建设新高潮，建设社会主义文化强国作了具体部署。

第四阶段是党的十八大以来，我国的文化体制改革进入不断实现突破的快速发展阶段。以习近平为核心的党中央，领导全国各族人民，推动文化体制改革在新的起点上纵深拓展，取得一批开拓性、引领性、标志性的制度创新成果。习近平总书记在系列重要讲话中，就文化改革发展的一系列重大问题作出了深刻阐述，为新阶段的文化体制改革指明了改革正确方向，明确了改革主体框架：坚持和坚定文化自信；坚持不忘本来、吸收外来、面向未来；加强对中华优秀传统文化的挖掘和阐发，实现中华文化的创造性转化和创新性发展；以社会主义核心价值观为引领，完善文化管理体制和文化生产经营机制，建立健全现代公共文化服务体系、现代文化市场体系；坚持社会主义先进文化前进方向，始终把社会效益放在首

---

① 中共中央文献研究室编：《十六大以来重要文献选编》(下)，中央文献出版社2008年版，第129页。

位。2014年2月的《深化文化体制改革实施方案》《国家“十三五”时期文化发展改革规划纲要》等则切实把习近平总书记的讲话要求转化为改革的目标思路和任务举措。在此基础上，出台了社会效益和经济效益相统一、媒体融合发展、特殊管理股试点、文艺评奖改革、构建现代公共文化服务体系、实施中华优秀传统文化传承发展工程、国际传播能力建设等改革文件，细化了改革的路线图、时间表、任务书，搭建起文化制度体系的“梁”和“柱”，并出台一系列具体措施，确保各项改革任务落地生根。① 习近平在党的十九大报告中指出，满足人民过上美好生活的新期待，必须提供丰富的精神食粮。为此，习近平强调，必须深化文化体制改革，完善文化管理体制，加快构建把社会效益放在首位、社会效益和经济效益相统一的体制机制以推动文化事业和文化产业发展。至此，我国的文化体制改革主体框架基本确立，进一步激发了文化创新创造活力，进一步促进了文化事业和文化产业发展繁荣，文化生产力大大提高，进一步增强了人民群众的文化获得感和幸福感。

40年来，我国的文化体制改革从初步酝酿到快速发展，一方面，在实践中不断探索文化事业发展规律的同时，促进了文化体制改革理论的不断提高；另一方面，文化体制改革理论在实践中逐步试点和展开，理论和实践不断实现结合和创新，使文化体制改革不断取得重大突破，激发了大众参与文化生产和文化消费的积极性，大大解放和发展了文化生产力，为新时期文化的大发展大繁荣做出了巨大贡献。文化体制改革大大促进了不忘本来、吸收外来、面向未来的文化开放格局的形成，为中华优秀传统文化的传承和发展提供了广阔的平台，也注入了新的活力和动力，使优秀传统文化得到了前所未有的发展机遇。

除了以上鲜明特色外，中国特色社会主义理论体系的创新主体渐趋大众性也是其以传统文化为基础创新和发展的过程中呈现出的重要特征。

总之，与毛泽东思想相比，中国特色社会主义理论体系在优秀传统文化的基础上进行创新和发展方面呈现出鲜明的特征。中国特色社会主义

① 参见新华社：《激发文化创造活力　向着社会主义文化强国迈进——党的十八大以来文化体制改革成果述评》，载《思想政治工作研究》2017年第8期。

理论体系与毛泽东思想都是马克思主义中国化的理论成果，都是中华文化的新形态，都以传统文化为基础来不断创新和发展自身，两者一脉相承，不仅继承马克思主义基本原理，而且继承中华民族优秀传统文化，因此具有许多共性。但中国特色社会主义理论体系在以优秀传统文化为基础进行创新和发展的问题上更加具有自身的个性。这些个性不仅有领导人的智慧个性的不同，更有时代背景的不同以及由此决定的需要解决的时代课题的不同，同时在理论品格上也表现出不同的特征。中国特色社会主义理论体系是改革开放后中国社会大变革的理论产物，在传统中国走向现代中国的过程中找到了中华民族复兴的道路。从将马克思主义基本原理与传统文化结合的内容上看，中国特色社会主义理论体系更注重与传统建设性文化相结合。从理论品格上看，中国特色社会主义理论体系的马克思主义理论品格更加鲜明，更具开放性、时代性、辩证性、实践性、全面性、发展性等，同时也更具民族性，更加体现了中华传统文化中“海纳百川”的品格。从实践品格上看，毛泽东思想在马克思主义与传统文化的结合上主要靠毛泽东等领袖人物的提倡和力行，未能形成制度化，没有较好地形成一定的机制。而中国特色社会主义理论体系在这方面除了领导人的提倡和力行之外，逐步实现了制度化，形成了较为完善并不断发展的体制和机制。综上，中国特色社会主义理论体系在传统文化基础上的创新和发展更加表现出指导思想一元性与文化发展多样化的统一、时代性与继承性的统一、民族性与世界性的统一、开放性与自主性的统一、理论创新与实践发展的统一等。

另外，在中国特色社会主义理论体系形成和发展的不同历史阶段，以传统文化为基础进行创新和发展也表现出不同的特点。邓小平理论的主要创立者邓小平注意到理论创新和社会主义建设要以传统文化为基础，但《邓小平文选》中讲到继承“传统”之处虽然很多，但大多讲的是继承建党以来党的优良传统，涉及继承和弘扬传统文化的语言则很少。也就是说，邓小平等中国共产党人在进行中国化马克思主义理论的创新过程中，非常重视纠正、改造、继承、创新中华传统文化，以做到古为今用，但在认识的深度和涉及的广度上还有待加强。尽管也有些关于批判继承祖国优秀文化遗产的倡议，但尚未引起足够的重视和产生较大的社会影响。这固然有邓小平等共产党人当时个人认识上的局限性，更多的是由于当时

具体的历史局限性。在改革开放之初，急需破除那些来自封建专制制度下产生的各种迷信、专制、守旧等糟粕的影响，在民众文化素质尚处于较低水平的条件下，也不宜大力提倡和宣传与封建糟粕纠缠在一起的中华传统文化。因此，邓小平理论在以传统文化为基础方面的主要特点是：认识到优秀传统文化的重要性，确立了基本原则和框架，开始了制度化建设，一定程度上影响了大众对传统文化的态度。“三个代表”重要思想的主要创立者江泽民在新的历史时期对传统文化地位和作用的认识更加深刻，一部《江泽民文选》关于传统文化的重要性、以优秀传统文化加强党的建设、公民道德素质教育等的论述随处可见，大量运用优秀传统文化资源。江泽民大力倡导继承和发展祖国优秀传统文化，除身体力行外，更注重加强制度化建设，开始进行文化体制改革，大大激发了大众的热情和力量。科学发展观的主要创立者胡锦涛高度重视优秀传统文化的地位和作用，开始倡导全面利用优秀传统文化以促进文化的大发展大繁荣。文化体制改革不断取得重大突破，文化生产力得到大大解放和发展，人民群众的文化参与意识和文化参与能力都得到了大大提高。党的十八大以来，治国理政新理念新思想新战略的主要创立者习近平，对传统文化的认识和运用、对中国特色社会主义理论体系与传统文化的关系的认识都达到了系统化的程度和前所未有的高度。其一，习近平将中华优秀传统文化视为积淀着中华民族最深层的精神追求，代表着中华民族独特的精神标识，是中华民族生生不息、发展壮大的丰厚滋养，是中国特色社会主义植根的文化沃土，是当代中国发展的突出优势，是我们在世界文化激荡中站稳脚跟的雄厚根基。也就是说，习近平把优秀传统文化提高到战略资源的高度来认识。这些阐述，不仅深刻阐明了优秀传统文化的崇高地位和作用，也旗帜鲜明地阐明了作为当代中国马克思主义的中国特色社会主义与中华优秀传统文化的关系，即中华优秀传统文化是中国特色社会主义植根的文化沃土。其二，习近平将中国共产党领导中国人民走出的中国道路以及取得的伟大胜利与5000多年中华文明历史相连接、与500年世界社会主义历史相连接，表明当代中国马克思主义是5000多年中华文明的延续，离不开中华文明，这不仅使当代中国马克思主义具有深厚的历史和文化底蕴，更体现了中国共产党人的历史担当和远见卓识。其三，以身作则倡导和践行中华优秀传统文化，不论是国内工作，还是国外出访，

都不遗余力为中华优秀传统文化和中华文化“代言”，并以传统“三不朽”的标准要求自己，立德立言立功。其四，抓住传承和弘扬优秀传统文化的关键点，在从严治党过程中充分运用优秀传统文化资源，全面推进党的建设新的伟大工程。其五，抓住传承和弘扬优秀传统文化的根本点，通过各种渠道加强优秀传统文化教育，切实提高全民文化素质。其六，大力加强制度建设，为切实实现传承和发展优秀传统文化的目标提供制度保障。其七，特别重视以人民为中心，依靠人民的力量对优秀传统文化进行创造性转化和创新性发展，激发起人民前所未有的文化自觉和文化自信，特别注重发展成果人民共享，切实增强人民群众的获得感和幸福感。

综观中国特色社会主义理论体系在优秀传统文化基础上创新和发展的历程，文化发展观越来越科学，对传统文化的认识也越来越全面和实事求是，对优秀传统文化的传承和发展越来越广泛和深入，越来越注重依靠集体和群众的力量进行文化创新，党和人民对中华文化越来越自信，对中国特色社会主义越来越自信。

第四章 在优秀传统文化基础上坚持和发展中国特色社会主义理论体系的途径与机制

马克思主义中国化的过程就是马克思主义基本原理与中国具体实际相结合、发展马克思主义、创造中国化的马克思主义的过程。中国的具体实际既包括中国的历史文化传统，又包括中国的当代现实。因此，把马克思主义基本原理与中国的优秀传统文化相结合就成为马克思主义中国化的基本内涵之一。中国共产党在中国革命的实践中，成功实现马克思主义基本原理与中华优秀传统文化相融合，形成了毛泽东思想；改革开放以来，党在社会主义建设实践中继续坚持将马克思主义基本原理与中华优秀传统文化相融合，形成了新的理论成果——中国特色社会主义理论体系，中华优秀传统文化构成了中国特色社会主义理论体系的内在基础和文化底蕴。探讨马克思主义基本原理与中华传统文化相融合的途径和机制，对于进一步认识和总结中国特色社会主义理论体系创新和发展的规律和经验，从而推动马克思主义中国化，具有重要意义。

一、在优秀传统文化基础上坚持和发展中国特色社会主义理论体系的途径

马克思主义的生命力并不在于它的文献中的每一句话都是真理，而在于其博大而精深的体系中那些历经时代变迁而永不过时的“基本原理”。“基本原理”在马克思主义中国化进程中起着性质定位、方向引导、思想指南、理论依据等作用，是马克思主义中国化的理论生长点。在本书的语境中，中华传统文化主要是指中国从古代一直继承下来的反映民族

特质和风貌的思想文化，包括产生于中华传统文化之中、活在中国现实文化之中、融入中国人民的灵魂之中并与时俱进、不断更新的中国文化的精神——文化传统。文化传统是中国文化的“神”或“魂”，是传统文化的集中体现，没有了它们，就没有了中国文化的民族特质。马克思主义中国化的进程，既是马克思主义在中国新发展的进程，又是中华传统文化实现现代转换的进程。马克思主义中国化理论的产生和发展，既离不开马克思主义基本原理的指导，也离不开本民族的传统文化。传统文化在各个方面、各个层面为马克思主义中国化提供了丰厚的文化沃土，使马克思主义中国化深深扎根于民族文化的沃土之中。在马克思主义中国化进程中形成的中国化的马克思主义既是马克思主义的，又是中国的，是“基本原理”与优秀传统文化交互作用而形成的先进文化成果。“基本原理”与“传统文化”相互作用、相互推进，通过“基本原理”的民族化、“传统文化”的马克思主义化，以及两者的时代化和大众化等，不断实现马克思主义中国化的理论创新。

（一）“基本原理”与“传统文化”相结合，实现民族化

“基本原理”与“传统文化”之间存在诸多契合之处。如在文化精神方面，马克思主义为解放全人类而奋斗的精神与中国儒家文化传统中“修、齐、治、平”的积极进取精神相契合；在政治理想方面，共产主义理想与中国传统的“大同”理想相融通；在价值取向方面，马克思主义的人本思想与中国传统的人本思想存在共通之处；在哲学基础方面，辩证唯物主义与中国文化的唯物论传统、辩证思维传统相契合，等等。这为两者的相互结合或交互作用提供了桥梁和基础。

“基本原理”实现民族化既是马克思主义理论发展的内在要求，又是中国革命和建设实践的客观要求。

马克思主义的民族化与马克思主义的世界化是辩证统一的关系。马克思主义是指引全人类走向自由解放的真正科学，因此具有世界性意义。马克思主义在各国传播、发展和指导实践的过程中，必须和必然形成适合各国国情、具有各国特色的具体理论形态，此即马克思主义的民族化。具体到中国来说，马克思主义的民族化就是指马克思主义在中国的传播、发展和指导实践的过程中形成具有中国特色、中国风格、中国气派的中国化

马克思主义。马克思主义的世界化表明的是马克思主义理论的一般性，马克思主义的民族化体现的则是马克思主义理论的特殊性。一般寓于特殊之中，通过特殊表现出来；特殊受一般的统摄，体现一般的本质要求和基本特征。

马克思和恩格斯在《共产党宣言》1872 年德文版序言中说："不管最近 25 年来的情况发生了多大的变化，这个《宣言》中所阐述的一般原理整个说来直到现在还是完全正确的。"①直到今天，我们仍然可以说：不管 170 年来世界发生了多大变化，《共产党宣言》中所阐述的一般原理整个说来还是完全正确的。这也是我们坚持马克思主义为指导的根本原因。同时，马克思和恩格斯也明确指出："这些原理的实际运用，正如《宣言》中所说的，随时随地都要以当时的历史条件为转移。"②"历史条件"当然包括各国的制度、风俗和文化传统等在内。可见，马克思和恩格斯不仅提出了坚持"基本原理"的问题，而且提出了"基本原理"必须在各国具体化也就是民族化的要求。

列宁曾经指出："我们决不把马克思的理论看作某种一成不变的和神圣不可侵犯的东西……它所提供的只是总的指导原理，而这些原理的应用具体地说，在英国不同于法国，在法国不同于德国，在德国又不同于俄国。"③稍作引申，那就是，在中国不同于俄国。中国的革命和建设既不能照搬西欧社会主义革命的现成经验，也不能照走俄国革命的具体道路，而是必须在马克思主义基本原理的指导下，立足中国国情，结合中国实际，在实践中探索用以指导中国革命的具体理论和方法，即实现马克思主义的中国化，创立中国化的马克思主义理论。马克思主义理论的中国化即马克思主义理论民族化在中国的实现。马克思主义理论如果不能民族化，而只是处于理论抽象的状态，就意味着马克思主义理论的终结；马克思主义理论民族化的实现，则意味着马克思主义理论生命的延伸。而马克思主义基本原理与民族优秀传统文化的结合是马克思主义理论生命得以延伸的一个必不可少且至关重要的条件。

---

① 《马克思恩格斯文集》第 2 卷，人民出版社 2009 年版，第 5 页。

② 《马克思恩格斯文集》第 2 卷，人民出版社 2009 年版，第 5 页。

③ 《列宁选集》第 1 卷，人民出版社 1995 年版，第 274～275 页。

中国革命和建设的实践和经验证明，什么时候“基本原理”能够与“传统文化”相结合，“基本原理”就焕发出旺盛的生命力，就能够掌握群众，成为指导中国革命和建设的强有力的武器。中国共产党人历来非常注重“基本原理”与民族传统文化相结合，让马克思主义说中国话，为中国民众所理解和认同，并自觉地接受其理论指导。早期中国共产党人李大钊等都具有深厚的传统文化底蕴，在马克思主义的传播时期就已在探索将马克思主义与中国文化相结合的问题。而第一次将马克思主义理论与中国优秀传统文化结合得最好、成就最为突出者是毛泽东。“毛泽东的许多著作在创造民族形式，形成中国特性、中国作风、中国气派方面，为中国共产党开创新文风树立了榜样。毛泽东的大量著作，都不仅使马克思主义与中国优秀历史文化的结合达到了水乳交融的地步，而且开创了一代新的文体，成为展现马克思主义中国化文风的范文。毛泽东思想是中国共产党创造的民族的、科学的、大众的新文化的高度发展，‘是马克思主义民族化的优秀典型’。”①正是由于毛泽东等中国共产党人在斗争实践中，创新出具有中国语言特色、中国气派、中国风格的毛泽东思想，为广大人民群众所喜闻乐见和易于理解，进而家喻户晓和深入人心，中国共产党才能够团结和领导一切可能的力量，开创了中国革命从胜利走向胜利的大好局面。

在社会主义建设特别是改革开放新时期，邓小平明确提出“中国特色”概念，反复强调，建设社会主义一定要有中国特色。他把毛泽东创新的民族形式的马克思主义化的“实事求是”思想确立为毛泽东思想的精髓，并终生坚持“实事求是”的思想路线。在这一路线的指导下，邓小平特别强调对待传统文化要分清精华和糟粕，坚决反对封建主义影响，更要吸收和发展民族文化中一切好的东西，并随时注意使党的路线、方针、政策等更具民族形式。如他提出的“黑猫白猫论”“摸着石头过河”等观点都是贴近人民群众的通俗表达，具有浓厚的民族色彩；而他提出的“小康”理论则是对传统“小康”思想的现代转换。这些都使邓小平理论具有鲜明的民族特色和民族风格，增进了人民群众对邓小平理论的理解和认同，使最大

---

① 石仲泉：《继承优秀历史文化，创造马克思主义的民族形式，形成中国特色》，载《中国特色社会主义研究》2010 年第 3 期。

多数的人民群众投身到社会主义建设中来。改革开放以来中国取得的巨大成就无可辩驳地证明了这一点。

以江泽民为主要代表的中国共产党人，特别重视在理论创新中继承和弘扬民族优秀文化传统。其一，在改革开放的大潮对传统社会造成强烈冲击、人们的思想观念距离传统越来越远的时候，江泽民以身作则，大力提倡继承和弘扬民族优秀文化传统。其二，特别强调要大力弘扬民族精神，充分肯定了民族精神对于中华民族生存和发展的极端重要性。其三，把保持民族特色提到事关民族振兴的高度，强调一个民族只有在努力发展经济的同时，保持和发扬自己的民族文化特色，并汲取世界各国的文化成果，只有这样才能建设有中国特色的社会主义文化，这是事关中华民族振兴的大问题。其四，古为今用，继承创新，提出了许多如"执政为民""德法兼治"等具有鲜明民族特色的治国方略。总之，江泽民等中国共产党人在新的历史时期对于马克思主义中国化进程中继承和弘扬优秀文化传统、引领人们正确对待文化传统、振奋民族精神、提高中华民族凝聚力等做出了巨大贡献。

以胡锦涛为主要代表的中国共产党人在对"基本原理"的创新过程中，继承党的将"基本原理"与"传统文化"相结合的优良传统，并在广度和深度上进一步发扬了这一传统。从内容上看，更多的优秀传统文化资源被吸收到理论创新中来，如从科学发展观的核心"以人为本"到科学发展观的全面协调可持续等基本要求，从"和谐社会"到"和谐世界"理论的提出，到新时期党的建设的新要求，都体现了党的理论政策的创新更加具有浓郁的民族文化色彩。从形式上看，更多理论创新采用的是广大人民群众喜闻乐见的语言表达形式，也更贴近人民群众的生活。从质量上看，运用祖国优秀传统文化由表入深，更加注重从精神层面继承和发展中华民族精神。从速度上看，加快了运用民族优秀传统文化进行理论创新的步伐，新的成果层出不穷。进入 21 世纪，对传统文化的重视达到了一个新高度，社会各界对优秀传统文化在马克思主义理论创新中的作用达成了共识，马克思主义越来越中国化，越来越具有掌握群众的活力。

以习近平为主要代表的中国共产党人，在对"基本原理"的创新过程中，将当代中国马克思主义与 5000 多年中华文明内在衔接、相互贯通，前所未有地高度重视优秀传统文化对于中国共产党治国理政、对于当代中

国和中华民族发展、对于中华文明延续、对于促进人类文明进步的重要意义。全面深入挖掘优秀传统文化价值内涵，对优秀传统文化进行创造性转化和创新性发展，着力构建中华优秀传统文化传承发展体系，推动中华文化走向世界，使优秀传统文化的传承发展迎来前所未有的大好机遇，使我们的各项事业在深厚的中华优秀传统文化的滋养下取得突破性进展，使我们前所未有地接近实现中华民族伟大复兴的目标。

在“基本原理”民族化的问题上，有一个至关重要的前提，那就是要弄清楚民族化的对象。为此，需要做到“四个分清”，即“分清哪些是必须长期坚持的马克思主义基本原理，哪些是需要结合新的实际加以丰富发展的理论判断，哪些是必须破除的对马克思主义的教条式的理解，哪些是必须澄清的附加在马克思主义名下的错误观点”①。要做到“四个分清”，就必须抓住马克思主义的精髓——实事求是，这是对我党革命和建设实践经验和教训的总结。党在从革命到执政的 90 多年中，有遵循“实事求是”思想路线开辟马克思主义中国化道路、取得革命和建设成功的经验，也有偏离“实事求是”思想路线给革命和建设造成损失甚至重大破坏的教训。我们一定要牢牢记住这些经验和教训，紧紧抓住马克思主义的精髓，在实践中分清良莠，使“基本原理”的民族化沿着正确的轨道进行。

（二）“传统文化”以“基本原理”为指导，实现马克思主义化

所谓“传统文化”的马克思主义化，是指用马克思主义的立场、观点和方法来分析和认识“传统文化”，继承和发扬优秀传统文化，并在新的历史条件下创新传统文化，从而创造中华民族文化的新形态。

中华民族在悠久的历史中创造了灿烂的文化，形成了优秀的文化传统，如以爱国主义为核心的团结统一、爱好和平、勤劳勇敢、自强不息的传统等。这些优秀文化传统对于维系社会人际关系、维护国家统一、发展社会生产力、提高民族凝聚力等做出了不可磨灭的贡献。

历史实践也已经证明，尽管中华民族有着悠久而深厚的优秀文化传统，但近代中国由于经济基础（主要是小农经济）和政治上层建筑（主要是专制集权政治）从总体上越来越落后于西方，在西方列强入侵、内部阶级

---

① 李长春：《在〈马克思恩格斯文集〉和〈列宁专题文集〉出版座谈会上的讲话》，载 2009 年 12 月 31 日《人民日报》。

矛盾加剧的情况下逐渐沦为半殖民地半封建国家。在社会发生“三千年未有之大变局”的形势下，中国固有的文化和传统显得那么无能为力。古老的中国文化和传统亟须输入新鲜血液，实现质的飞跃。这也就是人们常说的传统的现代化问题。如何实现传统的现代化？从“五四”时期的文化大论战，一直到20世纪80年代的“文化热”，传统与现代的关系问题、传统能否走向现代以及如何使传统走向现代的问题讨论了近一个世纪。时至今日，我们已经取得了共识，那就是传统必须现代化，否则就会造成传统的终结，其根本原因就是传统所赖以存在的社会基础发生了根本的变化。在传统走向现代化的问题上，自“五四”时期就有文化保守主义、“全盘西化论”和马克思主义之争。实践证明，文化保守主义和“全盘西化论”都行不通，只有马克思主义一途。而直接运用马克思主义经典作家的观点、照搬苏联的经验或全盘接受来自共产国际的指令来指导中国社会的实践，在中国革命的历史上造成了不同程度的损失，这才有了马克思主义中国化的客观要求。“基本原理”与“传统文化”相结合成为马克思主义中国化的内在要求。在“基本原理”与“传统文化”相结合的过程中，中国共产党人坚持用马克思主义的立场、观点和方法（主要是以唯物史观、唯物辩证法为基础的观点和方法）来分析和认识传统文化和文化传统，继承和发扬以自强不息和厚德载物为基本精神的优秀文化传统，如爱国、爱民、艰苦奋斗、团结统一、爱好和平等传统，并在革命历史时期创造了中国特色的革命文化传统，在社会主义建设和改革开放的新时期创造了维护祖国统一、开创社会主义建设新局面的社会主义先进文化传统。中国共产党在“基本原理”与“传统文化”交互作用的过程中，一方面推进了马克思主义的中国化，另一方面推动了传统文化和文化传统的现代化，创造了中华民族文化的新形态——从毛泽东思想到中国特色社会主义理论体系。

在“传统文化”马克思主义化的问题上，同样需要坚持“实事求是”的思想路线。要始终坚持从实际出发，解放思想，实事求是，与时俱进，以人民为中心，求真务实，而不是仅从政治需要或主观臆断出发来评判传统文化和文化传统。这是“传统文化”马克思主义化的关键。其中，特别需要注意的是克服传统文化中的消极因素。恩格斯曾经指出：“在一切意识形

态领域内传统都是一种巨大的保守力量。"①传统作为观念上层建筑,与一定的经济基础的发展并非完全同步。在中国,尽管自近代以来特别是新中国成立后中国社会的经济基础发生了根本的变化,但绵延数千年的中国文化传统中固有的封建、专制、保守等消极因素仍然在意识形态领域占据一定的位置。中华人民共和国成立后相当长的一段时间内,毛泽东等中国共产党人对封建文化残余在社会主义建设中的严重危害和长远影响估计不足,在社会主义革命胜利和社会主义制度建立起来之后,忽略了思想文化领域内反封建的任务,没有来得及对中国文化传统中的糟粕进行彻底的批判和清算,而是把无产阶级文化与资产阶级文化的斗争看成是思想文化领域的主要矛盾,导致在左的错误思想的影响下特别是在"文化大革命"中传统文化的糟粕大行其道。进入改革开放新时期,邓小平深刻指出:"旧中国留给我们的,封建专制传统比较多,民主法制传统很少。"②他进而提出:"现在应该明确提出继续肃清思想政治方面的封建主义残余影响的任务,并在制度上做一系列切实的改革,否则国家和人民还要遭受损失。"③从此,我们党在提倡继承祖国文化传统的同时,又特别重视防止和抵制传统中消极因素的影响。江泽民在庆祝中国共产党成立80周年大会上的讲话中深刻指出:"社会主义文化在我国已经居于主导地位,但是,由于历史和现实的原因,社会上还存在一些带有迷信、愚昧、颓废、庸俗等色彩的落后文化,甚至还存在一些腐蚀人们精神世界、危害社会主义事业的腐朽文化。要通过完善政策和制度,加强教育和管理,移风易俗,努力改造落后的文化,努力防止和坚决抵制腐朽文化和各种错误思想观点对人们的侵蚀,逐步缩小和剔除它们借以滋生的土壤。"④胡锦涛非常重视加强中华优秀文化传统教育,多次强调要全面认识祖国传统文化,取其精华,去其糟粕,使之与当代社会相适应、与现代文明相协调,保持民族性,体现时代性。习近平在高度重视构建优秀传统文化传承发展体系的同时特别强调,在传承中华文化的问题上,绝不是要简单复古,

① 《马克思恩格斯选集》第4卷,人民出版社1995年版,第257页。
② 《邓小平文选》第2卷,人民出版社1994年版,第332页。
③ 《邓小平文选》第2卷,人民出版社1994年版,第335页。
④ 《江泽民文选》第3卷,人民出版社2006年版,第278页。

而是要坚持古为今用、洋为中用、辩证取舍、推陈出新，摒弃消极因素，继承积极思想，实现中华文化的创造性转化和创新性发展。[①]

(三)“基本原理”与“传统文化”实现时代化和大众化

马克思主义中国化进程中“基本原理”与“传统文化”的融合是在中国革命和建设的实践中发生的，因此，无论是“基本原理”还是“传统文化”都存在一个在实践中不断实现时代化和大众化的问题。那么，什么是“基本原理”的时代化、大众化？什么是“传统文化”的时代化、大众化？“基本原理”的时代化主要是指把马克思主义基本原理同时代特征、时代主题、时代精神相结合，不断吸收新的时代内容，使马克思主义与时代发展同步伐、同进步。“基本原理”的大众化主要是指把发展着的马克思主义基本原理、基本观点等通俗化、具体化，使之更好地为人民群众所理解、所接受并自觉地加以运用。[②]“传统文化”的时代化主要是指赋予历史悠久的中华传统文化以时代特征和时代精神，使之不断吸收新的时代内容，具有时代所要求的科学性和民主性。“传统文化”的大众化主要是指把马克思主义化和时代化了的民族传统文化通俗化，使之为人民群众所理解、所接受并自觉地继承和弘扬民族优秀传统文化。

这是一个过程的多个方面。在这个统一的过程中，既有“基本原理”的民族化，又有“传统文化”的马克思主义化；既有“基本原理”的时代化和大众化，又有“传统文化”的时代化和大众化。而每一个方面与其他的方面都交织在一起，相互为用，不可分割：其一，“基本原理”的民族化内在地包含着“基本原理”的时代化和大众化。“基本原理”只有具备了反映时代精神、回答时代课题、引领时代潮流的性质，只有为群众所理解、支持和掌握，才可以说是实现了自身的民族化。其二，“传统文化”的马克思主义化内在地包含着“传统文化”的时代化和大众化。马克思主义基本原理是时代精神的精华，同时，“基本原理”也处在不断与时俱进的过程中，因此，“传统文化”的马克思主义化必然具有时代化特征。“传统文化”的生命力

① 参见中共中央文献研究室编：《习近平总书记重要讲话文章选编》，中央文献出版社、党建读物出版社 2016 年版，第 201 页。

② 参见韩振峰：《为什么要推进马克思主义中国化时代化大众化》，载 2010 年 8 月 16 日《人民日报》。

就在于文化传统能在中国人民的文化生活中传承下去，不被人们理解和接受的文化传统是不可能传承下去的。其三，“基本原理”的时代化离不开“基本原理”的民族化和大众化。不具有中国特色、中国气派的“基本原理”是难以为中国大众所接受的，不被中国大众理解、认可的“基本原理”对中国人来说是陌生的，不被中国大众所掌握的“基本原理”是没有现实力量的。其四，“传统文化”的时代化离不开“传统文化”的马克思主义化和大众化。“传统文化”的时代化主要在于其具有马克思主义的特征，并因其能够融入现代中国大众的生活而得到中国大众的理解和认同。其五，“基本原理”的大众化离不开“基本原理”的民族化和时代化。“基本原理”要想为人民群众所理解、接受并自觉加以运用，就必须具有中国特色并能够与时俱进，关注当下人民群众的需求，解决人民群众的困惑。其六，“传统文化”的大众化离不开“传统文化”的马克思主义化和时代化。“传统文化”只有具有了马克思主义化和时代化的特征，才能够克服其自身的非科学性、非民主性因素，成为被人民群众所理解、接受并自觉继承和弘扬的民族优秀传统文化。

“基本原理”的民族化、时代化、大众化和“传统文化”的马克思主义化、时代化、大众化是统一于马克思主义中国化进程的一个相互融通、相互作用、相互促进的系统工程。因此，“基本原理”与“传统文化”的交互作用必然涉及古今中外文化之间的关系问题。站在历史传承和时代发展的高度，正确处理古今中外文化之间的关系是确保“基本原理”与“传统文化”实现良性互动的重要前提。中华民族向来具有海纳百川的胸怀和气魄，人类社会创造的任何先进文化都应该而且能够被吸纳进来。马克思主义作为世界上最先进的文化形态无疑是中华民族文化吸纳的对象，这是中华民族文化得以丰富和发展的内在需要，也是中华民族文化传统得以发扬光大的内在要求。马克思主义在中国的发展离不开中国固有的民族文化和传统，只有切实融入中国的优秀传统文化中，马克思主义才能深深扎根于中国的文化土壤，形成中国化的马克思主义，从而成为中华民族文化的新形态。《关于实施中华优秀传统文化传承发展工程的意见》提出，坚持马克思主义指导，立足中华文化立场、传承中华文化基因，不忘本来、吸收外来、面向未来，汲取中国智慧、弘扬中国精神、传播中国价值，不断增强中华优秀传统文化的生命力和影响力，创造中华文化新辉煌，就是

对新时代实现“基本原理”的民族化、时代化、大众化和“传统文化”的马克思主义化、时代化、大众化的指导和要求。

二、在优秀传统文化基础上开创和发展中国特色社会主义理论体系的机制

“机制”是指“复杂系统各组成部分相互联系、相互制约、相互作用的联结方式，以及通过它们之间的有序作用而完成其整体目标，实现其整体功能的运行方式”①，也就是指一个工作系统的组织或部分之间相互作用的方式。中国共产党以传统文化为基础创新和发展中国特色社会主义理论体系的机制指的就是发挥传统文化的基础作用，创新和发展中国特色社会主义理论体系的这一工作系统中各组织或要素之间相互作用的方式。社会实践必须有正确的理论作指导，而正确的理论必须在实践中发展和创新，这是辩证唯物主义认识论的观点和要求。中国共产党历来就具有在实践中创新和发展理论的优良传统，高度重视理论创新。改革开放以来，由于机制的不断创新和完善，我们党的理论创新呈现出新的气象，其中，在以优秀传统文化为基础进行理论创新方面也取得了重大进展。

(一)政坛论坛良性互动

政坛指的是政界，论坛指的是理论界和学术界。政界的理论创新主要以党政机关的党员干部为主体；理论界和学术界则以理论和学术工作者为主体，指从事理论和学术研究工作的知识分子(包括党员知识分子)。

党的理论创新是党的重要任务。不断在实践中总结执政经验和规律、上升为党的理论是党的理论创新的认识论路线，也是党的理论创新的工作路线。党的理论创新离不开党的领袖人物的智慧。

毛泽东等中国共产党人特别是毛泽东本人在新民主主义理论、社会主义改造理论等创新的过程中就发挥了不可替代的作用，这既与毛泽东本人渊博的学识、深厚的理论功底、宽广的理论视野、远大的政治抱负、坚

---

① 李春明、王桂林:《精神文明建设规律运用机制的探讨》，载《山东大学学报》2003年第2期。

定的政治信仰等有着密不可分的联系，也与毛泽东从事革命和建设实践的经历以及他在党内长期的领导地位有着重要的联系。毛泽东是党的群众路线的提出者，在发挥群众作用以获得理论创新的源泉方面做出了不可磨灭的贡献。毛泽东也非常善于吸收党内理论工作者的成果，发挥他们的作用，如艾思奇、李达等马克思主义者的有关理论成果就受到毛泽东的高度重视和充分肯定。这些为我们党在理论创新中发挥政坛与论坛的互动作用打下了基础，开辟了先河。但也应当看到，第一代领导集体的理论创新更加突出毛泽东个人的作用，因此，当毛泽东个人在思想上发生偏差或在思维方式上发生变化后，党的理论便难以沿着正确的轨道发展下去。

邓小平等中国共产党人深刻总结了这些经验和教训，高度重视理论创新的科学性，开始探索政坛与论坛互动的长效机制。党的理论创新不仅依靠领袖人物的远见卓识，更要寻求专家智库思想成果的支持。发生在 20 世纪 70 年代末的那场著名的关于真理标准问题的大讨论，就是政坛与论坛互动的经典案例。1978 年 5 月 10 日，中央党校内部刊物《理论动态》刊登了一篇题为《实践是检验真理的唯一标准》的文章，第二天《光明日报》发表了这篇文章。真理标准问题讨论由此引发。讨论的核心是要坚持“两个凡是”为指导，还是坚持“实践是检验真理的唯一标准”。关键时刻，邓小平发表讲话给予了有力支持。理论界也通过各种方式参与讨论。同年 9 月，邓小平视察东北时发表谈话，批评了“两个凡是”的错误观点。在同年 11 月 10 日开始的中央工作会议上，真理标准问题成为争论的热点。邓小平讲话明确指出，真理标准问题讨论，是个思想路线问题，是个政治问题，是个关系到党和国家的前途和命运的问题。随后召开的十一届三中全会对真理标准问题讨论作了高度的评价，这标志着真理标准问题的讨论已经取得了成功。会后，胡耀邦主持召开理论工作务虚会，对一系列重大问题进行拨乱反正。随后，在全国范围内、在广大基层进行了真理标准问题的进一步讨论。1981 年 6 月，党的十一届六中全会作出了《关于建国以来党的若干历史问题的决议》，标志着指导思想上拨乱反正任务的基本完成，也标志着真理标准问题讨论的结束。这是在历史转折的紧要关头，政坛与论坛良性互动以明辨是非、实现党的理论良性发展的典型案例。

改革开放以来,党中央特别重视探索政坛与论坛互动的长效机制。无论是政界还是理论界,理论水平的提高都离不开教育。邓小平对教育高度重视,强调要尊重知识、尊重人才,为在全社会形成重视教育、尊重人才的局面开了个好头。"文化大革命"后各专业的人才如雨后春笋般涌现出来。

随着经济的发展、民主政治的推进以及思想文化领域"百花齐放,百家争鸣"方针的恢复和进一步贯彻,我们党有了更加大力发展教育的条件。同时,站在新的历史起点上,江泽民以战略家的眼光,提出了关于教育的两个基本论断:振兴民族、实现现代化目标的希望在教育;实施科教兴国战略必须不断推进教育创新。教育事业在新的历史时期更加蓬勃发展,为社会主义建设输送了大量的人才,党的理论创新也更加依赖社会上的各类人才。从 2002 年 12 月 26 日起,中央政治局集体学习成为一项制度,形式之一就是由各方面的专家学者作报告,政治局成员集体学习并讨论。这种集体学习逐步规范化、制度化,很多专家的建议被中央采纳或参考,大大提高了中央高层吸取专家智慧、进行理论创新的能力。思想理论界的众多新成果也为党的理论创新提供了智慧源泉和智力支持,这主要得力于党对社会科学研究的高度重视和大力支持。2001 年,江泽民在同部分国防科技专家和社会科学专家座谈时指出,哲学社会科学的研究能力和成果也是综合国力的重要组成部分,并强调:"哲学社会科学与自然科学同样重要;培养高水平的哲学社会科学家,与培养高水平的自然科学家同样重要;提高全民族的哲学社会科学素质,与提高全民族的自然科学素质同样重要;任用好哲学社会科学人才并充分发挥他们的作用,与任用好自然科学人才并充分发挥他们的作用同样重要。"①这在党的历史上把哲学社会科学的重要性提到了一个前所未有的高度。2002 年,江泽民在考察中国人民大学时发表的讲话中进一步指出:"我们要始终高度重视哲学社会科学在治党治国和建设有中国特色社会主义事业中的巨大作用,高度重视哲学社会科学领域高等教育的改革和发展,高度重视改善哲学社会科学研究和人才培养的条件,高度重视哲学社会科学研究领域重大课题的攻关,高度重视为哲学社会科学发展作出杰出贡献的学者的成就

---

① 《党和国家领导人在北戴河亲切会见部分国防科技和社会科学专家并与他们座谈》,载 2001 年 8 月 8 日《人民时报(海外版)》。

和作用。"[①]从此，高度重视、大力发展我国哲学社会科学事业提上了日程，社会科学研究在资金及科研平台等支持下取得了较快的发展。

以胡锦涛为总书记的党中央在政坛与论坛的互动方面取得了更大的进展，组织中央政治局集体学习达77次，内容涉及各个领域，包括和谐社会建设、文化体制改革、世界文化发展及我国文化发展战略、党的思想理论的与时俱进、繁荣和发展我国哲学社会科学、加强党的执政能力建设、新时期保持共产党员先进性研究、世界马克思主义研究与我国马克思主义理论研究和建设工程、坚持科学执政民主执政依法执政、世界教育发展趋势和深化我国教育体制改革、当代世界宗教和加强我国宗教工作、中国特色社会主义理论体系研究、优先发展教育、建设人力资源强国等重大课题。胡锦涛在历次集体学习时针对学习内容发表的讲话反过来又启发了学界的进一步思考，并为进一步研究提供了指导。同时，省部级及以下领导干部集体学习活动也在全国展开。党的十六大以来，各项科研资金逐年增加，有利于社会科学研究特别是文化创新的政策法规的出台都为繁荣和发展中华文化提供了重要条件。

以习近平同志为核心的党中央继续坚持中央政治局集体学习的优良传统，截至2017年9月，已进行集体学习43次，仅在内容上直接或较直接涉及借鉴中华优秀传统文化的集体学习就有7次，分别是：积极借鉴我国历史上优秀廉政文化，不断提高拒腐防变和抵御风险能力；提高国家文化软实力；培育和弘扬社会主义核心价值观，弘扬中华传统美德；我国历史上的国家治理；中华民族爱国主义精神的历史形成和发展；历史上的丝绸之路和海上丝绸之路；我国历史上的法治和德治。在历次集体学习时，一般都是先听取来自全国各领域专家的讲解，然后进行学习讨论。习近平总书记都针对学习和讨论的内容发表重要讲话。而在几乎所有集体学习时的讲话中，习近平都特别强调要向历史学习和借鉴智慧。省部级及以下领导干部集体学习活动的新传统也被坚持下来，在全国展开，并且开辟了各级领导干部在线学习的渠道。在政坛与论坛的互动机制中，习近平总书记特别强调党的各级领导干部自身要加强学习，依靠学习走向未

① 江泽民：《在与中国人民大学师生座谈时的讲话》，载《国际新闻界》2003年第3期。

来，依靠学习来克服“本领恐慌”。为了鼓励和推动论坛的建言献策和理论创新，党的十八大以来科研基金大幅提升，出台了更多鼓励科研创新的政策法规，如在科研经费的使用方面，出台了一些更加科学的政策，使科研人员能够更好地把精力投放在科研本身。

创新型人才的培养归根结底在教育。党的十八大以来，教育改革力度加大，出台了一系列政策法规，更好地促进教育投资、教育公平、教育创新等。

从以上可以看出：党在新的历史时期越来越重视学习型政党建设，高度重视执政党能力建设，这为实现政坛与论坛的互动准备了重要条件；党在新时期更加重视理论界特别是专家学者的研究成果，为党的理论创新提供了重要的理论基础和参考；新时期政坛与论坛互动的制度化建设不断向前推进和发展。

政坛与论坛并不是截然分开、泾渭分明的，而是有所交叉、你中有我、我中有你的关系。当代中国，政界既以中国共产党党员干部为主，也有各民主党派人士的参与。前者当中既有政界各级领导干部又有普通党员，后者也是如此。同时，两者当中都有以理论见长的人。而在理论界，既有中共党员，也有非中共党员，还有各民主党派成员等。政坛与论坛的相互作用既体现了执政党的核心作用，又体现了参政党的参与作用；既体现了政坛的决策地位，又以理论界的理论成果为基础和重要参照。随着政坛与论坛的互动机制的建立和健全，执政党的决策地位和核心作用的发挥也越来越民主化、科学化，理论界作用的发挥也越来越具有建设性和制度性保障。

(二)人民群众积极参与

进入改革开放新时期以来，广大人民群众积极投身中国特色社会主义建设，其中在传承祖国优秀传统文化、创造社会主义先进文化方面尤其发挥了重要的主体作用，这为党的理论创新和发展提供了无穷的智慧源泉。这一方面是由人民群众在创造历史中的重要地位决定的，另一方面也与党的群众路线和政策引导是分不开的。

1. 人民群众是传承中华优秀传统文化、创造社会主义先进文化的主体

马克思主义认为，人民群众是历史的创造者。人民群众是社会物质

财富的创造者，同时也是社会精神财富的创造者。从人类历史上看，广大人民群众直接参与物质生产，因而是社会物质财富的创造主体；即便是在社会高度发展的今天，由于较为严格的分工仍然存在，人民群众仍然是从事物质财富创造的主体。任何时候，社会物质生产都是人类社会存在和发展的基础和前提。人类社会的精神生产首先以物质生产为基础，因此，以人民群众的重要作用为前提，同时人民群众的生产、生活等实践活动又是精神财富形成和发展的源泉，人民群众也直接进行精神生产。即便是那些不直接从事物质生产的科学家、思想家、艺术家以及广大知识分子，也都是从人民群众中涌现出来的，与人民群众有着血肉联系。因此，人民群众是文化创造和发展的当然主体，人民群众的智慧是文化创造和发展的主要源泉。马克思早在《政治经济学批判导言》中就表达了文化源于生产者的思想，恩格斯在《自然辩证法》中则阐述了劳动在文化艺术产生过程中的基础作用。劳动的主体是人民群众，而文化艺术是在劳动中产生的，因此，文化艺术的创造主体就是人民群众。

人民群众是创造文化艺术的主体有以下几个方面的内涵：第一，人民群众是创造文化艺术的主力军。第二，文化艺术创造应该以人民为中心，符合人民群众的利益，否则人民群众的积极性和创造性就会受到抑制。第三，人民群众自己自觉创造文化艺术。文化事业是人民群众的事业，不需要外力强加于人民群众，人民群众为了自身的利益，自觉创造适合自身需要的文化艺术。

人民群众作为文化艺术创造和发展的主体受一定历史条件的制约。在私有制和生产力水平低下的条件下，人民群众尽管是文化艺术的创造主体，却不能够成为文化艺术财富的享受者，其创造成果被剥削阶级剥夺和占用，人民群众创造文化艺术的自觉性和积极性受到抑制。随着社会生产力水平和社会政治文明程度的提高，加之社会物质条件的保障，人民群众创造文化艺术的自觉性和积极性得到了提高。社会主义制度的建立和发展极大地解放和发展了生产力，社会主义民主政治不断发展，人民当家作主，社会主义精神文明成果为人民共享，这些条件为人民群众创造文化艺术的实践活动提供了物质、政治、精神等方面的保障。社会主义条件下，人民群众作为文化创造主体的积极性和自觉性空前提高，特别是在改革开放已 40 年的今天，人民群众进行文化创造的物质、政治、精神文化条件前所未有地提高，人民群众进行文化创造的热情和能力也得到前所未有的提高。

2. 党的群众路线和政策引导是发挥人民群众主体性和创造性的重要因素

群众路线是中国共产党的根本工作路线，是马克思主义基本原理"人民群众是历史的创造者"在工作中的具体运用。它要求一切为了群众，一切依靠群众，从群众中来，到群众中去。在理论创新中则表现为，以人民为中心，始终为了群众的利益，尊重群众的实践经验，尊重群众的创新精神和创新成果，充分发挥群众的主体作用和创造性，善于集中群众的无穷智慧，以群众的实践经验为党的理论创新的源泉等。无论是毛泽东思想还是中国特色社会主义理论体系都是集体智慧的结晶。这其中，既有领袖人物的智慧，又有中央领导集体的智慧；既有专家智库的智慧，也有广大党员和群众的智慧。在新的历史时期，党对人民群众在文化创新中的地位和作用有了更加深刻而科学的认识，人民大众的实践经验和广泛参与在新的历史时期更加受到重视。邓小平强调，要尊重人民群众的首创精神，把群众好的实践经验逐步推广开来，再在实践的基础上进行理论的创新。邓小平不但十分重视请教专家，也非常重视倾听群众的意见、观点和要求，鼓励群众大胆地试、大胆地闯，同时重视将发挥群众的创造性与维护群众的实际利益结合起来，这些大大激发了群众的积极性和创造性。邓小平深刻地指出："我们党提出的各项重大任务，没有一项不是依靠广大人民的艰苦努力来完成的。"①文化的传承和创新也离不开人民群众的群策群力。专业的文艺工作者是文化艺术创造的生力军，对于文艺工作者与人民群众的关系，邓小平指出："由谁来教育文艺工作者，给他们以营养呢？马克思主义的回答只能是：人民。……一切进步文艺工作者的艺术生命，就在于他们同人民之间的血肉联系。……人民需要艺术，艺术更需要人民。自觉地在人民的生活中汲取题材、主题、情节、语言、诗情和画意，用人民创造历史的奋发精神来哺育自己，这就是我们社会主义文艺事业兴旺发达的根本道路。"②不但文艺创作要依靠人民，文艺创作和文化

① 《邓小平文选》第3卷，人民出版社1993年版，第4页。

② 《邓小平文选》第2卷，人民出版社1994年版，第211～212页。

成果还要服务人民。邓小平多次强调,文艺“为人民服务”、文艺创作要对人民负责等,以确保来源于人民群众的文化艺术成果能够为群众所享有,最终达到提高人民群众的文化素质、丰富人民群众的精神生活等目的。随着经济的发展、民主政治建设的进一步加强以及思想文化领域“百花齐放,百家争鸣”方针的恢复和进一步贯彻,我们党一方面更加大力发展教育事业,提高全民族的文化素质,同时,更加重视在工业化、信息化、城镇化、市场化、国际化等新条件下保护和提高人民群众传承和弘扬优秀传统文化、利用优秀传统文化进行文化创造的积极性。随着我国教育事业的长足发展,我国人民的受教育水平、文化素质大大提高,这为人民群众传承和发展中华优秀传统文化打下了坚实基础。对于人民群众的重要性,江泽民指出:“我们的改革和建设,只有得到人民群众的理解、支持和参与,充分发挥人民群众的积极性和创造性,才能顺利推进。”①“我们党所领导的改革开放和现代化建设事业,是人民群众参加的、为人民群众谋利益的事业,只有相信和依靠群众,充分发挥他们的积极性创造性,才能获得成功。”②胡锦涛在党的十七大报告中进一步强调:要“尊重人民主体地位,发挥人民首创精神”,“把尊重人民首创精神同加强和改善党的领导结合起来”,“激发全民族文化创造活力”。③ 在庆祝中国共产党成立 85 周年大会上的讲话中,胡锦涛指出:“我们党的根基在人民、血脉在人民、力量在人民。保持党同人民群众的血肉联系,是我们党无往而不胜的法宝,也是我们党始终保持先进性的法宝。”④在党的十七届五中全会上的讲话中,胡锦涛强调:“高度重视群众工作,坚持人民主体地位,发挥人民首创精神,是由我们党的性质决定的,也是由我们党的根本宗旨决定的。群众是真正的英雄,是我们党的力量源泉和胜利之本。党和人民事业能不能顺利发展,关键在我们党能不能始终保持同人民群众的血肉联系,能不能充分调动人民群众的积极性、主动性、创造性。”⑤胡锦涛特别强调,党的

---

① 《江泽民文选》第 1 卷,人民出版社 2006 年版,第 407 页。

② 江泽民:《论党的建设》,中央文献出版社 2001 年版,第 226 页。

③ 《胡锦涛文选》第 2 卷,人民出版社 2016 年版,第 624、620、639 页。

④ 中共中央文献研究室编:《十六大以来重要文献选编》(下),中央文献出版社 2008 年版,第 535 页,

⑤ 《胡锦涛文选》第 3 卷,人民出版社 2016 年版,第 442 页。

理论路线、方针政策以及全部工作，都要“顺民意、谋民利、得民心”[①]。

习近平总书记多次强调，群众路线是党的生命线和根本工作路线，人民群众是我们的力量源泉。2015 年 4 月 28 日，习近平在庆祝“五一”国际劳动节暨表彰全国劳动模范和先进工作者大会上的讲话中强调，要坚守人民主体地位的根本立场，和人民一块苦、一块过、一块干，焕发人民群众的无穷创造活力，凝聚亿万人民的智慧和力量。强调要始终实现好、维护好、发展好最广大人民根本利益，让改革发展成果更多更公平惠及人民。党中央通过在全党深入开展党的群众路线教育实践活动，以教育全党坚持和贯彻党的群众路线，以优良作风密切联系群众，增强全心全意为人民服务的意识，顺应群众期盼，向群众敞开大门，让群众参与并监督评判，把让群众满意作为做好一切工作的价值取向和根本标准。习近平还特别重视教育在提高人民群众创造性方面所发挥的重要作用，强调教育优先，积极发展教育事业，通过普及教育，启迪心智，传承知识，陶冶情操，让教育为文明传承和创造服务。[②] 党的十八大以来的方针政策具有一个重要特点，就是更加强调和注重在实践中让一切发展成果实现共享，特别是更加惠及普通民众，这无疑进一步提高了人民群众投身创业和创造的积极性。

党对人民群众主体地位的深刻认识以及以此为核心内容的群众路线是发挥人民群众主体作用的重要保障。在群众路线的指导下，党和政府出台了相关政策，以指导和引导人民群众传承和创新文化的实践活动，保护群众进行文化实践活动的积极性、主动性和创造性，并出台了相关法律法规以鼓励和规范文化实践活动。如 2011 年出台的《非物质文化遗产保护法》，就是针对加强非物质文化遗产保护、保存工作而制定的一部重要法律。这部法律的出台对于鼓励和规范传承与弘扬文化遗产的实践活动、传承祖国优秀传统文化、促进社会主义精神文明建设具有重要意义。2017 年出台的《关于实施中华优秀传统文化传承发展工程的意见》，就传

---

① 中共中央文献研究室编：《十六大以来重要文献选编》(上)，中央文献出版社 2005 年版，第 370 页。

② 参见习近平：《在联合国教科文组织总部的演讲》，新华网，http://news.xinhuanet.com/politics/2014-03/28/c_119982831_3.htm，2014 年 3 月 28 日。

承发展中华优秀传统文化的重要意义、总体要求、主要内容、重点任务以及组织实施和保障措施进行了阐释或部署，其中特别强调要充分调动全社会的积极性、创造性，提出传承发展中华优秀传统文化是全体中华儿女的共同责任，坚持全党动手、全社会参与，形成人人传承发展中华优秀传统文化的生动局面。这一文件的出台极大地增强了人民大众参与传承发展中华优秀传统文化的积极性和创造性，体现了中国共产党善于把握国内外发展大势、适时提出重大战略任务、勇于承担传承中华文脉历史责任的魄力和智慧，对于全面提升人民群众文化素养、建设社会主义文化强国、维护国家文化安全、增强国家文化软实力具有划时代的重大意义。

总之，在新的历史条件下，在党的正确领导下，人民群众在传承和创新文化的进程中越来越发挥着重要作用。这些来自人民群众实践的丰富素材和智慧构成了党的理论创新和发展的不竭源泉和动力。正如约翰·奈斯比特在《中国大趋势》一书中所提出的“自下而上”与“自上而下”的结合理论①所揭示的，中国共产党和人民群众之间的这种“自下而上”与“自上而下”相结合的动态平衡双向互动，稳定而有效地激发和保证了共同创造的活力。

（三）国内国际广泛交流

文化交流是党的文化建设战略中的重要内容。改革开放以来，我们党对文化交流重要性的认识不断增强，在文化交流的机制化、制度化建设上不断迈出新的步伐。

1. 对文化交流重要性的认识不断增强

改革开放以来，随着全球化趋势的不断增强和国内文化的发展和繁荣，中国文化与世界文化的交流、融合已成为一种必然趋势。早在改革开放之初，邓小平就提出：“我们要向资本主义发达国家学习先进的科学、技术、经营管理方法以及其他一切对我们有益的知识和文化，闭关自守、故步自封是愚蠢的。但是，属于文化领域的东西，一定要用马克思主义对它们的思想内容和表现方法进行分析、鉴别和批判。”②在南方讲话中，邓小

① 参见［美］约翰·奈斯比特、［德］多丽丝·奈斯比特：《中国大趋势》，魏平译，中华工商联合出版社 2009 年版，第 39 页。

② 《邓小平文选》第 3 卷，人民出版社 1993 年版，第 44 页。

平进一步强调:“社会主义要赢得与资本主义相比较的优势,就必须大胆吸收和借鉴人类社会创造的一切文明成果。”①怎样应对文化开放和文化交流过程中出现的问题呢?邓小平指出:“实行开放政策必然会带来一些坏的东西,影响我们的人民。要说有风险,这是最大的风险。我们用法律和教育这两个手段来解决这个问题。”②这些论述为我们学习和借鉴以资本主义为主体的西方文化指明了方向和道路。党的十五大报告指出:“我国文化的发展,不能离开人类文明的共同成果。要坚持以我为主、为我所用的原则,开展多种形式的对外文化交流,博采各国文化之长,向世界展示中国文化建设的成就。坚决抵制各种腐朽思想文化的侵蚀。”③这一纲领性论述在坚持我们党一贯的文化指导思想的基础上,把开展多种形式的对外文化交流以及向世界展示中国文化提到重要地位上来,这对于加强中外文化交流、在博采世界文化之长的同时提高中华文化在世界上的影响力具有重要指导意义。2003 年 8 月 12 日,胡锦涛在主持中央政治局第 7 次集体学习时指出:当今世界,文化赖以生存发展的物质基础、社会环境、传播条件发生了深刻变化。要深入研究新形势下我国文化建设面临的新问题,善于在更加开放的环境中建设中国特色社会主义文化。在中国文联第八次全国代表大会和中国作协第七次全国代表大会的讲话中,胡锦涛强调:要“积极学习和借鉴世界各国人民创造的一切文明成果,博采众长,厚积薄发,推陈出新,在人类文艺发展史上谱写更加绚丽多彩的篇章”④。在党的十七大报告中,胡锦涛进一步指出:“文化越来越成为民族凝聚力和创造力的重要源泉、越来越成为综合国力竞争的重要因素,丰富精神文化生活越来越成为我国人民的热切愿望。要坚持社会主义先进文化前进方向,兴起社会主义文化建设新高潮,激发全民族文化创造活力,提高国家文化软实力”,要“加强对外文化交流,吸收各国优秀文明成果,增强中华文化国际影响力”⑤。在庆祝中国共产党成立 90 周年大会

① 《邓小平文选》第 3 卷,人民出版社 1993 年版,第 373 页。
② 《邓小平文选》第 3 卷,人民出版社 1993 年版,第 156 页。
③ 《江泽民文选》第 2 卷,人民出版社 2006 年版,第 35 页。
④ 《胡锦涛文选》第 2 卷,人民出版社 2016 年版,第 543 页。
⑤ 《胡锦涛文选》第 2 卷,人民出版社 2016 年版,第 639、641 页。

上的讲话中，胡锦涛强调：要着眼于推动中华文化走向世界，形成与我国国际地位相对称的文化软实力，提高中华文化国际影响力。这些论述把文化提到国家软实力的战略高度，表明我们党充分认识到通过文化交流吸收世界优秀文明成果，对内丰富人民群众精神文化生活并激发全民族文化创造力、对外增强中华文化影响力从而提高国家文化软实力和综合国力的重要性和紧迫性。党的十八大以来，习近平总书记从中华民族发展与世界和平发展的高度来看待文化交流的作用，更加重视文化交流对于推动社会发展的重要作用，积极推动更加广泛而深入的文化交流。2013 年 12 月 30 日，在中共中央政治局进行第 12 次集体学习时，习近平总书记强调，提高国家文化软实力，要努力提高国际话语权。要讲好中国故事，传播好中国声音，阐释好中国特色。2014 年，他在联合国教科文组织的讲话中提出，中华文明是在中国大地上产生的文明，也是同其他文明不断交流互鉴而形成的文明。诚然，中华文化之所以历经数千年而始终充满生机和活力，并赋予中华民族开放包容、海纳百川的民族胸襟和民族性格，与中华文化在历史的长河中始终坚持文化的对内对外广泛而深入的交流是分不开的。提高中国文化软实力，建设社会主义文化强国，实现中华民族伟大复兴中国梦，就必须加强文化交流，在对外交往中，传递中国和平发展理念，提炼出文化中具有共性的元素以易被世界人民接受，增进与各国人民的感情，让世界了解一个爱好和平、愿与世界人民一道推动人类社会进步、维护世界和平的中国。

2. 继承优秀传统文化，推出新时期文化交流价值观

中华传统文化在不同文化的交流和融通中历来主张“和合”与“中庸”，前者强调“和而不同”与多元共存，崇尚“和为贵”，反对战争和征伐，后者主张不偏不倚、无过而无不及，强调“己所不欲，勿施于人”的忠恕之道。这种“中和”内涵决定了“中国文化外交的本质必然是‘和平主义’、‘理想主义’、‘道德主义’的统一”①。新时期中国共产党继承传统文化精华，秉承中国文化一贯的“和而不同”精神，坚持马克思主义立场、观点和方法，结合当今世界文化发展实际，逐步形成了多元共存与交流互鉴的新

---

① 安秀伟：《论中国和平发展的对外战略》，山东师范大学博士学位论文，2010 年，第 108 页。

时期文化交流价值观。江泽民提出，各国文明的多样性是人类社会的基本特征，也是人类文明进步的动力。[①] 2002 年 10 月 24 日，他在访问美国期间在乔治·布什总统图书馆的演讲中，运用中国古代“和而不同”的文明理念阐发了人类文明协调发展的理念：“和谐而又不千篇一律，不同而又不相互冲突。和谐以共生共长，不同以相辅相成。和而不同，是社会事物和社会关系发展的一条重要规律，也是人们处世行事应该遵循的准则，是人类各种文明协调发展的真谛。”[②]胡锦涛在党的十七大报告中重申，要始终不渝走和平发展道路，在同世界各国的文化交流中，相互借鉴，求同存异，尊重世界多样性，共同促进人类文明繁荣进步。

习近平总书记站在新的历史起点上，在中国共产党一贯坚持的文化交流观的基础上，结合世界文化发展的新形势，提出了世界范围内关于文明与文化交流的系统的新文化交流价值观。2014 年 3 月 27 日，习近平总书记对联合国教科文组织进行了历史性访问并发表了重要演讲。在演讲中，习近平提出，文明因交流而多彩，文明因互鉴而丰富。文明交流互鉴，是推动人类文明进步与世界和平发展的重要动力。习近平总书记在此基础上提出了推动文明交流互鉴需要秉持的正确态度和原则：第一，文明是多彩的，人类文明因多样才有交流互鉴的价值。第二，文明是平等的，人类文明因平等才有交流互鉴的前提。第三，文明是包容的，人类文明因包容才有交流互鉴的动力。习近平总书记在演讲中提出的“文明交流互鉴”的观点和理念被中外媒体概括为“新文明观”，被誉为“中国领导人的远见”，如今已经成为国际社会的共识。在党的十九大报告中，习近平进一步丰富发展了推动世界文明交流互鉴的理念，提出，要尊重世界文明多样性，以文明交流超越文明隔阂、文明互鉴超越文明冲突、文明共存超越文明优越。这些新理念新思想的提出，为“建设持久和平、普遍安全、共同繁荣、开放包容、清洁美丽的世界”，构建人类命运共同体提供了更加清晰的思路。

新时期的文化交流价值观，主张人类不同文化间彼此尊重、平等相待，在相互借鉴和学习中取长补短，在求同存异中获得共同发展，并主张

---

① 《江泽民文选》第 3 卷，人民出版社 2006 年版，第 298 页。

② 《江泽民文选》第 3 卷，人民出版社 2006 年版，第 522 页。

通过相互尊重、平等对话和交流等和平方式解决文化交流、交融与交锋中的矛盾和分歧，建立国际文化新秩序。新时期文化交流价值观的推出，对于坚持中外文化交流的正确价值导向、向世界展示中国文化的和平友好本质、提升中国文化软实力、推进世界文化繁荣发展、推动建立人类命运共同体具有重要意义。

3. 在文化交流的机制化、制度化建设上不断迈出新步伐

当代中西文化交流的发展经历了一个由封闭到逐步开放的过程，大致可以划分为这样几个阶段：从 1978 年党的十一届三中全会召开到邓小平南方讲话之前为第一个阶段，该阶段主要是在“姓资姓社”争论的同时，谨慎地引进西方物质文化。从邓小平南方讲话到中国加入世界贸易组织之前为第二阶段，该阶段在破除了“姓资姓社”的困扰，从思想上获得解放以后，开始大力引进西方物质文化、制度文化以及尝试引进适合中国国情的某些价值观念等。从中国加入世界贸易组织至今为第三阶段，在引进、鉴别、融合西方文化的同时，中国文化也不断迈出走向世界的步伐。① 以上阶段的划分虽然是就广义的文化交流而言，但仅就狭义的文化而言，中外文化交流也呈现出这样的渐进性特征。在文化交流的机制化、制度化建设上也是循序渐进，不断迈出新步伐。

在当代中西文化交流的初始阶段，在主要是引进西方物质文化的同时，我国开始建立中外文化交流机构。如 1984 年，中国国际文化传播中心经国务院批准成立，该中心长期致力于国内外文化交流，成为国家对外文化交流与传播的重要窗口。1986 年，专门从事国际民间文化交流的非营利性社会团体——中国对外文化交流协会创立。该协会旨在通过开展同各国的文化交流与合作，繁荣人类文化事业，增进中国人民与世界各国人民之间的相互了解和友谊，促进社会进步，维护世界和平。该协会自 2002 年起创办中国文化夏令营活动，接受来自亚洲、欧洲、美洲及大洋洲等的外国学生，逐渐成为向世界各国青少年介绍中国、了解中国、学习中国文化的窗口。1988 年，中国政府根据毛里求斯和贝宁政府的要求，在两个国家的首都分别设立了中国文化中心，并先后对外开放。开放的中

① 参见崔婷：《全球化背景下的当代中西文化交流问题研究》，山东大学博士学位论文，2006 年，第 19 页。

国迈出了国际文化交流的新步伐。

进入21世纪，特别是党的十八大以来，中外文化交流呈现出快速、蓬勃发展的势头，形成了政府主导、社会参与、多种方式运作的文化交流机制。例如，通过政治高层互访直接表达文化理念，扩大中国文化的辐射力和影响力；通过政府签订对外文化交流合作项目，密切他国对中国文化的认知和理解；通过专家学者开展以中华文化为主题的专题研讨或国际论坛，增强中国文化在世界的认同度；通过企业积极进行文化产品投资，将中国文化产品品牌推向世界市场。[①] 其中，已形成制度化的"中国文化年"活动（相应的是外国在中国举办文化年等活动）在调动各部门、地方、民众的积极性，推动中华文化走向世界，在中外文化交流中增进共识和互信等方面发挥了重要作用。自2003年中国与法国互办"文化年"活动之后，我国与世界上更多的国家互办文化年活动，如"中俄文化年""中意文化年""中澳（澳大利亚）文化年""中西（西班牙）文化年"等活动以及各种形式的"文化节""文化周"等活动。除了"文化年"活动，还有旨在促进各国文化交流的互派留学生活动、中外青年考察活动、举办中外高层论坛、推动中外旅游活动、举办世博会等。为了保证文化传播和交流的长期性、经常性，我国在世界各地加紧建立中国文化中心，目前遍布海外的中国文化中心已达29个，如法国巴黎、德国柏林、韩国首尔、埃及开罗、马耳他瓦莱塔的中国文化中心等。党的十八大以来，党中央高度重视通过传承发展中华优秀传统文化向世界展示和传播中华文化，各海外中国文化中心在助推中华优秀文化的国际传播方面发挥了积极作用。与此同时，自2004年开设孔子学院以来，以传播汉语和中国文化为宗旨的孔子学院在世界各地已达516所、孔子课堂1000多个，成为世界各国人民学习汉语和了解中华文化的园地、中外文化交流的平台，加强中国人民与世界各国人民友谊合作的桥梁。此外，中外大学之间的文化交流与合作也方兴未艾，祖国大陆与港澳台等地区的文化交流机制也不断建立和完善。至此，中国对外及对港澳台文化交流已向全方位、多领域、深层次发展，中华文化的国际影响力不断增强。

---

① 参见徐艳玲:《文化自信绝不是孤芳自赏、自我演绎》，载《人民论坛》2017年第17期。

改革开放以来，中国共产党在继续推进马克思主义中国化的伟大进程中，不断总结历史经验和教训，注重认识和把握文化发展规律，不断探索在继承和弘扬优秀传统文化基础上开创和发展中国特色社会主义理论体系的途径和机制，这些探索以及取得的丰硕成果，进一步推动了马克思主义中国化、时代化、大众化的进程，同时也推动了中国优秀传统文化时代化、马克思主义化、大众化的进程。新的历史时期，我们党面临许多新的机遇和挑战，怎样应对新的机遇和挑战，在继承和弘扬中华优秀传统文化基础上坚持和发展中国特色社会主义理论体系，切实担当起“中华优秀传统文化的忠实传承者和弘扬者”以及“中国先进文化的积极倡导者和发展者”，确保在全面建成小康社会、实现中华民族伟大复兴中国梦的历史进程中充分发挥先锋模范作用，是摆在新时代中国共产党人面前的重大历史任务。

第五章 新时代在优秀传统文化基础上坚持和发展中国特色社会主义理论体系

习近平总书记明确指出，中华优秀传统文化是我们最深厚的文化软实力，也是中国特色社会主义植根的文化沃土，强调实现"两个一百年"奋斗目标、实现中华民族伟大复兴的中国梦，需要充分运用中华民族数千年积累下来的伟大智慧，把中华民族优秀传统文化看作治国理政的重要战略资源。在这一重要战略思想指导之下，中华优秀传统文化迎来前所未有的大好历史机遇，中国特色社会主义理论体系的发展也更加具有文化自信。同时，我们必须认识到，党在优秀传统文化基础上坚持和发展中国特色社会主义理论体系，既面临前所未有的大好机遇，又面临前所未遇的复杂挑战，这就需要我们冷静分析机遇和挑战，针对存在的现实问题，提出可行的思路和举措，推动中华优秀传统文化创造性转化、创新性发展。

一、机遇与挑战

(一)百年机遇

自近代以来特别是五四新文化运动以来，对传统文化现代价值的反思贯穿于中国文化发展的全过程，也贯穿于中国共产党坚持和发展马克思主义的全过程。站在新的历史起点上，中国共产党在优秀传统文化基础上坚持和发展中国特色社会主义理论体系面临百年难得的历史机遇。

1.面临的国内机遇

第一，中国共产党新时期的高度文化自觉和文化自信为党在优秀传

统文化基础上发展中国特色社会主义理论体系提供了内在动力。中国共产党历来非常重视文化建设，特别是先进文化的建设。对于民族优秀传统文化在先进文化建设中的作用，也一直非常重视。但长期以来，由于过于强调传统文化中的糟粕对于新文化建设的负面作用，在一定历史时期对传统文化不加甄别、讳莫如深，没有很好地利用、继承和发展优秀民族文化。改革开放以来，一方面，我们更多地专注于经济和财富的高速增长，对于文化特别是优秀文化传统的继承和发扬一定程度上重视不够；另一方面，在改革开放的大潮中，冲破旧传统对个体的束缚成为强大的时代潮流，个体在得到释放的同时，也摆脱了传统道德和社会机制的束缚。民众不再尊重和遵行文化传统，不管其是精华还是糟粕。换句话说，不管我们的传统文化抑或是文化传统是否具有现实意义，人们已经懒得去理会。然而，社会发展的规律告诉我们：任何社会只有经济的发展和物质财富的积累是不够的，文化的建设同等重要，甚至在一定意义上讲，精神层面或者说形而上的层面具有更加重要的意义，这个意义就在于，它是人们存在的根本意义。而文化的建设不能割断历史和传统，必须是在传统的基础上进行尝试和创新。站在新的历史起点上，中国共产党更加全面深刻地认识中华文化的地位、作用、发展历程和未来趋势，更加深刻地认识党对于传承发展中华文化的历史责任，更加深刻地认识中国特色社会主义的历史渊源和现实基础，更加坚定中国特色社会主义道路自信、制度自信、理论自信和文化自信。2009 年 5 月 13 日，习近平在中央党校 2009 年春季学期第二批进修班暨专题研讨班开学典礼上的讲话中指出："优秀传统文化可以说是中华民族永远不能离别的精神家园。"①这个精神家园是我们在任何时候都不能丢弃的立身之本。2014 年 2 月，中共中央政治局就培育和弘扬社会主义核心价值观进行第 13 次集体学习，习近平在学习讲话中指出："培育和弘扬社会主义核心价值观必须立足中华优秀传统文化。牢固的核心价值观，都有其固有的根本。抛弃传统、丢掉根本，就等于割断了自己的精神命脉。"这个不能抛弃和丢掉的精神命脉指的就是中华优秀传统文化之根脉。习近平在讲话中进一步要求："要讲清楚中华优

---

① 习近平：《领导干部要爱读书读好书善读书——在中央党校 2009 年春季学期第二批进修班暨专题研讨班开学典礼上的讲话》，载《学习与研究》2009 年第 6 期。

秀传统文化的历史渊源、发展脉络、基本走向，讲清楚中华文化的独特创造、价值理念、鲜明特色，增强文化自信和价值观自信。”①价值观自信是文化自信的根本，而我们的价值观自信就来源于我们的优秀传统文化。正如中共中央办公厅、国务院办公厅印发的《关于实施中华优秀传统文化传承发展工程的意见》所表述的，中华优秀传统文化“积淀着中华民族最深沉的精神追求，代表着中华民族独特的精神标识，是中华民族生生不息、发展壮大的丰厚滋养，是中国特色社会主义植根的文化沃土，是当代中国发展的突出优势，对延续和发展中华文明、促进未来文明进步，发挥着重要作用”②。基于对中华优秀传统文化重要性的充分而深刻的认识，《关于实施中华优秀传统文化传承发展工程的意见》深刻阐述了传承发展中华优秀传统文化的重大意义，对如何传承发展中华优秀传统文化作出了全面部署，这意味着中国共产党自觉肩负起带领全国各族人民传承发展中华优秀传统文化的历史责任。源远流长、博大精深、民族精神一以贯之而又独树一帜的中华传统文化在中华民族的历史上发挥了不可替代的作用，它是中华民族之所以成为中华民族的标志。在今天，优秀传统文化是先进文化不可或缺的元素，是中华新文化的根基。在未来，中华文化将在优秀传统文化的基础上不断创新和发展，既一如既往地彰显民族特色，又吸纳世界各国文化的精华，以其独具特色的亲和力和不断增强的国际影响力成为“各美其美，美美与共”的多元世界文化大家庭中的一员。

文化自信源于文化自觉，高度的文化自信又推动进一步的文化自觉。在增强文化自觉的基础上，坚定文化自信，实现文化自强，是当代中国奏起的文化强音。只有对本民族文化的过去、现在和未来有着充分的全面的和科学辩证的认识，才能够自觉、自信、义无反顾地以中华优秀传统文化为基础，大胆进行创新和创造。因此，全民族的文化自觉和文化自信将为传统文化的现代化、中华文化的新发展提供强大的内在动力。这其中，

---

① 中共中央文献研究室编：《习近平总书记重要讲话文章选编》，中央文献出版社、党建读物出版社 2016 年版，第 119～120 页。

② 《中共中央办公厅、国务院办公厅印发〈关于实施中华优秀传统文化传承发展工程的意见〉》，中华人民共和国中央人民政府网，http://www.gov.cn/zhengce/2017-01/25/content_5163472.htm，2017 年 1 月 25 日。

个体(每一位党员、每一位理论工作者、每一位民众)的文化自觉和文化创造将在积极贯彻党的相关政策和方针的基础上推动党的相关决策;党的集体文化自觉则通过决策等更有力地倡导、引导和领导民众和社会进行文化的创造和发展。

第二,改革开放以来特别是党的十八大以来经济建设取得的重大成就为在优秀传统文化基础上坚持和发展中国特色社会主义理论体系提供了重要的基础条件。经济的发展并不必然带来文化的繁荣和思想的进步,但没有一定的经济基础和在此基础上的综合国力的提升,文化的繁荣和思想的进步就没有强大的实体力量的支撑。因此,经济发展是文化繁荣和思想进步的基础条件。费孝通先生在20世纪末曾经提出:"文化特色的发扬,离不开强盛的国力和文化宽容的环境。如果我们有理由认为,中华民族在新世纪中又将进入一个强盛和民主的时期,我们就应该意识到,生活在新世纪中的中国人正面临着一个充分发扬中华文化特色的历史机遇的到来。"①今天,我们完全有理由认为,中华民族继历史上的汉唐盛世之后又进入一个强盛和民主的时期,我们"比历史上任何时期都更接近实现中华民族伟大复兴的目标,比历史上任何时期都更有信心、更有能力实现这个目标"②,这为我们充分发扬中华文化特色提供了难得的历史机遇。而中华文化的大发展大繁荣又是中国特色社会主义理论体系丰富和发展的内在要求。

仅从以经济发展为基础的综合国力方面看,经过改革开放40年的努力,我国经济总量已经跃居世界第二位,综合国力和国际竞争力、影响力显著提升。这为文化的大发展大繁荣打下了良好的基础。大量以弘扬祖国优秀传统文化、创新和发展中华文化等为主题的书籍出版发行,对于提高民众文化素质、拉近民众与优秀文化传统的距离、增强民族文化的亲和力等发挥了重要作用。在新技术的支持下,民族优秀传统文化正在通过各种媒体走进民众视野,走进民众心间,如电视片、电影等,特别是数字技术、互联网技术、移动互联网技术的飞速发展为优秀传统文化的大众化提

① 费孝通:《中华文化在新世纪面临的挑战》,载《炎黄春秋》1999年第3期。

② 中共中央文献研究室编:《十八大以来重要文献选编》(上),中央文献出版社2014年版,第278页。

供了便捷的通道，了解并研究传统文化的人们越来越多，传播和创新优秀传统文化的方式也多种多样。继承和发扬优秀文化传统、践行社会主义道德的公民道德建设活动如火如荼，一批又一批先进典型人物从群众中涌现出来，成为引领生活风尚的一面面旗帜。中华文化“走出去”战略不断得到贯彻，如通过高层互访推介和传播中华文化，在多国创办孔子学院、设立海外中国文化中心、在海外举办“中国文化年”、在有国际影响力的媒体上投放国家形象广告、与“一带一路”沿线国家加强文化交流等，为提升中华文化的亲和力和影响力做出了巨大贡献。无论是理论研究还是实体性文化建设，都有大量项目得到不同程度的资金支持。以上这些都离不开我国强大的经济实力和综合国力的支撑。

第三，新时期政治发展为在优秀传统文化基础上坚持和发展中国特色社会主义理论体系提供了环境支持。政治发展指的是政治变迁的过程和结果，政治民主与法制、政府治理、公民参与等是其主要内容。其中，社会政治民主是文化民主的实质要求。何兆武先生认为，“文化上的民主实质上也就是社会政治的民主”，其精义在于“能最大限度地容纳不同的思想和见解及其表达方式”。① 正如《共产党宣言》中所指出的，“每个人的自由发展是一切人的自由发展的条件”②。每个人在文化上的自由是一切人文化自由的条件，文化自由即个体能够自由表达自己的思想和见解。当然，前提是这些思想和见解是符合逻辑和有益于社会的，从而使不同文化和思想在竞争中相互驳诘、相互吸收、相互融合和相互促进，进而有利于整个民族乃至人类的文化和文明的提高。中国共产党的“双百”方针就是文化自由的体现。“双百”指的是“百花齐放”和“百家争鸣”。毛泽东分别于1951年和1953年提出“百花齐放”和“百家争鸣”，1956年正式提出“双百”方针。“双百”方针提倡和鼓励在文艺创作上不同风格、不同流派、不同题材、不同手法的作品同时存在，自由发展；在学术理论上不同学派、不同观点互相争鸣，自由讨论。“双百”方针是发展科学、繁荣文化的正确方针。但由于新中国成立后政治民主建设出现过大的波折，“双百”方针

---

① 何兆武：《文化漫谈——思想的近代化及其他》，中国人民大学出版社2004年版，第178页。

② 《马克思恩格斯选集》第1卷，人民出版社1995年版，第294页。

在党的十一届三中全会之前并未得到认真贯彻。党的十一届三中全会以后,"双百"方针得到重新重视和较好的贯彻。有了宽松的政治环境,人们在"双百"方针的鼓舞下,卸掉了思想上的包袱,开始了思想解放和文化创作的新征程。党在坚持和发展"双百"方针的基础上,将其与"二为"方向相结合,正确处理文化指导思想一元性与文化创作多样化的关系,既弘扬主旋律,又提倡多样化,为繁荣和发展社会主义文化做出了重大贡献。进入新世纪,面对文化发展的新机遇、新挑战,党中央明确提出社会主义文化大发展大繁荣的目标,提倡和鼓励全民族迸发文化创造活力,传承和发展中华优秀传统文化,建设社会主义文化强国,实现中华民族伟大复兴。进入新时代,习近平提出"以人民为中心"的创作导向,进一步深化了对"二为"方向的认识,强化了人民在文化创造中的主体地位。党的十九大报告进一步提出,要"坚持为人民服务、为社会主义服务,坚持百花齐放、百家争鸣,坚持创造性转化、创新性发展"①。这些政策和方针的提出得到了有关法律的保障,如宪法明确规定,公民有言论、出版自由,有进行科学研究、文艺创作和其他文化活动的自由。又如《非物质文化遗产保护法》以法律的形式为加强非物质文化遗产的保护和保存从而继承和弘扬中华民族优秀传统文化提供了有力的制度保障,《关于实施中华优秀传统文化传承发展工程的意见》为传承发展中华优秀传统文化提供了强大的政策支持。在宽松民主的政治环境下,在科学的方针政策指引下,全民族在传承和发展中华优秀传统文化的基础上进行中华文化创造的活力必将持续迸发,从而为党在中华优秀传统文化基础上坚持和发展中国特色社会主义理论体系提供智慧支持和文化滋养。

2. 面临的国际机遇

在国际上,经济全球化、世界多极化、社会信息化、文化多样化等发展态势为我国的文化建设提供了难得的历史机遇。

第一,经济全球化带来的历史机遇。当今世界已进入全球化的时代。如果说在出现全球化态势之初,人们需要讨论是否存在全球化、是否需要全球化的问题,那么现在,全球化已经成为一个不争的事实,摆在世界人

---

① 中共中央文献研究室编:《中国共产党第十九次全国代表大会文件汇编》,人民出版社2017年版,第33页。

民面前的不再是承认不承认存在全球化、是否融入全球化进程的问题，而是必须面对这样一个全球化的事实以及怎样面对的问题。进入新时代，这一问题逐渐演变为中国如何参与和推动全球化朝着更加有利方向发展的问题。全球化肇始于资本主义生产方式在世界范围内的蔓延。马克思和恩格斯在《共产党宣言》中曾预测了这种趋势："资产阶级，由于开拓了世界市场，使一切国家的生产和消费都成为世界性的了。……过去那种地方的和民族的自给自足和闭关自守状态，被各民族的各方面的互相往来和各方面的互相依赖所代替了。"①"全球化"一词最早由 T. 莱维作为一个经济学领域的概念提出，至今仍然是一个多义的概念。本书认为，全球化首先是指经济的全球化，也主要是指经济的全球化。经济全球化即"资本、商品、技术、劳动力等生产要素跨越国界，在全球范围内自由流动和配置，世界各国各地区的经济日益相互依赖，日益紧密地联系成为一个整体的历史过程"②。在这个过程中，一方面，资本主义生产方式的本质并未改变，仍然存在着极不公正极不合理的国际经济秩序；另一方面，各国各地区不可避免地被卷入经济全球化的进程中，从而必须接受全球化的挑战。生产关系决定上层建筑，经济的全球化不仅是经济领域的全球化，世界政治、文化和社会生活等各个方面都受到了全球化的影响。影响是多方面的，仅就我们在中华优秀传统文化基础上发展和创新中国特色社会主义理论体系来说，机遇与挑战并存。

经济全球化为中国文化走向世界提供了前所未有的机遇。中国加入世贸组织以来，经济快速发展，这为中国文化"走出去"打下了良好的经济基础。同时，在同世界各国和地区的经济往来中，文化的重要性也越来越凸显。因为文化不仅仅是服务于一定经济基础的上层建筑，更是一个民族、一个国家的象征，是经济发展的互动体。当今世界，文化力量(即约瑟夫·奈所说的文化"软实力")已经成为衡量一个国家、民族或地区的综合实力的重要方面。因此，在经济交往中体现出来的文化力量也是综合国力的重要方面，甚至是更加重要的方面。习近平总书记在党的十九大报

---

① 《马克思恩格斯选集》第 1 卷，人民出版社 1995 年版，第 275～276 页。

② 周向军、李春明等：《科学发展观文化建设论》，山东人民出版社 2008 年版，第 97 页。

告中强调:“文化是一个国家、一个民族的灵魂。文化兴国运兴,文化强民族强。”中国文化在世界舞台上的形象深刻影响着世界人民对中国共产党领导下的中国人民及中国文化的认知。提高中国“软实力”就是要向世界展示一个充满活力、富有魅力、极具亲和力和建设力的中国文化形象。而要做到这一点,中华优秀传统文化可以发挥重要的作用。中华传统文化一以贯之的包容性和宽容的态度、尚德而不尚武力的传统理念、一视同仁的反文化中心主义传统、协和万邦与邻为善的主张等都表明,中国文化是善意的宽容的友好的文化,中华民族是爱好和平的民族。同时,中华民族传统文化中勇于创新、百折不挠的传统又可以向世界展示一个既继承传统又敢于创新的充满活力的民族形象。当然,向世界展示中国文化并非只有传统文化就足够了,必须对优秀传统文化进行创造性转化和创新性发展,创造具有深厚传统文化底蕴又具有时代精神的中华新文化。

经济全球化打破了人们禁锢的思维模式,促进了人们的观念更新,从而促进了世界政治的多极化。政治多极化使世界格局结束两极对峙,世界各大力量朝着独立、自主、扩散化发展。承认世界的多样性,尊重各自的差异性、主权独立及文化特色,反对强权政治和霸权主义成为新的世界潮流。这一方面促使世界能够站在国际化的高度来看待中国文化,也使我们能够有更高的全球性视野来审视和反思自己的文化。

第二,文化全球化带来的历史机遇。经济全球化使不同国家和地区的交流空前频繁,在加强各国经济交往的同时也加强了各国的文化交流,使“世界经济与文化相互交融、彼此促进,出现经济文化化、文化经济化、经济文化一体化的态势”①,在经济全球化的基础上形成了文化全球化的趋势。关于“文化全球化”的理解也是莫衷一是,大致有以下几种观点②:观点之一,认为文化的全球化应是世界文化的同质化或一体化。如汤姆林森(John Tomlinson)在《文化帝国主义》一书中公开质疑“文化帝国主义”的概念,认为一些学者过于维护文化的差异性,否定其同质性,这很容易陷入文化相对主义。文化发展的前提是多样性与统一性之间的平衡,而某种程度的同一性则有利于世界各民族之间的对话与沟通以及人类的

---

① 郑雅卓:《走出去战略的文化内涵》,载 2011 年 12 月 2 日《人民日报》。

② 参见杨生平、李凤英:《文化全球化研究述评》,载《哲学动态》2007 第 1 期。

和睦与进步。观点之二，认为文化全球化应是多元文化的共存。英国学者费舍斯通(M. Featherstone)、美国学者罗兰・罗伯森(Roland Robertson)等持此类观点。前者将日趋全球化的世界文化中的异质性和多样性看作是全球化理论不可或缺的组成部分，后者则将全球化描绘为“普遍的特殊化和特殊的普遍化的双重过程”①。观点之三是“文化冲突论”，以亨廷顿为代表，把未来的世界文化图景设计成西方文明与儒家文明、伊斯兰文明之间的冲突景象。观点之四是“文明对话论”，以杜维明为代表，明确反对文明之间的冲突，主张跨文明对话，实现文化的多样化，超越普遍主义和民族主义，达到各文明间的真正和解。

中国的大多数学者(以费孝通先生为代表)认为，全球化背景下的世界文化发展态势应是各民族文化在交流过程中相互吸收其世界性价值而又保持其本土特色的“各美其美，美美与共”的过程。诚然，文化全球化的到来，促使我们更加自觉地认识自己的文化，认识我们民族文化的过去、现在和未来，从而确立正确的文化意识，通过实现对优秀传统文化进行创造性转化和创新性发展来创造我们的中华新文化。同时，文化全球化使我们在同世界各国文化的交流融通中，通过“文明交流互鉴”，吸收异质文化中的有益价值、把中国文化中超越时空的普遍性价值传播到世界各地，从而提升中华文化的世界影响力，推动世界文明的共享共建。

第三，全球性危机引发人们对西方文化的反思和对中国传统智慧的呼唤。整个世界在21世纪面临着前所未有的危机：环境污染、资源耗竭、贫富差距拉大、核军备竞赛、各种安全威胁、经济危机、地域文化冲突、道德衰落等。危机的根源在于经济因素，危机的根本则在于文化因素。各种全球性问题汇聚而成的世界性危机首先来源于资本主义生产方式的全球蔓延。资本主义生产的本质是获取最大利润，这决定了资本的贪婪本性；资本主义生产方式通过商品的极大丰富和广告的诱导等造成世界性的消费主义泛滥。这些不仅冲击并导致了人类传统价值观念的变化，更在实践中造成了对自然环境(包括资源、能源等)的极大破坏以及一系列其他世界性难题。难以走出的世界性经济危机更严重削弱了解决世界性

---

① Roland Robertson, *Globalization: Social Theory and Global Culture*, London: Sage Publications, 1992, p. 102.

难题的力量。这使人们清醒地认识到,没有哪一个国家能够独立解决人类面临的这些世界性难题,必须集人类的共同智慧方能应对。而东方智慧,特别是中国传统智慧让世界看到一线曙光。

早在19世纪末期,德国传教士卫礼贤就因服膺中国传统智慧而放弃传教,转而致力于中华传统文化的研究并向世界传播中国文化。在他看来,"机械文明"已造成了对人类基本价值的解构,人类已沦为机器的俘虏。人类文明的灵魂遭受着永恒伤害,人们所面临的不仅是西方而是整个人类的没落和灭亡。而中国智慧正在成为当时欧洲的拯救者,欧洲正在越来越多地受到中国古老智慧的影响。在卫礼贤看来,中国智慧就是一种"孩童般纯真幼稚的精神",中国人对土地、先人、自然的敬畏,身处逆境时的忍耐、对人对事的平静和冷静等精神是健全而持久的。这种天人合一、天人和谐的中国智慧,恰是可以拯救西方的良方。① 当然,中国传统智慧产生于古代社会,并不能够直接解决当今时代的问题,但蕴含在其中的那些超越时代、超越国界的大智慧确实可以为我们今天反思人类的命运和前途提供不竭的智慧源泉:"和而不同"的观点可以为解决当前文化全球化过程中不同文化之间的关系以及各国之间的利益冲突等提供指导和借鉴;敬畏生命和自然、顺应自然、强调人与自然和谐相处的思想可以为人类的可持续发展提供思想资源;伦理思想中"己所不欲,勿施于人"、敬畏和尊重人类历史、"严于律己,宽以待人"等有益于促进人与人之间的理解、尊重与和谐的思想可以为现代社会紧张的人际关系提供思想源泉;重自修和内省的传统对于促进现代人的思想修养具有良好的借鉴意义,等等。

面对危机中人们对中国传统智慧的期望,我们一方面要树立强大的文化自信,勇于借鉴传统智慧,同时又要树立文化自强的观念,在创造和创新中不断发扬光大中华传统智慧,使传统智慧在新的时代条件下得到传承和发展,从而为全球治理贡献更多中国智慧和中国方案。

(二)严峻挑战

任何事物的发展都具有两面性,机遇与挑战并存。国内前所未有的

---

① 参见王学典、孙虹:《中国智慧与西方文明的对话与交流是可能的》,载《中国海洋大学学报》2003年第3期。

大变革、国际上方兴未艾的全球化浪潮等为党在优秀传统文化基础上坚持和发展中国特色社会主义理论体系带来诸多良好机遇，也提出了前所未有的严峻挑战。

1. 面临的国内挑战

当下的中国社会，正处于一个前所未有的以大发展大变革大调整为时代特征的社会转型时期，诸多因素对我们运用优秀传统文化建设中国特色社会主义文化从而坚持和发展中国特色社会主义理论体系提出了严峻挑战。

第一，社会变革对传统文化的冲击。一个半多世纪以来的社会变革使传统文化受到了前所未有的冲击。自近代中国社会落后于西方以来，中国人就一直在寻找一条强国之路，及至鸦片战争后逐步沦为半殖民地半封建社会，到后来帝国主义列强侵凌，国人更是急于寻求救国救民之道。先是在一片论争之中选择了马克思主义，并在马克思主义指导下取得了民族独立，继之开始了社会主义新中国的建设。在建设中既有巨大的成功，也有严重的失误，最终我们党选择了改革开放的道路，开始了富国、强国的新征程。在这样一个数千年未有的大变局之中，以传统价值观念为核心的中华传统文化受到了前所未有的挑战。先是在五四新文化运动中受到了严重冲击(虽然五四新文化运动的矛头指向的是传统文化的糟粕，但客观上造成了对整个传统文化的冲击)，然后是在新民主主义革命和社会主义革命中受到了革命文化的冲击(虽然以毛泽东为代表的中国共产党人在马克思主义中国化的过程中很重视运用优秀传统文化推进马克思主义中国化，并在理论上重视继承和发扬优秀文化传统，但由于建设革命文化的需要，传统文化在客观上受到了排挤和打压)。更为严重的是，经过“文化大革命”的冲击，优秀传统文化及文化传统遭受重创，而传统文化中愚昧、迷信权威、盲目崇拜、专制、官僚主义等负面的东西却戴着“革命”的面纱泛滥起来。中国人对蕴含在传统文化中的价值观念一度产生了无所适从之感，许多中国人甚至在言行上粗鄙、简陋，已经偏离了“礼仪之邦”的道德准则，更不用说在摆脱了传统价值观的“束缚”之后出现的种种突破道德底线的怪现象了。虽然改革开放至今，在理论方面和政策措施等方面，党和政府一再强调“两手抓，两手都要硬”、传承和弘扬中华优秀传统文化，并制定了一系列文化发展战略，但在实践层面上，将优秀

传统文化融入新文化建设中仍然存在诸多困难。这表明,“传统文化被摧毁之后,中国还没有找到一种新的文化来代替,至少,中国还没有找到一种好的方式来将自己丰富的文化魅力展示给世人看,这当然也是一种民族危机”①。党的十八大以来,党中央高度重视传承和发展中华优秀传统文化,开展了一系列富有创新和卓有成效的工作,但经历长期低谷的传统文化很难在短时期内迅速繁荣起来,传承发展中华优秀传统文化仍然任重而道远。

第二,市场经济的负面影响对传统文化的冲击。市场经济在带来一系列福祉的同时,其负面影响也使传统文化在很大程度上陷入困境。历史和实践证明,社会主义市场经济是改革开放的一大成果,是符合历史发展趋势和中国国情的选择。社会主义市场经济在我国的确立和运行解放了生产力,推动了生产力的发展,这为文化发展提供了必要的物质基础。社会主义市场经济鼓励创新,鼓励民众在法律许可的范围内自由竞争,这些都有利于培育民众的创新精神。同时,市场经济需要诚信等人文精神的支撑,这使得民众产生了对诚信文化等优秀传统文化的尊崇。这些都有利于提高民众的人文素质,从而为文化发展、优秀传统文化的现代转型提供良好的主体条件。作为现代经济体制,市场经济依赖于民主与法治的健全,因此,市场经济的确立和运行有助于推动当代中国文化的民主化、法制化,从而使优秀传统文化的当代发展也纳入民主化和法制化进程。以上这些分别为我们反思传统文化、发挥优秀传统文化的作用提供了物质条件、主体条件和不断进步的社会环境。但也应当看到,由于市场经济具有追求物质利益的本性,其对社会的负面影响使它与当代中国的文化发展特别是传统文化的现代化之间存在着诸多矛盾,从而对我们在优秀传统文化基础上建设先进文化、坚持和发展中国特色社会主义理论体系提出了严峻的挑战。

市场经济的利益最大化原则对中国传统的“义以为上”“以义制利”的价值观提出了挑战,特别是在法治不够健全的情况下,一些人的价值观发生了极大扭曲,在物质利益面前,难以坚守传统的义利观,甚至许多人为了利益屡屡突破道德底线乃至法律底线。价值观的扭曲导致个人私欲膨

---

① 谢有顺:《危机时代的文化机遇》,载《天涯》2009 年第 6 期。

胀、利己主义、极端个人主义、享乐主义、消费主义、拜金主义、物质主义等。就连党员干部甚至党的高级干部中,也有一些人经不住物质利益的诱惑而走向人民的对立面。人们不仅失去了个人的精神家园,也失去了共同的精神家园。我们不断向世界输出日益完善的物质产品,精神产品匮乏、精神财富缺失却也是事实。导致一些中国人物质不断富裕而精神日益贫乏的原因很复杂,其中急于解决亿万百姓的吃饭问题而埋头于经济发展,并以物质生产为核心,占领国际消费市场等而导致物质文明与精神文明建设一手硬、一手软是一个重要原因。这种发展模式在国际上也已经造成了其他国家对中国的误解,以为我们是一个物质丰富但精神贫乏的民族。党的十八大以来,党中央针对以上问题采取了一系列必要措施,如在全社会培育和弘扬社会主义核心价值观,大力运用中华优秀传统文化加强党的建设,向世界展示和传播中华优秀文化等,取得了显著成效。但如何进一步采取有效措施消除市场经济的负面影响,抓好精神文明建设,仍然是摆在我们面前的一个重要任务。

第三,传统文化教育的弱化。长期以来,传统文化教育的弱化甚至缺失造成了公民特别是青年一代与传统文化的隔阂。造成传统文化教育弱化的原因非常复杂,归结起来大致有以下几个方面:一是受20世纪政治文化和革命文化的影响,我国长期以来没有给予传统文化教育足够的重视。虽然改革开放以来取得了长足进展,但传统文化教育的合力协调机制尚在探索中。二是全球化背景下外来文化的输入和渗透使传统文化教育受到“挤兑”。在经济全球化和文化全球化的背景下,西方文化的精华与糟粕也泥沙俱下,其民主与法治、平等与公正等先进思想对中国人产生深刻影响的同时,一些腐朽的思想观念、生活方式、价值取向如极端个人主义、物质主义、消费主义等也趁机而来,严重混淆了人们的视听,侵蚀着人们特别是青少年的心灵。尤其是西方文化霸权主义极力推行资本主义制度、生活方式和价值观念,进行文化渗透,潜在地影响着当代中国人特别是青少年的生活观和价值观,致使很多人特别是青少年对中国源远流长的优秀传统文化并不认同,而一味追逐西方价值观。三是网络文化等新兴文化在推动优秀传统文化传播的同时也造成了对传统文化教育的冲击。以网络等新媒体为媒介的新兴文化以其新颖、便捷、奇异等特征吸引了人们特别是青少年一代的关注,在当今社会广泛传播。网络文化等新

兴文化一方面为传统文化教育的实施创造了更加便捷和优越的平台和渠道，但其虚拟性、分散性等特征也使得对网络文化等的监管存在困难，不可避免地带来违背社会文明进步要求的异质文化，造成对传统优秀价值观和社会主义核心价值观的冲击，使部分人群对本民族传统文化产生质疑甚至否定的心理。四是传统文化本身的复杂性影响了传统文化教育的推进。任何时代的文化都是精华与糟粕的统一体。传统文化产生于古代中国，历经数千年，在积淀了深厚的优良传统的同时，也带有自身难以克服的弊病。中华传统文化既有追求理想和精神价值、重视人类可持续发展与和谐发展、追求平等崇尚诚信、崇尚变革追求进步等对当代社会乃至人类社会全过程具有永恒价值的内容，也有专制主义、官僚主义、压抑人性、愚昧迷信、因循守旧、冷漠世故等与现代社会要求格格不入的内容。当前，弘扬优秀传统文化、传承和发展优秀传统文化已经成为共识，但在具体工作中，怎样科学全面地认识传统文化，怎样充分认识中华优秀传统文化的重要意义，还有待于深化和推进。

第四，传统文化创新不足。我国当前在传统文化的创新方面普遍存在不足，使得优秀传统文化和文化传统在新的时代条件下实现传统文化现代化、中华文化世界化的进程中不能充分发挥自身优势。其一，一个时期以来，我们对传统文化创新的重要性认识不足。文化是一个不断创造发展的过程，创新是文化自身发展的必然要求。传统文化要想在现代社会获得新生，就必须在当代实践条件下实现其优秀成分的创新，以适应并符合现代社会的要求。而我们曾长期停留在市场经济条件下是否需要传统文化的争论中，无暇顾及传统文化的创新问题。当前，这一问题已经引起了党和政府的高度重视，新的文化发展战略中优秀传统文化的地位和作用得到了充分肯定，推动传承和创新优秀传统文化的政策措施也在陆续出台，这对于传统文化的当代命运来说无疑是个好势头，但传统文化创新不足的问题在较长一段时间内仍然会存在。其二，正如传统文化自身的弊端影响了当代中华优秀传统文化教育的进程，传统文化的消极因素也制约着其创新和发展。产生于自然经济条件下的中华传统文化中求稳怕乱的文化心理缺乏创新的激情，民族文化创新能力积弱；长期处于封建专制、文化专制下的民众养成了顺从、求同的心理以及文化创新与己无关的惰性，缺乏文化创新的动力和自觉；传统文化中重集体轻个体（虽然也

有个体自觉的思想，但不占主流）的倾向压抑了民众的个性，使民众缺乏文化创新的主动性；传统文化中重义轻利（虽然不尽是重义轻利，但其影响很深）以及重精神轻物质的观念等使我们一定程度上忽视发展文化产业的重要性。其三，体制性限制也制约着传统文化的创新。计划经济时期遗留下来的文化管理体制及管理理念一定程度上仍然存在；政府职能越位缺位现象也在一定范围存在，导致在文化管理方面，政府既不堪重负，社会和民间文化创新的积极性又得不到充分发挥；对文化事业和文化产业的分类管理和指导还存在不足，仍然存在文化资源配置效率不够高、政府文化资源和社会文化资源闲置和浪费的现象等；文化产业占 GDP 的比重虽然逐年提高，但仍然太小，在激发民众的文化消费和文化创造的积极性方面仍然不足；文化市场体系虽不断健全，但在公平、公正、规范等方面仍有很长的路要走。其四，创新观念陈旧也导致传统文化创新不足。中国人在近代以来形成的民族文化自卑感使民众对传统文化的自豪感大打折扣，“外国的月亮比中国的圆”的心理影响至深，使我们在传统文化创新方面信心不足；中国经过从近代以来的积贫积弱到改革开放以来物质极大丰富的变迁，使人们重视并长于物质文化（外在价值）的创造，而忽视并弱于精神文化（内在价值）的创新；我们的传统文化创新很大程度上缺乏亲和力。文化能吸引人靠的是不断创造新的文化形象或创新性发展传统的文化形象，好的文化形象能够吸引人、感染人，从而达到育人的目的。因此，创造新的文化形象、创新性发展传统的文化形象，是对优秀传统文化进行创新的重要手段。而运用优秀传统文化资源创造新的文化形象，讲好中国故事，是弘扬中华优秀传统文化的重要途径。我们在这方面还有很长的路要走。

2. 面临的国际挑战

经济全球化基础上形成的文化全球化浪潮，在促进各民族文化交流、对话和形成全球意识的同时，也对各民族的文化造成了冲击。

第一，文化霸权使世界文化多样性受到威胁。文化全球化的过程从起步开始就具有不平等性。西方发达国家凭借其强大的政治经济实力通过电影、电视、广播、互联网、书刊等各种媒介，在全球范围内推行其价值观念、思维方式、社会制度、意识形态和生活方式等，以其文化强权干涉别国的文化观念特别是政治观念，通过其文化霸权达到政治霸权从而获得

经济霸权的目的。在这样的背景下，包括中国在内的广大发展中国家在世界上缺乏话语权，因而在文化上处于弱势地位，有逐渐被边缘化甚至失去文化自主性的危险。这种由少数国家文化霸权主导的文化全球化趋势使世界文化多样性受到威胁，对中国来说，就表现为以中华优秀传统文化为基础和民族特色的以社会主义先进文化为主导的中华文化受到威胁。党的十八大以来，中国在提高话语能力方面取得了长足进展，但与世界第二大经济体的地位还不相称。

第二，文化全球化使民族国家文化认同出现危机。文化认同(cultural identity)是一种群体文化认同的感觉，是一种个体被群体的文化影响的感觉。文化认同，尤其是对外来文化价值的认同，足以瓦解一国的政治制度、一民族的凝聚力；反之，本国人民对自身文化的强烈认同，既是该国自立于世界民族之林的伟大精神力量，又可以使民族在激烈的国际竞争中立于不败之地。"文化认同"所回答的问题是"我是谁"以及"我属于哪里"。对于中国人来说，我们的文化认同表现为对积5000多年文明史而形成的中华民族的基本价值和文化符号的认同，如认同自己是炎黄子孙，认同春节、清明、中秋等传统节日为自己民族的风俗，认同汉语汉字为自己民族的语言文字，认同龙、长城、黄河等为自己民族的标志，汇集到一点就是——"我们都是中国人"或"我们是龙的传人"。[①] 几千年来，正是这些不断积淀和发展的民族文化认同，使中华民族的成员不论身处何地，都同甘苦共命运，使中华民族屹立数千年而不倒，中华文化绵延数千年而从未中断。而中华民族的文化认同在全球化背景下出现了严重的危机。

从客观情况看，全球化进程迄今大体上和西方价值观尤其是美国文化对世界的渗透同时并进，美国文化符号可以说在全世界无处不在。非西方文化的基础被削弱了，这些文化的输入导致了文化的混乱，表现为目的的丧失、道德的冷漠、暴力的嗜好、传统的破裂以及认识到属于"落后"社会而产生的心理痛苦。[②] 更为严重的是，在文化媒介日益高科技化(比

① 参见朱贻庭、赵修义：《抗震救灾升华中华民族的"文化认同"》，载《探索与争鸣》2008年第8期。

② 参见刘德龙：《正确认识全球化对民族传统文化的挑战》，载《管子学刊》2006年第4期。

如互联网的迅速普及和发展)的条件下,西方文化的扩张和渗透使我国在保持民族文化认同、中华民族价值观和民族精神等方面面临巨大困难。例如:我国青年一代大都热衷于过西方节日,对中华民族的传统节日则缺乏兴趣。虽然某些西方节日也有其价值和意义,思想开放的年轻一代对其产生兴趣无可厚非,但如果在思想上对民族传统节日不认同,反而去认同属于他国文化认同符号的西方节日,就会出现本民族的文化认同危机。不仅如此,在西方推销其"普世价值"借以摧垮中国核心价值观、破坏中国人的民族凝聚力从而瓦解中国的政治制度的蓄谋下,一些中国人对本民族的传统价值观及社会主义核心价值观、本国的政治制度等产生怀疑甚至反感。强大的文化全球化浪潮正在破坏我们的传统文化,抹杀我们民族文化自身的本质特征或文化身份。我们中的许多人或群体由于文化认同出现了转移而迷茫和纠结于对"我是谁""我属于哪儿"等问题的回答。也有一些人由于具有了多种文化意义上的身份和多种似是而非的文化认同,而迷茫于"我到底是谁""我到底属于哪儿"等问题的回答。

第三,在文化全球化进程中形成的不良文化观造成中国文化危机。中国文化的危机早在全球化之始就开始了,虽然当时尚无"全球化"一词。随着西方资本主义在全球的扩张,中国逐步陷入被动挨打的境地,中国人便开始了对自身文化的反思。开始是在物质层面,继之是在制度层面,最终则是在思想观念层面。在不断反思的过程中,产生了文化保守主义(今天的文化保守主义被称为"新文化保守主义")、"全盘西化论"和"综合创新论"等主张。其中,文化保守主义和"全盘西化论"在全球化更加广泛而深入的今天仍然起着消解中华传统文化的作用。文化保守主义看似维护中华传统文化,但表现为对传统文化的自负和非理性认识、对西方文化不加分析地排斥、对社会主义先进文化的漠视,忽视文化的时代性和世界性,使传统文化陷于"僵死"的危险境地。而"全盘西化论"持民族文化虚无主义态度,使中国文化成为"无根"的文化,失去中华民族特色的"无根"文化只能培养出"香蕉人"。同时"全盘西化论"适应西方"文化帝国主义""文化殖民主义"的要求,不顾中国国情和民族情感,是失去国格、失去文化主权、失去人格的奴性文化观。失去民族之根的民族是没有文化身份证的民族,要想在世界文化之林中拥有一席之地是不可能的。正如习近平总书记所指出的:"抛弃传统、丢掉根本,就等于割断了自己的精神命

脉。博大精深的中华优秀传统文化是我们在世界文化激荡中站稳脚跟的根基。”①

二、思路与举措

当前，怎样充分挖掘中华优秀传统文化价值内涵，在传承发展优秀传统文化的基础上建设当代中国先进文化，坚持和发展中国特色社会主义，是一个已经引起高度关注和重视的重大课题，也是一项事关国家、民族长治久安、繁荣昌盛、永续发展的系统工程。面对国内外发展大势以及各种机遇和挑战，党中央以高度的文化自觉，顺应时代潮流，体现人民意愿，从党和国家事业发展的全局出发，把握国内国外发展的大局，继党的十七大提出社会主义文化大发展大繁荣的文化战略、党的十七届六中全会提出建设优秀传统文化传承体系之后，2017 年 1 月印发《关于实施中华优秀传统文化传承发展工程的意见》，提出了实施中华优秀传统文化传承发展工程的重大战略任务，要求在新的时代条件下，深化对中华优秀传统文化重要性的认识，进一步增强文化自觉和文化自信；深入挖掘中华优秀传统文化价值内涵，进一步激发中华优秀传统文化的生机与活力，构建中华优秀传统文化传承发展体系。党的十九大报告强调，要推动中华优秀传统文化创造性转化、创新性发展。这对于进一步激发全民族的文化自觉、增强文化自信、传承中华文脉、建设社会主义文化强国、实现中华民族伟大复兴具有重要的战略意义，为我们在理论上深入研究、在实践中深入探索中华优秀传统文化传承发展、充分发挥中华优秀传统文化的作用提供了思想指导和战略引导。因此，本书提出以下几个方面的思路与举措，以期为进一步探讨提供有益的参考。

（一）前提：坚持科学的传统文化观

制定文化发展战略离不开文化观的指导，贯彻和落实文化发展战略也必须时刻处于正确的文化观的指导下，而传统文化观是文化观的重要内容，因此，科学正确的传统文化观是制定和贯彻科学的文化发展战略的

① 中共中央文献研究室编：《习近平总书记重要讲话文章选编》，中央文献出版社、党建读物出版社 2016 年版，第 119～120 页。

重要内容。党在新时期的文化发展战略是党利用优秀传统文化发展中国特色社会主义理论体系的题中应有之义,因此,坚持科学的传统文化观是新时期党利用优秀传统文化发展理论体系、推进马克思主义中国化伟大事业的重要思想前提。

中国共产党在对待本民族传统文化的态度上,历经曲折。党自成立以来,由于不同时期所处的时代背景不同、所要解决的时代课题不同、各时期的政治环境不同以及自身的主观条件不同,特别是对马克思主义科学真理理解掌握程度的不同,导致对待传统文化的态度并不一致。党对传统文化的态度大致可划为四个阶段:第一阶段,从党成立到 1938 年六届六中全会以前,基本态度是批判。第二阶段,从 1938 年六届六中全会到 1957 年"反右"运动以前,基本态度是批判继承。第三阶段,从 1957 年下半年到 1978 年十一届三中全会以前,基本态度是否定。第四阶段,改革开放至今,基本态度是继承弘扬。① 以上各阶段只是大略的划分,但可以看出,对传统文化的态度反映了党的思想路线的曲折发展。在党的历史上,凡是思想路线正确的时候,就能够树立起对待传统文化的正确或基本正确的态度;而思想路线一旦出现问题,就会造成传统文化观上的失误。传统文化观上的失误则直接导致党的理论发展和文化建设出现曲折。

改革开放以来,随着思想路线的正确回归和科学发展,党的传统文化观也不断走向理性和科学。以邓小平为代表的党中央坚持解放思想、实事求是,为弘扬传统文化提供了宽松的环境和制度上的保障。以江泽民为代表的党中央明确发出"弘扬民族优秀文化"的号召。以胡锦涛为总书记的党中央提出"弘扬中华传统文化,建设中华民族共有精神家园","在弘扬中华优秀传统文化的基础上创造出中华文化新的辉煌",建设优秀传统文化传承体系。以习近平同志为核心的党中央决定实施中华优秀传统文化传承发展工程,党对传统文化的地位和作用的认识不断提高,已经完全摆脱了主观主义、形而上学、两极思维等错误思想的束缚。党本着马克思主义的真精神——实事求是的精神,对传统文化的认识更加全面、深

① 参见金忠严:《马克思主义与中华传统文化融合论》,中共中央党校博士学位论文,2011 年,第 39～40 页。

人、科学和理性，弘扬、传承和发展中华优秀传统文化的决心达到了自党成立以来的至高点。这些都体现了新时期中国共产党人的高度文化自觉、文化自信和文化自强意识。

传统文化观不仅涉及对传统文化自身的认识，还涉及对传统文化与当代文化发展、传统文化与中国化马克思主义以及中华民族文化与世界文化等关系的认识。

其一，对传统文化自身的认识。我们经常说对传统文化要“取其精华，弃其糟粕”，批判继承。但我们有时更多地专注于批判传统文化的糟粕，而忘记了继承；有时本着继承优秀传统文化的愿望却不自觉地继承了糟粕；有时面对传统文化，却分不清哪些是精华，哪些是糟粕。因此，我们要继承和发扬的优秀传统文化到底在哪里？以什么为判断的准绳？优秀传统文化到底是什么？是故宫、长城以及那些价值连城的古董吗？确实，这些祖先遗留下来的物质财富具有不可估量的文物价值，是博大精深的传统精神文化的载体。但同样是长城，它既是古代劳动人民智慧的体现，也是统治者不顾民情压迫人民的象征；同样是故宫，它既以其无与伦比的恢宏大气令人叹为观止，也使人们透过其外表窥见封建统治者的奢华、专制和保守。因此，优秀传统文化不仅在于传统物质文化的价值，更重要也是最重要的则是数千年来蕴育凝结而成的中华文化的真精神。基于这个认识，本书认为，所谓“优秀传统文化”，是指传统文化中的真精神以及蕴含和体现这些真精神的一切物质层面的、制度层面的、观念层面的文化成果。那么，怎样判断是否传统文化的真精神呢？传统文化产生并发展于长达数千年的中国古代社会，历史的复杂性决定了传统文化成分的复杂性。传统文化中既有一目了然的精华，如自强不息、兼容并包、人文主义等精神，也有非常明显的糟粕，如专制、不平等、狭隘等思想和意识，更多的则是精华与糟粕纠缠在一起的矛盾统一体，如传统义利观、传统忠孝观、家庭观、道德观等。可能从这个角度看是精华，从另一角度看就是糟粕。所以，“取其精华，弃其糟粕”的方法，在错综复杂的传统文化面前，如果不能正确理解和运用，就会有很多内容无法作出正确的评价，无法继承弘扬，容易造成思想的混乱。因此，要判断传统文化精神的“真伪”，就需要我们用马克思主义的真精神（以实事求是为精髓），立足当代中国社会主义伟大实践，着眼于人的全面发展和中华民族的未来和前途，对传统文化进行分析和鉴别。凡是有利于提高人民的综合素质(特别是人文素质)、有利于提高人民道德水平、有利于促进社会文明和谐、有利于促进社会公平正义的传统文化因素都是优秀传统文化,对此,我们要大胆继承和弘扬。党的十八大以来,习近平总书记科学认识中华传统文化,高度评价中华文化在源远流长的历史长河中对于蕴育中华民族的宝贵精神品格、培育中国人民的崇高价值追求、支撑中华民族生生不息所做出的巨大贡献,旗帜鲜明地号召全国人民弘扬、传承和发展中华优秀传统文化。我们要以此为指引,深入挖掘中华优秀传统文化的价值内涵,进一步激发中华优秀传统文化的生机与活力。

其二,对传统文化与当代文化发展关系的认识,亦即传统文化与现代化的关系。这个问题内含着怎样认识传统文化在现代化建设中的地位和作用的问题。自"五四"以来,在文化建设方面总的来看是"破"多"立"少,从百年来的文化讨论来看,"一些相同的主题几乎过几年就被重新提起,老是在批判传统——重建传统——再批判传统——再重建传统里兜圈子。结果是,在如何继承优秀传统文化方面,我们已经没有多少时间可以再犹豫彷徨了"①。现在,我们必须清醒地认识到,优秀传统文化永远是我们建设新文化的文化基础,任何新文化的建设都不能离开传统文化的沃土,我们现在搞社会主义建设特别是社会主义文化建设,不是该担心传统的东西太多了,而是该担心优秀传统文化的比重太小了,现有的对优秀传统文化的挖掘和利用还远远不够。同时,传统文化不可能自己来适应现代化建设的需要,需要我们对其进行全面而科学的认识,在批判继承的基础上进行创新和弘扬。习近平总书记指出,"中华优秀传统文化是中华民族的精神命脉,是涵养社会主义核心价值观的重要源泉","中华优秀传统文化中很多思想理念和道德规范,不论过去还是现在,都有其永不褪色的价值",要结合新的时代条件传承和弘扬中华优秀传统文化。② 中华优秀传统文化是"当代中国发展的突出优势"已成为全党共识。

---

① 郭建宁:《传承优秀传统文化 发展中国先进文化》,载 2011 年 11 月 4 日《人民日报》。

② 中共中央文献研究室编:《习近平总书记重要讲话文章选编》,中央文献出版社、党建读物出版社 2016 年版,第 200、201 页。

其三，对传统文化与中国化马克思主义、中华民族文化关系的认识。对于这个问题，理论界和学术界直到21世纪初的头些年还在讨论传统文化与中国化马克思主义是否具有密切的联系。改革开放以来的新时期，中国化马克思主义结出了新硕果，即中国特色社会主义理论体系。对于这个问题，可以说现在已经不用再讨论了，因为中国化马克思主义特别是中国特色社会主义理论体系以其理论创新和实践已经证明了其与传统文化的关系，那就是：一方面，“中华优秀传统文化是发展当代中国马克思主义的丰厚滋养”，“传承发展中华优秀传统文化是建设中国特色社会主义事业的实践之需”；另一方面，中国共产党“自觉肩负起传承发展中华优秀传统文化的历史责任，是中华优秀传统文化的忠实继承者、弘扬者和建设者”。[①] 传统文化中的许多思想精华，被融合在中国化马克思主义特别是中国特色社会主义理论体系当中，后者实现了对传统文化扬弃基础上的创造性转化和创新性发展。这就使得后者成为以前者为基础、继承弘扬前者而又超越了前者的先进文化，成为引领中华文化未来发展方向的代表。

其四，对民族文化与世界文化关系的认识。在中华民族文化内部，由于汉族文化长期以来与少数民族文化处于共生的环境中，因此，中华民族形成了以汉民族文化为主体、各民族文化融合发展的传统，这也造就了中华民族文化海纳百川、兼容并包的胸怀和气质。同时，由于汉民族历来是中华民族的主体，即便是在少数民族领袖统治中国的历史时期，由于汉文化的强势地位和当时政治统治的需要，汉族文化仍然处于主流地位，因此，也不同程度上造成了少数民族文化衰微的客观状况。新中国成立后，中国共产党在各民族地位平等、共同发展的思想指导下，大力提倡尊重少数民族文化的平等地位、发展少数民族文化，使少数民族文化成为多元共存、共同发展的中华民族文化不可缺少的有机组成部分。但由于历史的原因和现实的种种问题，少数民族文化在传承过程中存在许多困难，因此我们必须从文化科学发展的高度，充分认识少数民族文化对于中华民族

① 《中共中央办公厅、国务院办公厅印发〈关于实施中华优秀传统文化传承发展工程的意见〉》，中华人民共和国中央人民政府网，http://www.gov.cn/zhengce/2017-01/25/content_5163472.htm，2017年1月25日。

文化发展的重要性,加大少数民族文化保护力度,加强少数民族文化与主流文化的交流融通,以相互吸收有益因素,使丰富多彩的多民族文化促进中华民族文化的创新和发展。

中华民族文化历来就有在与世界其他国家和民族文化的交流中吸收外来文化的有益成分来发展自身的传统。在文化全球化的今天,更需要以开放包容的态度,融入世界文化大家庭中。中国共产党的一贯态度是承认世界各民族的平等地位,尊重各民族的传统文化,尊重文明多样性,加强对话和沟通,共同构建国际文明新秩序,促进世界文化的繁荣。近年来,随着中国经济的发展和综合国力的提升,中国文化在世界上的影响力越来越大,但长期以来处于话语权之外和边缘的状况需要较长一段时间来根本扭转,因此,我们要在多元共存、交流互鉴、共同发展的文化观的指导下,进一步完善以民族文化为主体、吸收外来有益文化、推动中华文化走向世界的文化开放格局,在增强中华文化影响力的基础上推动世界文化的繁荣和发展,为人类命运共同体的构建贡献更多中国智慧。

(二)立足点:中国特色社会主义伟大实践

"时代是思想之母,实践是理论之源。"①新时代社会主义文化的创新、中国特色社会主义理论体系的发展都离不开优秀传统文化的滋养,然而时代在发展,实践也日新月异,实现中华优秀传统文化的创造性转化和创新性发展必须以新时代中国特色社会主义的伟大实践为立足点。一方面,中华优秀传统文化自古以来就是一个不断与时俱进的文化体系,其发展是一个不断淘汰糟粕、保留精华并不断注入新鲜血液的过程。弘扬优秀传统文化的目的不是复古泥古,而是古为今用,服务于当代文化建设和社会发展。另一方面,任何文化的传承与发展都必然受到时代条件的制约,只有继承没有创新和发展的文化是死的文化,任何时代的新文化只能是立足于当代社会实践、继往开来的文化。对中华传统文化来说,就是必须立足于中国特色社会主义实践,实现自身的现代化,以满足当代社会实践的需要。

改革开放以来,中国特色社会主义实践全面展开,全面推进经济建

① 中共中央文献研究室编:《中国共产党第十九次全国代表大会文件汇编》,人民出版社 2017 年版,第 21 页。

设、政治建设、文化建设、社会建设、生态文明建设的五位一体总体布局逐步形成，多管齐下，协调推进。当代社会，在物质文明高度发展的同时，有精神和崇高失落、道德滑坡之忧；在提倡科学精神、推动社会发展的同时，有科学主义盛行、人文精神退步之忧；在解放个性促进自由的同时，有社会责任感缺失之忧；在推进民主的同时，有滥用民主之忧；在为人民生活提供各种便利的同时，有资源短缺、环境污染等不可持续发展之忧；在全球化背景下促进物质文化交流的同时，有经济和文化安全之忧、不同文化之间的冲突之忧，等等。而中华传统文化中那些在处理人与自身、人与人、人与国家、人与社会、人与自然、国与国、本土文化与外来文化关系等方面的数千年经验和优良传统，无疑可以为当代社会提供有益的借鉴。2014年10月13日，习近平总书记在中共中央政治局第18次集体学习时就特别强调，对绵延5000多年的中华文明，我们应该多一份尊重，多一份思考。对古代的成功经验，我们要本着择其善者而从之、其不善者而去之的科学态度，牢记历史经验，牢记历史教训，牢记历史警示，为推进国家治理体系和治理能力现代化提供有益借鉴。只有在实践中满足中国特色社会主义建设的需要，中华优秀传统文化才能焕发生机与活力。

（三）保障：提供可持续发展的经济基础和良好的政治环境

文化发展既是经济发展和政治发展的需要（前者为后两者提供精神动力、智力支持、文化环境等），又受经济因素和政治因素的制约。

经济基础决定上层建筑。没有一定的经济实力作后盾，文化的发展就失去了经济基础的保障。我国古代就有“仓廪实则知礼节，衣食足则知荣辱”[①]的见解，今天的客观现实更让我们充分认识到一国或一地区经济实力的重要性。邓小平提出的著名的“发展是硬道理”，就是主要针对“文化大革命”后我国经济基础极其薄弱的问题提出来的。在这一思想指导下，我国在经济领域率先进行改革，经过40年的努力，取得了世界瞩目的成就。继在经济总量上成为世界第二大经济体之后，我国经济已由高速增长阶段转向高质量发展阶段，实现了经济从“有没有”到“好不好”的转向。然而，这并非意味着我国的经济发展已经非常理想。习近平总书记

① 《管子·牧民》。

在党的十九大报告中就明确提出目前我们在发展不平衡、不充分方面存在着的主要问题和矛盾，其中就包括经济发展不平衡、不充分的问题。其一，我国仍然是世界上最穷的大经济体，人均GDP虽有大幅上升，但与经济发达国家相比还有很大差距；其二，我国经济发展很不平衡，不仅存在区域发展的不平衡，国民收入分配不均问题仍然很严重。2016年，我国衡量贫富差距的基尼系数达0.465，虽然较前几年总体上呈下降趋势，但仍然超过了0.4的国际公认警戒线。其三，我国经济发展还不充分，主要在于发展的质量和效益还不高，创新能力还不够强，实体经济水平还有待提升，生态环境建设还任重道远等，如我国经济快速发展过程中存在的能源短缺、资源浪费、环境污染、交通问题等仍然是关系国计民生的重要问题。

这说明，仅有经济总量提高的发展是不够的，发展必须是高质量、可持续的发展，是有利于社会全面进步、促进社会公平公正、让全体人民共享发展成果的可持续的发展。我国的经济发展必须深入贯彻落实科学发展观和创新、协调、绿色、开放、共享的发展理念，加快推进高质量、可持续发展和促进社会公平正义的发展，这样才能为文化发展提供良好的经济基础。

政治环境制约和影响文化的创造和发展。中外文化发展的历史均表现出一个共同的规律，即良好的政治环境是文化发展的政治保障和重要条件。

从世界文化发展的情况来看，政治民主和自由是促进文化发展和繁荣的重要条件。以古希腊文化的高度繁荣为例。古希腊时期，奴隶制经济的繁荣达到了较高的程度，这为古希腊文化的繁荣奠定了物质基础，也反映了经济基础决定上层建筑的规律。古希腊得天独厚的地理位置使其文化处在较为开放的环境之中，这也造就了古希腊人民在处理本民族文化与外来文化关系上的正确态度，而这一点对于文化的发展是至关重要的。古希腊的民主政治堪称古代文明的奇迹，其民主政治的高度发展无疑为文化的开放自由提供了优越的政治环境，从而保障和促进了古希腊思想文化的繁荣和发展，这一点与我国先秦时期的百家争鸣时代得益于政治上的宽松有着异曲同工之妙。

从中华传统文化发展的情况来看，凡是政治宽松、思想自由的时期，文化和学术即发展和繁荣；凡是政治专制、思想僵化的时期，文化学术不是陷于停滞就是走向衰落，甚至遭受惨重的损失。

从新中国成立后文化发展的历程来看,我国也呈现出同样的规律:新中国成立之初的七八年间,在党的“百花齐放,推陈出新”文化方针指引下,文化和学术在较好的政治环境中适应新型的政治制度和社会生产力发展的需要,呈现出作品日新月异、人才健康成长的良好态势。但是,由于左的思想干扰和破坏,终于导致“文化大革命”的发生,文化战线首当其冲,许多社会科学工作者、文学艺术工作者成为被打倒和迫害的对象,政治风云给文化事业造成了深重的灾难。十一届三中全会以来,基本上肃清了左的流毒,文化事业朝着健康的方向发展。改革开放 40 年来,文化不断健康发展,呈现出大发展大繁荣的态势,但也一定程度上存在政治和学术关系处理不够理想等问题。因此,深入思考政治环境对文化发展的重要意义特别是正确处理政治与学术关系的重要性,对于文化的发展和繁荣具有重要意义。学术一方面需要为政治服务,通过为政治服务实现自身服务于经济基础、服务于社会的目的和价值,但学术又具有自身发展的规律,具有自身的独立性,一旦这种独立性和内在于独立性中的自主性受到干扰和破坏,学术研究就会偏离健康的轨道,因此,政治与学术之间必须保持必要的适当的张力。从学术方面来说,学术研究要自觉服务于社会需要,为政治决策提供前瞻性指导或参考。同时,理论工作者要有学术自由和学术独立的自觉性和主体意识,在遵守宪法和法律的前提下保持学术研究的独立性和自主性。从政治方面来说,既要为学术研究提供宽松的政治环境,又要为学术研究提供政策的支持和引导,并不断完善相应的制度建设,对学术研究中出现的无序和不规范现象进行制度化约束。总之,既宽松自由又有必要规范的政治环境,是培养文化人才、鼓励学术和文化创新的根本保证。

(四)核心:进行文化创新

建设社会主义文化强国、铸就中华文化新辉煌、实现中华民族伟大复兴中国梦已经成为中国人民共同的奋斗目标。如何达到这一目标?核心是文化创新。创新是一个民族进步的灵魂,是一个国家兴旺发达的不竭动力,也是一种文化生生不息的源头活水。中华优秀传统文化只有适应时代需要、结合时代要求进行创新,才能在新时代的民族文化建设中发挥应有的作用。只有保持不断创新,才能开辟优秀传统文化古为今用的新

境界，才能确保在弘扬中华优秀传统文化的基础上铸就中华文化新辉煌。

实现对中华优秀传统文化的传承和创新仅靠理念和口号是不够的，还要寻找具体的途径和做法，以达到理论与实践的有机结合。

其一，对中华传统文化进行科学性分析和创造性解读。这是推动中华优秀传统文化创造性转化、创新性发展的前提。中华传统文化历经数千年演化和变迁，形成了一个博大精深的文化体系。这个文化体系"精华与糟粕共存"，但哪些是精华，哪些是糟粕，在何种意义上是精华或者糟粕？历来是仁者见仁，智者见智。科学性分析，即尊重历史、按照历史唯物主义和辩证唯物主义的要求，对传统文化文本进行客观历史的分析和评价，理清传统文化的精华与糟粕，深入挖掘中华传统文化精华中蕴含的超越时空的永恒性价值和理念等。创造性解读，则是在科学性分析的基础上，结合时代要求，激活蕴含在传统文化中的永恒性价值和理念如思想观念、人文精神、道德规范等，并融入民主精神、科学精神、市场精神、法治精神、竞争精神、公平精神等新理念，进行时代创新。科学性分析和创造性解读需辩证结合，相互为用。只有这样，才能推动中华优秀传统文化的创造性转化和创新性发展，使中华文化成为一个底蕴深厚又不断与时俱进的开放系统，展现出永久魅力和时代风采。

其二，发挥中华传统文化特长，培育和践行社会主义核心价值观。世界各民族文化的发展因其不同的地理环境、历史背景、不同偏好等而形态各异，各有所长。按照何中华先生的观点，中华传统文化把有无德性作为人同动物的最本质的区别，而西方人把理性作为人之为人的本质。因此，中华传统文化认为人的本性就是道德，因为只有它才能凸显人之所以为人的内在理由。当人们按照道德原则行事时，就是拯救，就是把自己塑造成一个大写的人、一个真正意义上的人，他足以感天地，泣鬼神。如何"做人"的问题，是中华传统文化关注的首要问题。中国人因此历史地生成了一种悠久的伦理本位主义的文化传统，强调道德的优先性。这种文化偏好使中华民族走上一条道德之路，养成了温柔敦厚的人格品性。与崇尚理性而形成科学理性主义文化传统、相信"知识就是力量"的西方文化不同，中国人坚信"德性就是力量"。事实上，一个民族也像一个人一样，不能没有科学理性，也不能没有德性良知。今天，"随着不同民族文化的深度交流和交融，这类仅仅固守于单个方面的偏颇，倒获得了矫正和补充的

机会。关键在于，在借鉴和弥补的同时，我们千万要警惕不能把自己原有的优势在不经意间轻易地葬送掉”[①]。何先生的担忧不无根据。在对传统文化批判继承的过程中，我们当然应该批判传统道德观念中的不利于现代社会发展的内容，但不能因此全面否定以尚德为核心的人文传统。其实，尚德传统恰恰是中华传统文化的特质之一，是中华传统文化的最大特长。

任何时代都必须有与时代发展相适应的社会价值观，而在继军事实力、经济实力等硬实力竞争之后，在当今时代，软实力竞争成为世界各国综合国力竞争的焦点，而“软实力竞争的核心是文化软实力的竞争，本质是价值观的较量”[②]。社会主义核心价值体系就是蕴含着社会主义核心价值观，由马克思主义指导思想、中国特色社会主义共同理想、以爱国主义为核心的民族精神和以改革创新为核心的时代精神等构成的价值体系。它在当代中国整体社会价值体系中居于核心地位，是兴国之魂，是社会主义先进文化的精髓，决定着中国特色社会主义的发展方向。建设中国特色社会主义就必须“坚持用社会主义核心价值体系引领社会思潮，在全党全社会形成统一指导思想、共同理想信念、强大精神力量、基本道德规范”[③]。党的十八大提出的二十四字社会主义核心价值观，则是对社会主义核心价值体系核心内容和精神实质的高度凝练及抽象概括。习近平总书记在党的十九大报告中强调，要坚持社会主义核心价值体系，必须坚持马克思主义，牢固树立共产主义远大理想和中国特色社会主义共同理想，培育和践行社会主义核心价值观，更好构筑中国精神、中国价值、中国力量，为人民提供精神指引。

具有悠久而深厚的尚德传统的中华传统文化，经过推陈出新，完全可以而且能够发挥自身优势，积极参与铸造社会主义核心价值体系，培育和践行社会主义核心价值观。在传统文化中，“德”的内涵非常丰富，它不仅指道德规范，凡是有利于协调人生在世需要处理的各种关系的正价值都

---

① 何中华：《人与动物的差别在德性还是理性》，载 2011 年 5 月 31 日《齐鲁晚报》。

② 沈壮海：《软实力的价值之轴》，载《高校理论战线》2010 年第 8 期。

③ 《中共中央关于深化文化体制改革推动社会主义文化大发展大繁荣若干重大问题的决定》，载 2011 年 10 月 26 日《人民日报》。

在“德”的范畴。如正心、诚意、修身、齐家、治国、平天下的抱负，博学善问而谦让、忠、孝、仁、义、温良、恭敬、诚信等品行，都是“德”的表现。孔子曾提出“道之以政，齐之以刑，民免而无耻；道之以德，齐之以礼，有耻且格”①的治国思想，这不正是对文化“软实力”的理性认知吗？

中华传统文化尚德的传统在今天对于提高个体道德意识、提高个体内在修养和人文素质，从而提高社会责任感、加强对中国特色社会主义共同理想的认同、弘扬中华民族精神、践行社会主义核心价值观具有很好的借鉴意义。我们有必要深入挖掘蕴含在中华优秀传统文化中包括尚德传统在内的思想观念、人文精神和道德规范，结合时代要求进行创新，使其积极参与培育和践行社会主义核心价值观，千万不能只注重学习和借鉴他国文化，而丢掉自己弥足珍贵的优势传统。

其三，运用一切可行的手段和方法实现中华优秀传统文化的创造性转化和创新性发展。如结合传统工艺与现代科技手段，做好文化典籍的整理和保护工作；利用网络等新媒体和新渠道以及各种新形式推动优秀传统文化的传播；创造既保留文化产品鲜明的民族特色，又具有感染力与亲和力的文化形象，让优秀传统文化走近人民群众，走向世界；通过宣传、推介、制度化建设等各种途径推动经过创造性转化和创新性发展了的中华优秀传统人文精神、思想理念以及传统美德等道德规范实践化为人们的日常生活规范；发挥社区、村落等基层单位作用，广泛开展丰富多样、健康有益的民间民俗文化活动，使中华文化走入千家万户，保持中华民族共有的精神记忆和文化传统；加强传统文化教育，把中华优秀传统文化融入国民教育的全领域和全过程。

（五）关键：加强党的建设

以中华优秀传统文化为文化基础坚持和发展中国特色社会主义理论体系，关键在于加强党的建设，这至少包括两层含义：

其一，中国共产党的特殊地位决定了加强党的建设是以中华优秀传统文化为基础坚持和发展中国特色社会主义理论体系的关键。中国的国情决定了中国共产党的特殊地位和作用。一是中国共产党的丰功伟绩使

---

① 《论语·为政》。

其获得了执政合法性；二是中国特殊的历史文化背景决定了中国的政治制度既不是政权世袭制，也不是两党制或多党制，因此由中国共产党领导下的多党合作和政治协商的政治制度就成为中国政治制度的一大特色。一方面，党执政并长期执政是当代中国的最佳选择；另一方面，这也决定了党肩上的责任极其重大，党的自身建设对于中国的稳定和发展、中华民族的前途和命运至关重要。胡锦涛在庆祝中国共产党成立 90 周年大会上的讲话中指出，中国共产党成立 90 年以来中国发展进步的历程，以无可辩驳的事实证明，是“历史和人民选择了中国共产党”，“办好中国的事情，关键在党”①。习近平在庆祝中国共产党成立 95 周年大会上的讲话中进一步强调，办好中国的事情，关键在党。中国特色社会主义最本质的特征是中国共产党领导，中国特色社会主义制度的最大优势是中国共产党领导。坚持和完善党的领导，是党和国家的根本所在、命脉所在，是全国各族人民的利益所在、幸福所在。因此，能否充分利用、科学运用优秀传统文化以丰富和发展中国特色社会主义理论体系，既事关党自身的前途和命运，又事关中华民族的前途和命运，因此，关键也在党。从建党到党成为执政党以来，党是否能够坚持正确的传统文化观，是否能够贯彻正确的传统文化观，都深刻影响甚至在某些特殊历史时期直接决定了传统文化的命运，对中华民族文化发展的历史进程产生了深刻的影响。因此，作为中华民族的中坚，作为以实现国家富强、民族复兴为己任的执政党，必须清醒认识自身在传承和发展中华优秀传统文化中的特殊地位和作用，以高度的文化自觉意识，全面科学地认识传统文化对于党和国家、民族发展的重要意义，以对民族、对历史、对后人高度负责的精神，把传承和发展中华优秀传统文化作为义不容辞的责任，更好地运用优秀传统文化滋养和构筑中国精神、中国价值和中国力量，做好中华优秀传统文化的忠实继承者、弘扬者和建设者，引领全国各族人民为实现中华民族伟大复兴不断前进。

其二，能否充分利用优秀传统文化加强党的建设是以优秀传统文化为基础坚持和发展中国特色社会主义理论体系的关键。胡锦涛在庆祝中国共产党成立 90 周年大会上的讲话中，以强烈的忧患意识指出了党在新

---

① 《胡锦涛文选》第 3 卷，人民出版社 2016 年版，第 524、527 页。

时期面临的四大考验和四大危险。习近平在庆祝中国共产党成立95周年大会上的讲话中进一步指出:“治国必先治党,治党务必从严。”“全党要以自我革命的政治勇气,着力解决党自身存在的突出问题,不断增强党自我净化、自我完善、自我革新、自我提高能力,经受‘四大考验’、克服‘四种危险’,确保党始终成为中国特色社会主义事业的坚强领导核心。”①中华优秀传统文化中宝贵的精神财富可以为党的建设提供资源、启迪、激励和鞭策等作用。党的十八大以来,学习型政党建设如火如荼,运用中华优秀传统文化加强党的建设的工作扎实推进。习近平特别重视中华优秀传统文化对于当代中国政党治理的重要作用,特别善于积极借鉴我国历史上的优秀修身、担当、廉政、任能选贤等文化,将古代政治智慧创造性地运用于当代从严管党治党的实践中,以深入推进党的建设新的伟大工程。同时,我们也应看到,与学习马克思主义经典著作的推广和要求相比,学习中华优秀传统文化以加强党员干部道德修养、提高执政能力和水平等工作还远远不够,这是今后党的建设需要进一步加强的重要方面。

当然,我们也要清醒地看到,传统文化中有许多不利于党的建设的因素,如专制主义、官僚主义、官本位意识、宗法观念以及升官发财的为官观念、明哲保身的做官之道、男尊女卑的陈旧观念、委曲求全的处世哲学、相信风水的迷信思想等腐朽思想,是我们需要摒弃的内容。有些思想如“礼尚往来”容易演变为借机贿赂以导致腐败滋生,也是值得我们注意的。要通过制度化建设和思想政治教育相结合的方式坚决剔除、防止传统文化中不利因素对党的建设的影响,使传统文化中真正的优秀思想内容融入党的建设中。

总之,新时代中国共产党人一定要承担起传承和发展中华优秀传统文化的历史责任,深入挖掘和运用优秀传统文化资源,从中汲取滋养,推陈出新,以加强党的建设,做好人民群众的表率,带领人民群众做好传承和发展中华优秀传统文化的工作,真正做到既是中国先进文化的积极引领者和践行者,又是中华优秀传统文化的忠实传承者和弘扬者。

---

① 习近平:《在庆祝中国共产党成立95周年大会上的讲话》,载2016年7月2日《人民日报》。

(六)根本:提升全民文化素质

科学运用优秀传统文化建设社会主义文化强国、坚持和发展中国特色社会主义理论体系是一项系统的工程。它需要有良好的经济基础、政治环境、创新机制,需要中国共产党以高度的文化自觉勇担重任并率先垂范,等等。这一切都离不开一个根本条件:拥有高素质的主体,也就是高素质的国民。有人认为,中国文化在全球化浪潮中面临的最大挑战就是国民性的改造问题,即国民素质问题,21 世纪中国能否建设成为社会主义文化强国将主要由中国人的文化素质来决定。因此,能否很好地担负起传承发展中华优秀传统文化的任务,在某种意义上取决于国民的文化素质。国民文化素质是一国文化软实力的重要体现,是一国综合国力的基本指标,这在全球化浪潮中的当今世界已经成为人们的共识。党中央提出建设社会主义文化强国、培育和践行社会主义核心价值观、建设优秀传统文化传承体系、实施中华优秀文化传承发展工程等,都是对这些问题的积极回应和战略指导。改革开放特别是党的十八大以来,文化建设取得了长足的进展,国民文化素质有了较大幅度的提高,但也应当看到,国民文化素质总体水平相对于经济社会发展要求还存在一定差距。各界为寻找提高国民素质的突破口进行了有益探讨。其中,党的十八大报告中第一次提出“开展全民阅读活动”。朱永新等学人呼吁以倡导阅读为切入口,将全民阅读上升为国家战略。[①] 首先,从宏观上看,以阅读为突破口以提升国民素质对社会发展具有不可替代的重要作用。就个人的精神发育过程而言,阅读并在此基础上进行思考是达到或超越人类历史精神高峰的唯一途径。唯此,人类才能不断地站在前人的肩膀上开拓新的精神境界,这也是个体在文化传承中发挥作用的过程。人类整体是由无数代的无数个体构成的,个体的精神发育历程体现了人类精神发育的历程,因此,阅读不仅是个体的行为,无数个体的阅读构成了一个国家、一个民族的共同阅读。共同阅读能力的高低直接影响到国家和民族的未来。通过共同阅读,可以不断分享共同的精神财富,强化文化认同,凝聚民心,振奋民族精神,净化社会风气,增强文化自觉和文化自信,提升国民素质。其

① 参见朱永新:《全民阅读应成为国家战略》,载 2013 年 4 月 27 日《光明日报》。

次，具体到传承发展优秀传统文化、实现文化创新的层面，阅读也具有根本性的意义。人们只有在阅读的基础上，才能够熟谙传统文化，鉴别传统文化，认同中华优秀传统文化，从而培养起传承和发展优秀传统文化的观念和责任感。同时，广泛阅读基础上的人文素质、科技素质的提高，无疑也有利于对传统文化的科学认知和在传承优秀传统文化基础上的文化创新的实现。

在各方面的共同努力下，2017 年 6 月，国务院法制办办务会议审议并原则通过了《全民阅读促进条例（草案）》。2017 年 11 月 4 日，第十二届全国人民代表大会常务委员会通过了《中华人民共和国公共图书馆法》。这一切为促进全民阅读、提高全民文化素质具有极其重要的意义。当然，我们也应该看到，当前，我国在全民阅读方面仍存在诸多制约因素，其中有三点尤为突出。

其一，阅读理念陈旧问题仍未彻底解决。过去我们把读书看成是在校学生的事情、从事专门研究的人员的事情，社会其他成员阅读是可有可无的事情。即使是在校学生，也只是被要求阅读与提高学习成绩有直接关系的书籍，而从事专门研究的人员，由于工作需要和时间限制，也大都只是阅读本专业书籍。因此，广泛阅读，特别是阅读有利于提升人文素质和精神境界的书籍，包括中国优秀文化经典、世界文明优秀成果等就显得非常不足。于是出现这样的情况：尽管学生因为学习（包括读书）而高度近视，甚至因此讨厌读书；尽管专业人士在专门领域的阅读能力大有提高，但通过阅读而提高人文素质、提升精神境界的效果却不明显。而我们更多的民众是自从走出校门，就似乎与书本无缘了，由于不能够从阅读中获得新的思想和滋养，不但在自身文化素质提升方面无所建树，更可怕的是跟不上时代的步伐，与年轻一代之间的鸿沟越来越深，甚至陷入各种事务中，无暇顾及心灵的涵养。成年人在阅读方面的误区还会导致对未成年人阅读的误导甚至横加干涉。许多成年人特别是学生家长，认识不到阅读的重要性，眼里只有学生的考试成绩，逼迫学生死记硬背课本，造成学生对书本的逆反心理甚至憎恶感，从而阻碍了学生走上阅读之路。有学生考上大学后把课本撕碎从楼上抛下来的事例实在值得我们深思！

其二，阅读条件远远不够。以公共图书馆建设为例，一是数量有待提高，二是资源分布不平衡，三是中小学学校图书馆建设严重不足。据统

计，2010 年底，全国共有公共图书馆 2884 个[①]，至 2016 年底，全国公共图书馆增加到 3153 个。这些图书馆与文化馆艺术馆等一起基本实现了公共文化服务体系全覆盖，但人均文化资源特别是阅读资源还远远不够。按照国际图联发布的标准，每 5 万人应拥有 1 座图书馆，图书馆的辐射半径通常为 4 公里。[②] 而在我国，平均约每 3000 平方公里、约每 42 万人口才拥有 1 座公共图书馆，一些城市社区和农村还无法获得图书馆服务。除去我国人口多、地域辽阔等特殊国情的因素，我国人均占有图书馆数量还是少得太多。即便是习惯上被看作是阅读“主体”的学生们所在的学校，阅读资源也普遍存在不足的问题，以中小学情况最为令人担忧。大学一般拥有独立的图书馆，虽然许多图书馆存在馆藏量不足、更新较慢等方面的欠缺。而许多中小学没有独立的图书馆，即便是在大城市，许多中小学也只是有个面积不大的图书室，并且一般不对学生开放，学生能够得到多少课外阅读资源，很大程度上要看家长有无培养孩子阅读习惯的意识以及经济上是否能承受给孩子买课外书的压力。这就造成了大量的中小学生没有养成阅读的习惯，也就难以从中受益了。而据国内外教育专家的研究和实验证明，有阅读习惯的孩子在学习上会较无阅读习惯的孩子更为轻松，而且随着年级的升高，这种优势越加明显。有阅读习惯的学生思维更活跃，思路更开阔，性格更为宽容活泼，遇事较为冷静，社会责任感更强。而阅读条件的欠缺，无疑不能更好更早地培养起学生的阅读习惯和兴趣，这对于学生的可持续学习和发展是非常不利的，当然也不利于整个社会的可持续发展。犹太民族被公认为世界上最具有创新力的民族。据称，每 4500 个犹太人就拥有一个图书馆，犹太人不管在世界何地，都随时随地保持阅读的习惯。

其三，阅读合力机制亟待加强。家庭是阅读的摇篮，是培养一个人阅读习惯的第一场所；学校是阅读的主要场所；政府是全民阅读的倡导者、引导者和推动者；社会是全民阅读的支持者。当前，我国正在形成以上四者联动的关于全民阅读的合力机制，但也亟待加强。首先，大量家庭没有

---

① 参见人民日报编辑：《2020 年文化改革六大目标》，载 2011 年 11 月 2 日《人民日报》。

② 参见杨雪梅：《把国家图书馆搬回家》，载 2011 年 2 月 14 日《人民日报》。

起到应有的作用。在家庭中,有成人和孩童。当前,有一些成人能够保有阅读的习惯,更多的则是家庭中的成人由于各种原因而没有阅读的习惯。而成人是否有阅读习惯,对阅读是否重视,直接影响到孩童阅读习惯的培养。我国目前大量存在这样的现象:成人往往认为阅读是学生的事情,由学校来负责,成人自身或者不重视阅读,或者受各种条件所限,不能做孩童阅读的榜样和陪伴者。这是培养孩童阅读习惯的致命伤。其次,学校在阅读机制中的作用大打折扣。如果一个孩童没有在家庭中培养起阅读习惯,等到上了学校才开始阅读启蒙,同时又不能获得家庭支持,一般来说就比较晚了。这就是为什么在同一个班里学习,有的孩子一开始就在学业成绩上以及性格修养方面落后于他人,与没有阅读习惯有直接的关系。学校教育中普遍存在的应试模式,在发挥其正向作用的同时也有一些弊端,如果不能科学处理应试与阅读的关系,过分强调"刷题",必然会打击学生阅读兴趣,挤占阅读时间。第三,政府主要通过政策倡导、引导来推动全民阅读。应该说,近年来已经取得了长足进展,但也还有大量的工作需要做。如倡导和引导对阅读机制、阅读规律的研究和普及工作就亟需加强,各种倡导和推动全民阅读的政策也需要进一步深化细化和实化。第四,社会在支持全民阅读方面的责任感亟待加强。社会成员在是否充分认识阅读对于文化传承、社会发展、民族前途的重要性方面与全民阅读的要求之间还存在较大差距,在促进和支持阅读的责任感方面也就远远不够。

为此,针对社会上普遍存在的对阅读重视不够、民众尚未养成阅读习惯的现状,应将阅读上升到国家战略的高度来认识,提倡全民阅读,并为此创造必要的条件。

第一,转变阅读观念。阅读是全民的事情,不再仅仅是学生和学者的事情。全面素质的提高需以阅读为基础,甚至在某种意义上可以说是以阅读为根本。在学校教育中,要把培养阅读习惯和阅读能力作为教育特别是中小学教育的重要任务来抓,在语文教学中改变死抠课本的狭隘阅读和死记硬背的学习方式,减少甚至取消咬文嚼字的讲解,让位于整体性阅读。从小培养阅读习惯和阅读兴趣,改革教育方式,对于所有学科,特别是大学教育中的各学科,要改革传统的填鸭式、灌输式教学,让学生通过自主阅读和思考达到理解、掌握并创新的目的。

第二,要加快中小学图书馆和社区图书馆建设。如果社区图书馆建设可以满足中小学生图书需要,也可将中小学图书馆和社区图书馆建设合二为一。之所以把中小学图书馆建设放在重中之重的位置,是因为:一是中小学图书资源匮乏,二是中小学时期是一个人养成阅读习惯的关键期。社区图书馆建设在我国的一些大城市刚刚起步,还远不能满足民众需要。社区图书馆既可服务社区居民,同时可以为学生等群体提供图书借阅等相关服务。以美国的图书馆建设为例,“在美国,图书馆是人们生活里必不可少的公共设施:既有规模宏大藏书无数的大图书馆,也有每个大学里的学术型图书馆。但是最普遍的,还是星罗棋布在每个大小城市小镇间的小型图书馆。在每个镇里,这些小巧而方便的图书馆,不仅担负着居民借书还书的功能,更多已经成为孩子、父母和老人的社交场合和文化娱乐场合。特别是对孩子来说,图书馆更为重要”①。这些图书馆对本镇居民免费开放,且能免费上网。学校的课外作业要求阅读大量读物,学生们可在这些图书馆解决问题。孩子们在图书馆里长大,不仅培养了阅读习惯,也培养了自主学习的习惯和能力,还能够得到社交方面的锻炼。养成了良好阅读习惯和去图书馆习惯的儿童,由于生活充实、精神需求得到满足,就不会沉迷于网络游戏等,而后者令家长和社会无比头痛,已经成为影响我国青少年健康成长的重大问题。因此,这种小而多、位置方便、限制又少的图书馆对于居民和学生都非常有益。我国的图书馆建设无疑可以从中得到启迪。另外,社区小型图书馆建设也可考虑社会资金支持和社会图书捐赠等方式。民众一旦养成了去图书馆的习惯,也就养成了阅读的习惯,这一切对于提高国民素质是大有裨益的:有阅读才能有积累、有视野,有积累才能有底蕴,有视野才能有比较、有开放的眼光,有底蕴有眼光才能有思考,有思考才能有真正意义上的自由,有自由才能有创造力,有创造力才能有活力。

第三,加快形成和推进全民阅读合力机制。阅读习惯的形成和坚持最基本的单位是家庭。因此,全社会要助力和推动家庭起到应有的作用,从娃娃抓起,培养阅读习惯。成人要自觉培养阅读习惯,哪怕是为了孩子,也要培养其自身的阅读习惯,至少家里要有些存书,营造阅读的家庭

---

① 张兰:《美国图书馆:孩子们在这里长大》,载2010年11月10日《人民日报》。

环境。成人有阅读习惯,自然会给孩子以榜样的示范,对孩子加强陪伴,特别是进行亲子共读,让孩子感受到阅读的乐趣,养成阅读的习惯。学校特别是中小学要高度重视阅读对学生学业发展和终生发展的重要性,高度重视阅读对民族前途命运的重要性,科学处理应试与阅读的关系,利用学校的有力资源和教师的影响作用,培养和保护学生的阅读兴趣,通过设置专门的阅读课等方式保证学生的在校阅读时间。政府要进一步做好倡导、引导和推动工作。如倡导和引导学校、科研机构对阅读机制、阅读规律、阅读方法的研究和推广,责成学校和社区开设家长学校,对家长进行培训等。全社会要形成全民阅读、人人有责的观念,充分认识阅读对于个体生命、文化传承、社会发展、民族前途的重要性,配合学校、家庭、政府形成促进和支持全民阅读的合力。

阅读是培养综合素质特别是文化素质的重要基础和根本途径,培养阅读能力是培养传承和发展优秀传统文化人力资源的重要工作。提倡全民阅读是关系中华民族素质和民族兴旺发达的大事,但阅读不能代替一切,尤其是文化创新专门人才的培养还要靠专门的规划。同时,阅读条件也不仅限于实体图书馆,数字化图书馆也正在悄然兴起,但实体图书馆在许多方面具有数字化图书馆不可替代的优势。我们相信,随着科技的发展,实体图书馆可以不断实现与数字化图书馆的结合。目前,中国国情需要加快实体图书馆特别是小而方便的社区图书馆的建设,这些图书馆将在不断发展中日益发挥重要作用。

传承发展中华优秀传统文化是全体中华儿女的共同责任。以全民阅读为切入口,全面加快提升全民文化素质,是培养全民以传承发展中华优秀传统文化为己任、形成人人传承发展中华优秀传统文化生动局面的基础工程和根本所在。

中国特色社会主义伟大事业的成功推进离不开正确的理论指导,作为当代中国马克思主义,中国特色社会主义理论体系是指导党和人民实现中华民族伟大复兴的正确理论,是坚持中国特色社会主义道路的思想保证,是全国各族人民团结奋斗的共同思想基础。在中华优秀传统文化基础上坚持和发展中国特色社会主义理论体系是新时代中国共产党人的一项重要使命。实践无止境,理论创新也无止境。面对国内外前所未有

的机遇和挑战，我们必须立足新时代中国特色社会主义伟大实践，以建设社会主义文化强国、实现中华民族伟大复兴的中国梦为目标，不断解放思想、实事求是、与时俱进，进一步深入研究和探索文化发展规律，继续在中华优秀传统文化基础上坚持和发展中国特色社会主义理论体系，让当代中国马克思主义放射出更加灿烂的真理光芒！

主要参考文献

一、著作

《马克思恩格斯选集》第1～4卷，人民出版社1995年版。

《马克思恩格斯文集》第2、3卷，人民出版社2009年版。

《列宁选集》第1～4卷，人民出版社1995年版。

《李大钊文集》(上、下)，人民出版社1984年版。

《毛泽东选集》第1～4卷，人民出版社1990年版。

《毛泽东文集》第7卷，人民出版社1999年版。

《邓小平文选》第2、3卷，人民出版社1994、1993年版。

《邓小平思想年谱》，中央文献出版社1998年版。

《江泽民文选》第1～3卷，人民出版社2006年版。

《胡锦涛文选》第1～3卷，人民出版社2016年版。

《习近平谈治国理政》第1卷，外文出版社2018年版。

《习近平谈治国理政》第2卷，外文出版社2017年版。

中共中央文献研究室编:《习近平总书记重要讲话文章选编》，中央文献出版社、党建读物出版社2016年版。

中共中央文献研究室编:《十一届三中全会以来党的历次全国代表大会中央全会重要文件选编》(上、下)，中央文献出版社1997年版。

中共中央文献研究室编:《十四大以来重要文献选编》(上、中、下)，人民出版社1996、1997、1999年版。

中共中央文献研究室编:《十五大以来重要文献选编》(上、中、下)，人民出版社2000、2001、2003年版。

中共中央文献研究室编:《十六大以来重要文献选编》(上、中、下)，中央文献出版

社 2005、2006、2008 年版。

中共中央文献研究室编:《十七大以来重要文献选编》(上、中、下),中央文献出版社 2009、2011、2013 年版。

中共中央文献研究室编:《十八大以来重要文献选编》(上、中),中央文献出版社 2014、2016 年版。

中共中央文献研究室编:《中国共产党第十九次全国代表大会文件汇编》,人民出版社 2017 年版。

杨伯峻译注:《论语译注》,中华书局 2015 年版。

杨伯峻译注:《孟子译注》,中华书局 1960 年版。

王秀梅译注:《诗经》,中华书局 2015 年版。

汤漳平、王朝华译注:《老子》,中华书局 2014 年版。

高华平等译注:《韩非子》,中华书局 2015 年版。

郭丹、程小青、李彬源译注:《左传》,中华书局 2016 年版。

王世舜、王翠叶译注:《尚书》,中华书局 2012 年版。

陈桐生译注:《国语》,中华书局 2013 年版。

李山译注:《管子》,中华书局 2016 年版。

方勇译注:《庄子》,中华书局 2015 年版。

方勇等译注:《荀子》,中华书局 2011 年版。

方勇译注:《墨子》,中华书局 2015 年版。

陆玖译注:《吕氏春秋》,中华书局 2011 年版。

胡平生、张萌译注:《礼记》,中华书局 2017 年版。

章锡琛点校:《张载集》,中华书局 2012 年版。

黄铭、曾亦译注:《春秋公羊传》,中华书局 2016 年版。

《史记》,中华书局 2011 年版。

《汉书》,中华书局 2012 年版。

汤化译注:《晏子春秋》,中华书局 2015 年版。

徐志锐:《周易大传新注》,齐鲁书社 1986 年版。

李敖编:《陆九渊集·陈亮集·刘伯温集》,天津古籍出版社 2017 年版。

《叶适集》,中华书局 2013 年版。

梁漱溟:《中国文化要义》,学林出版社 1987 年版。

梁漱溟:《东西文化及其哲学》,商务印书馆 1999 年版。

《张岱年全集》,河北人民出版社 1996 年版。

张岱年、程宜山:《中国文化与文化论争》,中国人民大学出版社 1990 年版。

张岱年、方克立主编:《中国文化概论》(修订版),北京师范大学出版社 2004 年版。

《汤用彤全集》(第4卷),河北人民出版社2000年版。

庄锡昌等:《多维视野中的文化理论》,浙江人民出版社1987年版。

裴传永等:《邓小平理论与中国传统文化》,中共中央党校出版社2003年版。

何兆武:《文化漫谈——思想的近代化及其他》,中国人民大学出版社2004年版。

周向军:《代表中国先进文化的前进方向研究》,中国人民大学出版社2004年版。

俞祖华、赵慧峰:《中华民族精神新论》,山东大学出版社2005年版。

邵汉明主编:《中国文化研究二十年》(修订本),人民出版社2006年版

何兆武:《中西文化交流史论》,湖北人民出版社2007年版。

都培炎:《思接千载和与时俱进——中共对中国传统文化认识的历史考察》,华东师范大学出版社2007年版。

周向军、李春明等:《科学发展观文化建设论》,山东人民出版社2008年版。

刘海平主编:《文化自觉与文化认同:东亚视角》,上海外语教育出版社2008年版。

许明等:《当代中国的文化发展》,中国大百科全书出版社2008年版。

李方祥:《中国共产党的传统文化观研究》,中共党史出版社2008年版。

沈其新主编:《中华廉洁文化与中国共产党先进性建设》,湖南大学出版社2008年版。

魏继昆:《居安思危——中国共产党人的忧患意识研究》,人民出版社2009年版。

刘向信等:《马克思主义与中国传统文化》,社会科学文献出版社2009年版。

孙熙国、刘志国:《全球化与中国传统文化的现代转换》,山东大学出版社2009年版。

邵汉明主编:《中国文化研究三十年》,人民出版社2009年版。

《部级领导干部历史文化讲座:传统文化中的治国理政智慧》(上、下),国家图书馆出版社2015年版。

张岂之:《中华优秀传统文化的核心理念》,江苏人民出版社2016年版。

[英]阿诺德·汤因比、[日]池田大作:《展望二十一世纪》,荀春生译,国际文化出版公司1985年版。

[英]李约瑟:《四海之内》,劳陇译,三联书店1987年版。

[美]成中英:《中国文化的现代化与世界化》,中国和平出版社1988年版。

[英]阿诺德·汤因比:《历史研究》,刘北成、郭小凌译,上海人民出版社2000年版。

[美]塞缪尔·亨廷顿:《文明的冲突与世界秩序的重建》,周琪、刘绯等译,新华出版社2002年版。

[美]塞缪尔·亨廷顿:《我们是谁》,程克雄译,新华出版社2005年版。

[美]罗伯特·劳伦斯·库恩:《他改变了中国:江泽民传》,谈峥、于海江等译,上海译文出版社 2005 年版。

[美]罗斯·特里尔:《毛泽东传》,胡为雄、郑玉臣译,中国人民大学出版社 2006 年版。

[美]爱德华·希尔斯:《论传统》,傅铿、吕乐译,上海人民出版社 2009 年版。

[美]约翰·奈斯比特[德]多丽丝·奈斯比特:《中国大趋势》,魏平译,中华工商联合出版社 2009 年版。

E. B. Taylor, *The Origins of Culture*, New York: Harper and Row, 1958.

E. H. Dance, *History the Betrayer*, London: Hutchinson, 1960.

Roland Robertson, *Globalization: Social Theory and Global Culture*, London: Sage Publications, 1992.

二、期刊论文

张岱年:《文化传统与现代化建设》,载《群言》1986 年第 9 期。

张岱年:《文化传统与民族精神》,载《学术月刊》1986 年第 12 期。

许全兴:《马克思主义与中国传统文化关系之历史考察》,载《马克思主义与现实》1996 年第 1 期。

钱逊:《迎接中华文化的新发展》,载《中华文化论坛》1998 年第 3 期。

张立文:《和合学与 21 世纪文化价值和科技》,载《社会科学家》1998 年第 3 期。

费孝通:《中华文化在新世纪面临的挑战》,载《炎黄春秋》1999 年第 3 期。

许全兴:《大胆吸收和借鉴当代西方文明——兼谈文化交往的一个规律》,载《中央党校学报》1999 年第 2 期。

李维武:《邓小平的思维方式与中国传统哲学智慧》,载《江淮论坛》1999 年第 5 期。

那述宇:《中国知识分子对于 21 世纪的文化主张与自我定位》,载《理论探讨》1999 年第 1 期。

王韶兴:《论马克思主义理论发展新境界的基本规律》,载《社会主义研究》2002 年第 5 期。

王学典、孙虹:《中国智慧与西方文明的对话与交流是可能的》,载《中国海洋大学学报》2003 年第 3 期。

李春明、王桂林:《精神文明建设规律运用机制的探讨》,载《山东大学学报》2003 年第 2 期。

张允熠:《从毛泽东到邓小平——论马克思主义与中国传统文化的结合》,载《学术界》2004 年第 5 期。

刘建强:《“三个代表”重要思想与中国传统文化渊源关系》,载《求索》2004 年第 4 期。

杜斌:《试论毛泽东、邓小平、江泽民传统文化观的特色》,载《中央社会主义学院学报》2005 年第 6 期。

乔湘平:《论马克思主义中国化的传统文化基础》,载《求索》2005 年第 9 期。

陈丹:《儒家“天人合一”思想与科学发展观》,载《社科纵横》2005 年第 3 期。

张九海、韩强:《科学发展观与中国传统思维》,载《学术论坛》2005 年第 6 期。

刘德龙:《正确认识全球化对民族传统文化的挑战》,载《管子学刊》2006 年第 4 期。

乐黛云:《中国传统文化的一些特点及其对世界可能的贡献》,载《浙江大学学报》2007 年第 4 期。

王东、刘芃君:《科学发展观的理论来源——三大源头综合创新论》,载《党政干部学刊》2007 年第 9 期。

蔡丽华:《和谐社会与和谐世界:马克思主义中国化的典型成果》,载《理论学刊》2007 年第 9 期。

王霞林:《现代化建设需要优秀传统文化支撑》,载《精神文明导刊》2007 年第 4 期。

陈劲松:《社会主义新时期我国文化体制改革的历程》,载《江淮文史》2008 年第 5 期。

何中华:《重思中国文化的现代性命运》,载《理论学刊》2009 年第 7 期。

徐剑雄:《论传统文化与马克思主义大众化》,载《马克思主义与现实》2009 年第 6 期。

陈先达:《论马克思主义基本原理及其当代价值》,载《马克思主义研究》2009 年第 3 期。

向冬梅、邓显超:《改革开放三十年中国文化发展战略思想的演进》,载《探索》2009 年第 1 期。

沈壮海:《软实力的价值之轴》,载《高校理论战线》2010 年第 8 期。

云杉:《文化自觉　文化自信　文化自强——对繁荣发展中国特色社会主义文化的思考》(上),载《红旗文稿》2010 年第 15 期。

云杉:《文化自觉　文化自信　文化自强——对繁荣发展中国特色社会主义文化的思考》(中),载《红旗文稿》2010 年第 16 期。

云杉:《文化自觉　文化自信　文化自强——对繁荣发展中国特色社会主义文化的思考》(下),载《红旗文稿》2010 年第 17 期。

许全兴:《两个老祖宗都不能丢》,载《北京大学学报》2010 年第 4 期。

郭建宁:《马克思主义中国化与建设共有精神家园》,载《北京大学学报》2010 年第 4 期。

方克立:《“马魂、中体、西用”:中国文化发展的现实道路》,载《北京大学学报》2010 年第 4 期。

石仲泉:《继承优秀历史文化,创造马克思主义的民族形式,形成中国特色》,载《中国特色社会主义研究》2010 年第 3 期。

赵建华、赵建永:《外来文化中国化规律的先期探索——从汤用彤的文化双向交流理论看文明的冲突与融合》,载《东岳论丛》2010 年第 6 期。

徐剑雄:《论传统文化在中国特色社会主义理论体系发展中的作用》,载《当代世界与社会主义》2011 年第 1 期。

赵传海:《中华优质文化基因在中国特色社会主义理论体系中的地位》,载《学习论坛》2011 年第 4 期。

李宗桂:《试论中国优秀传统文化的内涵》,载《学术研究》2013 年第 11 期。

崔宜明:《社会主义核心价值观与中华优秀传统文化的再认识》,载《道德与文明》2014 年第 5 期。

刘丹忱:《中国的“天下观”与西方的世界秩序观》,载《武汉大学学报(人文科学版)》2016 年第 5 期。

陈明琨、徐艳玲:《传统文化视域下的习近平从严治党思想》,载《理论学习》2016 年第 9 期。

郭建宁:《优秀传统文化为治国理政提供丰厚滋养——学习习近平关于中华优秀传统文化的重要论述》,载《中国特色社会主义研究》2017 年第 2 期。

张小平:《论十八大以来中华优秀传统文化传承理论的新发展》,载《学术论坛》2017 年第 2 期。

新华社:《激发文化创造活力　向着社会主义文化强国迈进——党的十八大以来文化体制改革成果述评》,载《思想政治工作研究》2017 年第 8 期。

徐艳玲:《文化自信绝不是孤芳自赏、自我演绎》,载《人民论坛》2017 年第 17 期。

三、报纸文章

孔繁:《儒学的历史地位和未来价值》,载 1994 年 9 月 19 日《人民日报》。

张岱年:《中国文化的要义不是三纲六纪》,载 2000 年 8 月 7 日《北京日报》。

吴元迈:《文化的民族性与世界性》,载 2000 年 11 月 14 日《光明日报》。

童庆炳:《五四时期的“反传统”与九十年代的“国学热”》,载 2000 年 12 月 14 日《光明日报》。

罗传芳:《二十世纪九十年代中国文化史研究概述》,载2001年1月20日《中国文化报》。

李君如:《"小康"辨》,载2002年11月13日《文汇报》。

孙英:《邓小平:科学总结历史经验的光辉典范》,载2004年8月19日《人民日报》。

汤一介:《文明不因对话而变质》,载2006年5月1日《中国青年报》。

王东:《科学发展观的三大理论来源》,载2006年8月15日《中国教育报》。

颜晓峰:《当代中国马克思主义的鲜明特征和生长点》,载2008年1月16日《人民日报》。

于今:《以战略思维做好中国特色社会主义理论体系的研究》,载2008年2月4日《天津日报》。

陈卫平:《贯彻科学发展观与弘扬优秀传统文化》,载2008年4月4日《解放日报》。

董德刚:《马克思主义的真精神》,载2008年7月21日《北京日报》。

秦宣:《中国特色社会主义理论体系的形成与发展》,载2008年10月29日《中国教育报》。

湖北省邓小平理论和"三个代表"重要思想研究中心(汪信砚执笔):《把坚持马克思主义基本原理同推进马克思主义中国化结合起来》,载2009年4月7日《光明日报》。

包心鉴:《马克思主义与中国传统文化内在精神的融通》,载2009年11月23日《光明日报》。

韩振峰:《为什么要推进马克思主义中国化时代化大众化》,载2010年8月16日《人民日报》。

张兰:《美国图书馆:孩子们在这里长大》,载2010年11月10日《人民日报》。

杨雪梅:《把国家图书馆搬回家》,载2011年2月14日《人民日报》。

何中华:《人与动物的差别在德性还是理性》,载2011年5月31日《齐鲁晚报》。

《中共是"具有中国特色的共产党"——外国专家评说中共建党90周年》,载2011年6月29日《参考消息》。

人民日报编辑:《2020年文化改革六大目标》,载2011年11月2日《人民日报》。

郭建宁:《传承优秀传统文化　发展中国先进文化》,载2011年11月4日《人民日报》。

《中国实施"软实力"战略面临挑战》,载2011年11月4日《参考消息》。

郑雅卓:《走出去战略的文化内涵》,载2011年12月2日《人民日报》。

朱永新:《改变,从阅读开始》,载2012年1月6日《人民日报》。

朱永新:《全民阅读应成为国家战略》,载2013年4月27日《光明日报》。

李宗桂:《创造性继承优秀传统文化》,载2014年9月29日《南方日报》。

[美]熊玠:《传统文化是独特战略资源——〈习近平时代〉》,载2016年6月16日《学习时报》。

李军:《"两创":建设社会主义文化强国的重要方针》,载2017年9月5日《人民日报》。

四、学位论文

张允熠:《中国文化与马克思主义》,南开大学博士学位论文,1997年。

姚登权:《全球化与民族文化》,复旦大学博士学位论文,2004年。

王保庆:《传统文化与执政党建设研究》,湖南师范大学博士学位论文,2004年。

崔婷:《全球化背景下的当代中西文化交流问题研究》,山东大学博士学位论文,2006年。

孔祥文:《国共两党对中华文化的态度及两岸关系的传统文化底蕴》,东北师范大学博士学位论文,2007年。

陈方刘:《马克思主义与中国传统文化相结合研究》,中央党校博士学位论文,2008年。

朱琳:《马克思主义中国化与20世纪上半叶三大社会思潮问题研究》,东北师范大学博士学位论文,2010年。

安秀伟:《论中国和平发展的对外战略》,山东师范大学博士学位论文,2010年。

金忠严:《马克思主义与中华传统文化融合论》,中共中央党校博士学位论文,2011年。

邓斌:《中华优秀传统文化与社会主义核心价值观建设》,东北师范大学博士学位论文,2016年。

后 记

本书是在我的博士论文基础上进行修改、调整和补充而完成的。在本书出版之际，谨向给予我指导、支持和帮助的所有师友亲朋致以真诚的谢意！

首先我要衷心感谢我的导师周向军教授和我的师母。从我入学之始，周老师就鼓励我“大胆地试，大胆地闯”，同时提出了严格的要求。结合我的学习背景、研究兴趣和中国特色社会主义理论体系的研究现状等综合因素，周老师帮助我确定了论文选题并进行了悉心指导。在周老师的指导下，论文的研究纳入他主持的教育部哲学社会科学研究重大课题攻关项目“马克思主义文化理论发展研究”(11JZD003)，作为该项目的一部分阶段性研究成果得以顺利完成。周老师教给我的不仅是学业，同样重要的是教给我怎样做人、做事，师母在学习和生活上也给予了我诸多关爱和鼓励，这些都将使我受益终生。

衷心感谢我的硕士研究生导师孙熙国教授。是孙老师的鼓励和引导使我这样一个对马克思主义和中华传统文化都知之甚少的跨专业学生逐步走上了该领域的研究之路。孙老师对我的博士论文选题的肯定和指导也坚定了我做下去的信心。

在研究过程中，我也得到了徐艳玲教授、费利群教授、徐国亮教授、马佰莲教授、赵建华教授、车美萍教授、陈桂香教授、陈家付教授、赵蕾教授、高奇教授等诸位师长的关心和指导，在此一并表示衷心的感谢！

论文完成之后，我一直关注着中国特色社会主义理论体系的发展，在跟踪学习和研究的过程中，我又产生了一些新的想法，申请了山东省社会科学规划研究项目，并有幸获得立项（12CKSJ05）。在项目选题及论证过程中，我又得到了山东大学周向军教授、王韶兴教授、刘昌明教授和山东省委党校张传鹤教授等诸位师友的鼓励和指导以及我所在的济南大学社科处、马克思主义学院诸多老师的指导和帮助。

在项目研究过程中，济南大学马克思主义学院的领导和同事们给我提供了很多帮助，为我的研究创造了良好的条件。本书的出版，还得到了济南大学博士科研基金的资助。我的师弟郝良华、师妹杨燕帮助我做了许多核对工作。在此也一并表示衷心的感谢！

衷心感谢我的每一位家人。我的父亲年逾七十，多年来时常来济南帮助照顾我的女儿；我的爱人工作很忙但尽可能承担家务，并帮助我查找资料、校对书稿、提出修改意见；女儿年纪虽小，却很懂事，能够自我管理，乐观上进。我和我爱人双方的兄弟姐妹也对我在精神上给予支持、在生活中给予帮助。是家人多年来的默默付出和真诚鼓励使我免于后顾之忧，能够专心学习和研究。

特别感谢山东大学出版社谭学秋博士为本书出版付出的辛勤劳动，正是他认真负责的工作才使书稿的出版工作得以顺利进行。谭博士的博学、严谨、敬业、负责都使我受益良多。

本书的写作参考和借鉴了前人和时贤的一些研究成果，在文中的注释和参考文献中已做了标注，在书稿付梓之际，对此特别表示感谢！

受本人的学识和能力所限，本书对中国特色社会主义理论体系的传统文化基础所作的尝试性探索还很稚嫩，浅陋和疏漏在所难免，恳请读者批评指正！同时，我也将以本书的出版为新起点，鼓励自己在学术研究的道路上更加努力学习和探索。

许青春

2018年1月

图书在版编目(CIP)数据

中国特色社会主义理论体系的传统文化基础研究/许青春著.—济南:山东大学出版社,2018.1

ISBN 978-7-5607-5931-9

Ⅰ.①中…　Ⅱ.①许…　Ⅲ.①中国特色社会主义—传统文化—研究　Ⅳ.①G12

中国版本图书馆 CIP 数据核字(2017)第 331819 号

责任编辑:谭学秋

封面设计:张　荔

出版发行:山东大学出版社

社　址　山东省济南市山大南路 20 号

邮　编　250100

电　话　市场部(0531)88363008

经　销:山东省新华书店

印　刷:济南华林彩印有限公司

规　格:700 毫米×1000 毫米　1/16

16.75 印张　259 千字

版　次:2018 年 1 月第 1 版

印　次:2018 年 1 月第 1 次印刷

定　价:38.00 元